Yvonne Kraus

Story SPARK

Dein Weg zum eigenen Roman:

Romance, Romantasy & New Adult

Rheinwerk
Computing

Liebe Leserin, lieber Leser,

herzlichen Glückwunsch! Mit dem Aufschlagen dieses Buches hast du dich dafür entschieden, endlich loszulegen und die Idee vom eigenen Buch Wirklichkeit werden zu lassen. Den schwierigsten Schritt hast du damit geschafft: das Anfangen.

Für alle weiteren Schritte nimmt dich unsere Autorin Yvonne Kraus an die Hand. Sie zeigt dir, wie du deinen Plot lückenlos planen kannst, wofür Genres und Tropes eigentlich gut sind, oder was deine Charaktere wirklich lebendig wirken lässt. On top gibt es auch noch jede Menge Tipps und Tricks für kleine Schreibübungen und zur Nutzung der KI. Künstliche Intelligenz bleibt beim Schreiben trotzdem immer nur in der Rolle des Assistenten – den spaßigen Teil willst du schließlich selbst übernehmen. 😉

Du solltest dieses Buch von vorne nach hinten durchgehen, denn die einzelnen Lektionen bauen aufeinander auf. Für den Start brauchst du kein besonderes Material (höchstens ein Notizbuch und deinen Lieblingsstift), du kannst direkt loslegen.

Bevor du startest auch noch ein Wort in eigener Sache: Feedback ist uns beim Rheinwerk Verlag super wichtig. Wenn du in diesem Buch also Fehler entdeckt hast, bestimmte Stellen besonders gut zum Lernen und Schreiben geeignet waren, oder du dir noch ein weiteres Buch in unserem Sortiment vorstellen kannst, freuen wir uns, wenn du dich bei uns meldest.

Jetzt wünsche ich dir ganz viel Spaß beim Schreiben und viel Erfolg mit deinem eigenen Romance-, Romantasy- oder New-Adult-Roman!

Deine Lisa Helmus
Lektorat Rheinwerk Computing

lisa.helmus@rheinwerk-verlag.de
www.rheinwerk-verlag.de
Rheinwerk Verlag · Rheinwerkallee 4 · 53227 Bonn

Wir hoffen, dass Sie Freude an diesem Buch haben und sich Ihre Erwartungen erfüllen. Falls Sie Anregungen, Wünsche und Kommentare haben, lassen Sie es uns wissen: **service@rheinwerk-verlag.de**.

Informationen zu unserem Verlag und Kontaktmöglichkeiten finden Sie auf unserer Verlagswebsite **www.rheinwerk-verlag.de**. Dort können Sie sich auch umfassend über unser aktuelles Programm informieren und unsere Bücher und E-Books bestellen.

Autorin Yvonne Kraus
Lektorat Lisa Helmus
Copy-Editing Roman Lehnhof, Berlin
Typografie & Layout Vera Brauner
Satz Christine Netzker
Herstellung Vera Brauner
Covergestaltung Mai Loan Nguyen Duy
Coverbild iStockphoto: 624288536 © SolodkayaMari, 1295804472 © Gulnara Mirgunova
Druck mediaprint solutions, Paderborn

PEFC
PEFC/04-31-0810

Dieses Buch wurde auf PEFC®-zertifiziertem Papier gedruckt.
Hergestellt in Deutschland.

Bibliografische Information der Deutschen Nationalbibliothek:
Die Deutsche Nationalbibliothek verzeichnet diese Publikation in der Deutschen Nationalbibliografie; detaillierte bibliografische Daten sind im Internet über *http://dnb.dnb.de* abrufbar.

ISBN 978-3-367-11486-3

1. Auflage 2026

Rheinwerk Verlag GmbH • Rheinwerkallee 4 • 53227 Bonn
service@rheinwerk-verlag.de

Inhalt

Teil I

Dein Buch beginnt hier – was du wissen solltest, bevor du loslegst

Kapitel 1

Warum heute überhaupt noch ein Buch schreiben?

In diesem Kapitel zeige ich dir viele Gründe, warum auch im Zeitalter von KI und digitalen Medien das »analoge« Geschichtenerzählen etwas besonders Menschliches und Wertvolles ist.

Warum wir ohne Geschichten nicht können

Geschichten machen uns als Menschen aus. Daran ändern auch neue Technologien wie die KI nichts.

Geschichten verbinden

Eine meiner Lieblingsgeschichten, die mich schon mein ganzes Leben begleitet, ist »Momo« von Michael Ende. Natürlich habe ich schon vorher Geschichten gehört. Aber »Momo« kannte ich auswendig. Mein Vater las mir das Buch vor, als ich vielleicht sechs oder sieben Jahre alt war. Dann bekam ich zu Weihnachten die passenden Hörspiel-Kassetten geschenkt und hörte sie wieder und wieder auf meinem Kinder-Kassettenrekorder. Natürlich schaute ich später auch den Film an.

Noch heute, so viele Jahrzehnte später, erinnere ich mich an jedes einzelne Detail und denke so oft daran, wie klar diese Geschichte mir damals schon die Welt gezeigt hat, wie viel ich für mein Leben daraus gelernt habe.

Ein Buch, das ich als Kind gelesen habe, prägt mich bis heute. Ist das nicht absolut magisch? Eigentlich sind es ja »nur Worte«, nur eine Kindergeschichte (bzw. eine Geschichte über ein Kind). Doch diese Worte haben die Kraft, uns tiefgreifend zu verändern.

Man weiß ja im Nachhinein nie so genau, was im eigenen Leben zu was geführt hat, aber ich bin sicher, dass meine Begegnung mit Momo zumindest dazu beigetragen hat, dass ich schon als Kind wusste: Ich schreibe später mal ein Buch. Denn das wollte ich auch: Menschen, denen ich nie begegnen würde, mit meinen Worten etwas geben, das sie noch lange begleitet.

Wenn du dieses Buch hier liest, geht es dir bestimmt ähnlich. Du hast sicher auch eine Geschichte, die dich mit Geschichten verbindet, die in dir den Wunsch ausgelöst hat, ein Buch zu schreiben. Und du bist mit diesem Wunsch nicht allein: Laut einer repräsentativen Umfrage von Books on Demand (BoD) aus dem Jahr 2023[1] will die Hälfte aller Deutschen ein Buch schreiben. Mich wundert das überhaupt nicht. Ich glaube sogar, dass es noch mehr sind und viele sich nicht trauen, diesen Wunsch (vor sich selbst) zuzugeben.

Geschichten sind das, was uns Menschen miteinander verbindet. Wir alle kennen die Schon-am-Lagerfeuer-Formulierung, wenn es darum geht, wie sehr das Erzählen in unserer menschlichen Entwicklungsgeschichte verankert ist. Und wir sehen ja noch heute Spuren in unserer Welt von Geschichten, die die Jahrtausende überdauert haben: Höhlenmalereien, Mythen, Märchen, religiöse Texte, die auch unsere Welt noch immer prägen.

Geschichten gab es schon lange, bevor es die Schrift gab. Über Geschichten wurde Wissen von Generation zu Generation weitergegeben. Sie haben uns in Gemeinschaften zusammengehalten und ganz praktisch unser Überleben gesichert. Wenn wir Menschen kennenlernen, dann immer über Geschichten: Ich erzähle dir vielleicht meine persönliche Geschichte oder eine lustige Anekdote, die mir auf dem Weg zu unserem Treffen passiert ist. Und schaffe damit eine Verbindung.

Über Geschichten finden wir auch zu Gemeinschaften zusammen: die BookTok-Community, Fandoms oder auch die eigene Familiengeschichte verbinden wir mit einem Gefühl von Zugehörigkeit – weil wir dieselben Geschichten mögen oder erzählen.

---

1 *https://www.bod.de/pressemitteilungen/umfrage-jeder-zweite-traeumt-davon-ein-eigenes-buch-zu-veroeffentlichen*

Dass Geschichten so wichtig für uns sind, liegt auch daran, wie unser Gehirn funktioniert. Wir können nämlich gar nicht anders, als in Ursache und Wirkung zu denken (das wirst du noch öfter von mir hören). Wir wollen verstehen, wie unsere Welt funktioniert und welche Rolle wir darin spielen. Dafür versuchen wir, Zusammenhänge herauszufinden. Und Geschichten sind eine Art, Zusammenhänge darzustellen. Wir ordnen die Welt, indem wir sie in Erzählungen fassen. Wenn wir einen Konflikt verstehen wollen, fragen wir: *Was ist passiert? Wie kam es dazu?* Und dann erzählt uns jemand die Geschichte, und wir gewinnen ein Gefühl von Kontrolle und Verständnis. Dann geht's uns gut.

Geschichten sind nicht einfach Unterhaltung. Sie sind ein wichtiges Mittel für uns Menschen, die Welt zu verstehen.

Und noch etwas tun Geschichten: Sie zeigen uns, wer wir sind und wer wir sein könnten. Wenn wir einen Roman lesen, sehen wir uns selbst in den Figuren. Weil wir unsere eigenen Hürden, Wünsche und Sorgen in ihnen sehen. Oder weil wir uns innerlich von ihnen abgrenzen. In Geschichten erleben wir Perspektiven, die wir sonst nicht haben könnten. Wir ziehen uns ein anderes Leben wie einen Mantel an, reisen in fremde Welten, schauen in andere Köpfe. Das macht uns empathischer, erweitert unseren Horizont. Und wir erleben, dass unsere eigene Art, die Welt zu sehen, nicht die einzige ist.

Richtig gute Geschichten bleiben selten auf den Seiten. Sie begleiten uns durch unser Leben. Wir erinnern uns an sie, wenn wir vor schwierigen Entscheidungen stehen oder Trost brauchen und uns allein fühlen. Sie geben uns Worte, wenn uns welche fehlen.

Was du jetzt konkret tun kannst:

Für die Arbeit mit diesem Buch kannst du dir jetzt schon mal ein Notizbuch zurechtlegen. Ich wette, du hast sowieso eine ganze Schublade voll davon. Ich werde dich im Buch immer wieder dazu einladen, etwas zu notieren oder dir schriftlich Gedanken zu machen. Und gleich jetzt kannst du schon damit anfangen: Schreibe deine persönliche Buch-Geschichte auf. Wann ist in dir der Wunsch entstanden, selbst zu schreiben?

Die Kraft der Genre-Literatur

Stephen Kingist einer der erfolgreichsten Autoren aller Zeiten. Er hat mehr als 60 Romane veröffentlicht, Hunderte Kurzgeschichten und über 400 Millionen Bücher verkauft. Für Horror-Geschichten bin ich viel zu ängstlich, aber aus seinen Fantasy-Romanen habe ich viel über Figurenentwicklung gelernt (und auch mehr als einmal geweint, während ich sie las). Seinen Erfolg hat er sich hart erarbeitet, indem er auch dann schrieb, als er noch keinen Erfolg hatte und es auch nicht so aussah, als würde das schnell was werden. Dieser Mann hat einen Preis für sein Lebenswerk verdient. Finde nicht ich, sondern fand die National Book Foundation, die ihm 2003 einen verlieh. Wodurch Diskussionen darüber ausgelöst wurden, ob Genre-Literatur überhaupt auszeichnungswürdig ist.

An diese Geschichte denke ich oft, wenn ich Diskussionen darüber höre, ob Subgenres wie New Adult, Romance oder Romantasy als Literatur gelten. Sind doch nur Liebesgeschichten. Irgendwie trivial. Ich erinnere mich an Stephen King und sehe das ganz entspannt. Genre-Literatur war dem Literaturbetrieb schon immer suspekt. Und das, obwohl sie so erfolgreich und bei den Leser*innen so beliebt ist. Vielleicht auch gerade deswegen, denn Gatekeeping ist gerade im Literaturbetrieb auch heute noch sehr verbreitet. Nach dem Motto: Wenn's für mich schwer (oder unmöglich) war, hier reinzukommen, soll das bitte auch niemand anders können.

In Wahrheit ist es aber so: Ohne Leser*innen gibt es keine Autor*innen, keine Bücher, keine Verlage, keinen Literaturbetrieb. Bücher existieren nicht »einfach so«, sondern sind immer eine Verbindung zwischen denen, die sie schreiben, und denen, die sie kaufen und lesen.

Genre-Literatur hat das verstanden. Sie wird nicht geschrieben, um das Innenleben des Autors bzw. der Autorin zu untersuchen, auf ein Podest zu stellen und zu bewundern. Sondern sie wird für Menschen geschrieben, die Lust auf solche Geschichten haben, die selbstbewusst sind und genau wissen, was sie von einem Buch erwarten. Genre-Autor*innen gehen mit Service-Gedanken an die Arbeit. Sie verstehen sehr genau, was ihre Zielgruppe will, wie Geschichten aufgebaut sein müssen, wie sie Erwartungen erfüllen und gleichzeitig etwas Neues hinzufügen, um ihre Leser*innen zu überraschen. Sie schreiben Geschichten für Menschen, die Geschichten lieben.

In einer Zeit der Krisen, der Zukunftsängste und der digitalen Dauerbeschallung ist Lesen für viele Menschen eine Form der Selbstfürsorge geworden. Manchmal auch eine Form von Eskapismus – dem Entfliehen aus der Wirklichkeit, um für eine Zeit mal etwas anderes zu erleben. Es ist eine bewusste Entscheidung für etwas Gutes. Lesen zu wollen, ohne gleich die nächste Anstrengung bewältigen zu müssen, ist nicht trivial, sondern stillt ein grundlegendes Bedürfnis nach Zugehörigkeit, Verbindung, nach Geschichten.

Wenn deine Bücher genau dieses Bedürfnis befriedigen, leisten sie einen wertvollen Beitrag, auf den du sehr stolz sein kannst. Egal, was der Literaturbetrieb sagt.

Wie Social Media und KI die Lesewelt verändern (oder nicht?)

Wir lesen heute anders und anderes als noch vor wenigen Jahren. Auch, weil wir uns anders über Bücher informieren.

Der BookTok-Hype

Wenn ich in meiner Jugend wissen wollte, welche Bücher gerade angesagt sind, ging ich in die Buchhandlung und sah mir die Tische und Regale an. Oder ich schaute Literatursendungen im Fernsehen. Beides war nicht auf mich zugeschnitten, und in beidem gab's viel zu wenig Bewegung für mich als intensive Leserin.

Heute ist es einfacher, an neue Leseempfehlungen zu kommen, die auch noch maßgeschneidert auf den eigenen Geschmack passen: BookTok ist eine der engagiertesten Communitys auf TikTok. Was sich dort herausgebildet hat – eine Gemeinschaft von Millionen von Menschen, die sich gegenseitig ihre Lieblingsbücher vorstellen, ihre Bücherregale zeigen oder emotionale Textstellen vorlesen – prägt nicht nur Social Media, sondern die ganze Buchbranche. In Deutschland wurden im Jahr 2024 allein 25 Millionen Bücher verkauft, die über BookTok empfohlen wurden. Das sind mehr als doppelt so viele wie im Jahr zuvor.[2] Man stelle sich vor, was die Buchbranche

2 *https://www.boersenblatt.net/home/booktok-sorgt-fuer-ueber-25-millionen-verkaufte-buecher-368339*

ohne diesen Kanal wäre. Der Börsenverein des Deutschen Buchhandels hat diesen Trend auch erkannt und veröffentlicht ganz offiziell jeden Monat die BookTok-Bestsellerliste. Die ist längst nicht mehr nur ein Trendindikator, sondern eine feste und beachtete Größe im Buchhandel. Wenn du es hierauf schaffst, kannst du sicher sein, dass du auch in den Buchhandlungen vor Ort sichtbar wirst.

Bücher, die auf BookTok viral gehen, landen meist in kürzester Zeit auf den Bestsellerlisten – der BookTok-Bestsellerliste und oft auch auf der vom Spiegel. Und »gesteuert« wird das Ganze von den wichtigsten Akteur*innen im Buchmarkt: den Leser*innen. Deren Stimme ist dank Social Media mittlerweile meist wichtiger als die der Literaturkritik oder der Verlagsbotschaften.

Es gibt viele Beispiele bekannter Autor*innen, die dank Social Media extrem erfolgreich wurden – und die diesen Erfolg ohne TikTok oder Instagram vielleicht nicht erreicht hätten. Colleen Hoover veröffentlichte ihr erstes Buch zum Beispiel im Selfpublishing. Es war als Weihnachtsgeschenk für ihre Mutter gedacht. Heute ist sie eine der erfolgreichsten Autorinnen der Welt. Die TikTok-Videos über ihre Bücher wurden in Summe fast zwei Milliarden Mal angesehen.[3] Zeitweise verkauften sich ihre Bücher besser als die Bibel, die sonst relativ weit oben in den Verkaufscharts steht. Entdeckt und weiterempfohlen wurde sie zuerst über BookTok, und die Community dort hat Colleen Hoover bekannt und groß gemacht.

Und es gibt viele ähnliche Geschichten: 2025 ist »Alchemised« von SenLinYu in der ersten Woche direkt auf Platz 1 der Spiegel-Bestsellerliste gelandet, nachdem es ursprünglich als Fanfiction entstanden war. Die Leser*innen auf der Plattform »Archive of Our Own« waren so begeistert von dem Text, dass das Buch überhaupt erst entstand. Culpa Mia war der Debütroman von Mercedes Ron, der durch die Unterstützung auf TikTok ein Welterfolg wurde und Ron den BookTok-Bestseller-Award einbrachte.

BookTok erscheint auf den ersten Blick riesig und unübersichtlich. Dann wieder ist es eigentlich nichts anderes als ein großer Buchclub, in dem man sich gegenseitig Bücher empfiehlt (oder von ihnen abrät) und gemeinsam liest und sich austauscht. Lesen ist kein Hobby mehr, das man zu Hause im stillen Kämmerlein allein verfolgt, sondern eine gemeinsame Party, bei der man mit allen anderen die Lieblingsbücher feiert. (Das stille Kämmer-

---

3 *https://www.buzzfeednews.com/article/stephaniemcneal/colleen-hoover-booktok-bestsellers*

lein gibt's natürlich auch immer noch.) Anders, als es von außen manchmal wahrgenommen wird, ist diese Community extrem vielfältig und liest quasi alles: Romance, Sachbücher, Science-Fiction, Klassiker. Besonders beliebt sind genau die Genres, über die wir in diesem Buch sprechen: New Adult, Romance, Romantasy und noch einige andere. Wenn du ein Buch in einem dieser Genres schreiben willst, weißt du, wo sich Millionen möglicher Leser*innen tummeln. Wahrscheinlich genau dort, wo du dich auch gerne über neue Bücher informierst.

KI und die Buchwelt

Im Dezember 2022 sagte mein Mann zu mir: »Guck mal, das Tool musst du ausprobieren. Das kann Texte schreiben, die hören sich richtig echt an.« Die Rede war natürlich von ChatGPT. Mein erster Prompt lautete (Buchcoach halt): »Schreibe mir einen Plot über eine Frau, die eine Expedition in die Arktis macht.«

Der Plot war so na ja, aber ich war trotzdem ziemlich geflasht davon, dass eine Maschine nicht nur einen zusammenhängenden, sondern sogar sinnvollen Text schreiben konnte. Und mein Prompt war ja auch nicht so dolle.

Vielen ging es beim »Erstkontakt« mit Künstlicher Intelligenz so: Sie hatten wie ich das Gefühl, dass richtige Intelligenz dahintersteckt, mit der man kommunizieren kann. Ganz so ist es natürlich nicht, KI arbeitet mit Wahrscheinlichkeiten und schreibt einfach das, was die Statistik ihr vorgibt. Aber den meisten, die ich kenne, ist beim ersten Arbeiten mit generativer KI ein wenig die Kinnlade heruntergefallen.

Generative KI wie ChatGPT, Claude oder auch MidJourney macht das, was normalerweise kreative Menschen machen: Sie schreibt Texte oder erzeugt Bilder. Gerade die Text-KIs sind extrem beliebt, was kein Wunder ist, denn schließlich sind Sprache, Kommunikation und damit Texte genau das, was uns Menschen miteinander verbindet, was uns ermöglicht, miteinander in Kontakt zu treten, unsere Wünsche mitzuteilen und erfüllen zu lassen. Und natürlich hat das auch die Buchwelt erreicht, denn da machen wir ja nichts anderes.

Hier sehe ich vor allem zwei Lager: die einen, die meinen, sie könnten nun ihre Bücher einfach von KI schreiben lassen – zwei Stunden, zack, fertig. Und die anderen, die mit diesem Teufelszeug nichts zu tun haben wollen.

Ende 2024 war ich bei einem Vortrag eines bekannten Spiegel-Bestseller-Autors. Er sagte: »Ich schreibe keine Bücher mehr. Das kann die KI besser als ich.« Ich fand schon damals, dass das nicht stimmen kann, weil die KI eben nur das nutzen kann, was es schon gibt, und keine wirklich originären neuen Gedanken entwickeln kann. Der Autor selbst hat seine Meinung wohl auch geändert, denn kürzlich ist ein neues Buch von ihm erschienen.

Ich selbst sehe KI nicht als Ersatz oder als Ghostwriter, sondern als Werkzeug mit vielen Möglichkeiten und klaren Grenzen. Bücher allein mit KI zu schreiben, sorgt nicht nur für schlechtere Bücher, sondern macht obendrein keinen Spaß. Und fair ist es auch nicht, weil die KI mit Büchern von Menschen trainiert wurde, die dafür nicht ihr Einverständnis gegeben haben. Auch mit meinen. (Wobei auch alle Schreibenden mit Büchern von anderen Menschen »trainiert« wurden, aber dieser Weg ist eben mühsamer und erfordert mehr Engagement.)

Müssen wir deswegen komplett auf KI als Tool verzichten? Oder gibt es Wege, wie sie uns unterstützen kann, ohne dass wir das Schreiben selbst abgeben und von einer Maschine erledigen lassen?

Meine Antwort hast du wahrscheinlich schon erraten, denn du hältst ja dieses Buch in der Hand. Ich denke, dass sich viele Aufgaben rund ums Schreiben mit KI deutlich einfacher und besser gestalten lassen. Und dass wir als Autor*innen gerade deswegen mehr Zeit und mehr mentale Kapazität auf das Schaffen echter menschlicher Verbindungen verwenden können. Wir nutzen Künstliche Intelligenz, um uns den Rücken freizuhalten, damit wir bessere Bücher schreiben können.

KI kann zum Beispiel ein guter Sparringspartner sein, wenn du das Gefühl hast, dass eine Idee noch nicht so richtig rund ist, du den Finger aber nicht genau auf die Wunde legen kannst. Du kannst Plot-Löcher identifizieren oder prüfen lassen, ob deine Figuren realistisch wirken. Und mit diesem Feedback dann wieder selbst ans Werk gehen.

Auch wenn ich selbst natürlich der geduldigste Buchcoach der Welt bin (ich gebe mir zumindest die größte Mühe), kann auch die KI dich geduldig begleiten, dir aus Schreibblockaden heraushelfen und gemeinsam mit dir herausfinden, was dich wirklich davon abhält, mit deinem Buch weiterzumachen. Die KI ist dann dein Spiegel, in dem du selbst feststellst, was gerade passiert, und der dir dabei hilft, den Knoten endlich zum Platzen zu bringen.

Auch für Recherchen kannst du KI gut einsetzen, wobei du – genau wie bei Google-Recherchen – die Ergebnisse nachher noch mal prüfen solltest.

Es gibt viele Möglichkeiten, wie du KI einsetzen kannst, um deine eigenen Stärken im Buch noch mehr auszuspielen. Wenn du deine Schreibblockaden schneller überwindest, kannst du deine Schreibstimme besser trainieren und noch mehr wie du selbst klingen.

Und genau das brauchen wir auch, denn das ist die andere Seite, die KI in der Buchwelt verändert hat: Mehr und mehr Texte hören sich gleich an. Ich stolpere immer wieder in Texten über ähnliche Formulierungen, die ich auch von ChatGPT & Co. gut kenne. Das heißt nicht, dass die Texte unbedingt von KI geschrieben sein müssen. Aber manche Formulierungen kommen in KI-generierten Texten so häufig vor, dass einige Menschen sie unbewusst übernehmen und andere innerlich bei ihnen zusammenzucken.

Trotzdem denke ich, dass wir als Autor*innen nicht ganz auf KI verzichten sollten. Und auch die Technologie etwas offener betrachten dürfen. Neue Technologien werden immer skeptisch aufgenommen und anfangs abgelehnt, vor allem von Menschen, die schon lange vor dieser Entwicklung in einer Branche tätig waren. 1997 gewann zum Beispiel mit Walter Murch zum ersten Mal ein digital geschnittener Film (»Der englische Patient«) den Oscar für den besten Schnitt. Vorher wurde das kategorisch abgelehnt, weil das ja »kein richtiger Schnitt« sei. Mittlerweile ist es ganz normal, dass Filme digital geschnitten werden. Und vielleicht finden wir auch irgendwann einen Umgang mit generativer KI, auf den wir uns einigen können. Der uns weiterbringt, ohne dass wir uns um den kreativen Prozess und um tolle Geschichten von echten Menschen bringen.

Die Frage bei jeder Art von Technologie ist ja nicht, ob wir sie nutzen, sondern wie. Wir können gedankenlos alles an sie übergeben und zuschauen, was dann passiert. Oder wir können damit Gutes erschaffen und uns insgesamt weiterentwickeln.

Was diese Entwicklungen für dich bedeuten

Social Media hat verändert, wie Bücher entdeckt, empfohlen und verkauft werden. Die KI verändert, wie Bücher entstehen. Und noch eine andere, schon etwas ältere Entwicklung hat auf dich als Autor*in eine riesige Auswirkung: die Digitalisierung, die ja erst zu Social Media und KI geführt hat.

Denn dadurch war es noch nie so einfach wie heute, ein Buch zu schreiben und zu veröffentlichen. Du findest online jede Menge kostenloser Trainings und Anleitungen für dein Buch. Du kannst dich einer Schreibgruppe anschließen, dir Motivation und Feedback abholen und dich so Stück für Stück entwickeln. Und du kannst dank Selfpublishing und Print-on-Demand dein Buch sogar sehr einfach und günstig auf eigene Faust herausbringen. Und – da springen wir wieder zum Anfang – über Social Media selbst vermarkten.

Die Chancen in den Genres, auf denen in diesem Buch der Fokus liegt, sind sogar recht gut. Das Marktsegment wächst so stark, dass es den ganzen Buchmarkt mit nach oben zieht. Leser*innen wünschen sich ständig neue Geschichten, weil sie teilweise ein Buch pro Tag lesen und sehr neugierig auf neue Stimmen sind. Und du weißt genau, wo du sie finden kannst.

Gleichzeitig ist der Markt nicht nur riesig, sondern auch voll. Gerade weil die Einstiegshürden niedriger sind als noch vor wenigen Jahren, gehen auch mehr und mehr Menschen diesen Weg. Bücher, die vollständig von der KI geschrieben worden sind, sind keine Seltenheit mehr und machen es schwieriger, sich in dem vollen Markt zu behaupten. Trotz Digitalisierung und KI-Unterstützung bei verschiedenen Aufgaben bleibt es anspruchsvoll und aufwendig, ein Buch zu schreiben, und auch persönlich herausfordernd.

Was wirklich wichtig ist in diesem sich rasch verändernden Markt, ist deine eigene Stimme. Deine Persönlichkeit, die man im Buch und hinter dem Buch erkennen kann. Und die sich nicht durch KI ersetzen lässt. Bei aller Digitalisierung und beschleunigten Entwicklung ist es gerade im Buch der Mensch, der dafür sorgt, dass wir eine Verbindung spüren.

Also: Keine Angst vor KI. Sie kann dir helfen, dein Buch großartig zu machen. Und sie nimmt dir nichts weg, weil es immer auf dich als Mensch ankommt.

Der wichtigste Grund fürs Schreiben

Social Media, BookTok, KI, Digitalisierung, Chancen auf dem Buchmarkt – alles schön und wichtig. Aber unter uns: Das ist doch nicht der wahre Grund, dass wir Bücher schreiben, oder? Ich erinnere noch mal dran, dass (mindestens) jede*r Zweite davon träumt, und viele davon haben nichts mit dem ganzen digitalen Kram am Hut.

Der – für mich und viele der Autor*innen in meinem Umfeld – wichtigste Grund, ein Buch zu schreiben, bin ich selbst. Meine Identität. Irgendwie sind wir alle auf diesem Planeten gelandet, der durchs Weltall düst, verstehen so wenig und denken so viel. Und all diese Gedanken wollen raus, wollen sich den anderen Menschen mitteilen, egal, auf welche Weise.

Schreiben bedeutet für mich, mich persönlich auszudrücken. Aus mir selbst heraus, quasi aus der Luft etwas zu erschaffen, was größer und dauerhafter ist als ich selbst. Und damit eine Verbindung zu Menschen zu finden, die ich ohne meine Bücher niemals erreichen könnte.

Für BookTok und Buchverkäufe bleibe ich nicht bis 3 Uhr morgens am Rechner sitzen und feile an Sätzen. Für die Vorstellung davon, wessen Leben ich mit meinen Büchern berühren kann? Auf jeden Fall.

Das ist ein zutiefst menschlicher Wunsch: die eigenen Gedanken und Gefühle auszudrücken, etwas zu erschaffen und dafür gesehen zu werden. In der Hoffnung, dass jemand einen so erkennt, wie wir uns selbst sehen.

Und das ist nicht alles. Denn das Schreiben selbst hat – unabhängig davon, ob wir überhaupt ein Buch schreiben oder es am Ende sogar veröffentlichen – etwas zutiefst Beruhigendes, Heilendes. Wir finden Worte für das, was in uns passiert, für das Gedankenchaos, das uns manchmal nachts wachhält, und bannen diese Worte in logischer Reihenfolge auf Papier. Dieser Prozess gibt uns innere Ruhe und innere Ausrichtung. Das Gefühl, nach dem Schreiben komplett klar und mit mir im Reinen zu sein, erfahre ich auf diese Weise nirgendwo anders.

Vielleicht ist das auch dein Grund. Vielleicht hast du einen anderen. Die Menschen, die ich begleite, sagen immer wieder, dass sie mit dem Wunsch, ein Buch zu schreiben, zu mir kamen und dann entdeckt haben, dass der Weg dahin sie verändert hat. Plötzlich kein Impostor-Syndrom mehr, plötzlich trauen sie sich auch in ganz anderen Lebensbereichen mehr zu. Ein Buch zu schreiben, beflügelt. Und wird noch viel besser sein, als du dir heute ausmalst.

Trust me.

Was du jetzt konkret tun kannst:

Schnapp dir noch einmal dein Notizbuch und beantworte die folgenden drei Fragen schriftlich für dich. Die Ergebnisse können später auch immer wieder eine Motivation für dich sein, falls du sie mal brauchst (ja, Schreibblockaden gibt es wirklich).

Frage 1: Warum willst du ein Buch schreiben? Versuche, mindestens eine DIN-A4-Seite mit deiner Antwort zu füllen. Die ersten Gedanken bleiben oft noch an der Oberfläche, aber je mehr du schreibst, desto tiefer tauchst du bei dir selbst auf den Grund.

Frage 2: Was hat dich bisher davon abgehalten, dieses Buch zu schreiben? Schreibe auch hier wieder mindestens eine Seite und gib dich nicht sofort mit den ersten Antworten zufrieden.

Frage 3: Was wird sich für dich ändern, wenn du dein Buch geschrieben hast? Hier kannst du dir alles ausmalen, was du dir wünschst. Sei kreativ (das bist du ja eh) und mach deine Veröffentlichung zum großartigsten Erlebnis überhaupt.

Kapitel 2

Trending Storys, Trending Genres

In diesem Kapitel erfährst du, warum Genres so wichtig sind, welche klassischen Genres es gibt und was die aktuellen Trend-Genres kennzeichnet.

Was ist ein Genre – und warum ist es wichtig?

Wenn ich in ein Restaurant gehe, scanne ich die Speisekarte direkt nach einem kleinen grünen V oder einer anderen Kennzeichnung. Ich bin immer sehr froh und dankbar, wenn vegane Gerichte klar beschriftet sind (und wenn es davon reichlich gibt). Das hilft mir, genau das auszuwählen, was zu mir passt und was ich essen möchte. Ich muss nicht beim Personal nachfragen oder jede Zutat einzeln durchlesen, sondern ich weiß: Wenn ich aus diesen Vorschlägen etwas auswähle, bin ich am Ende zufrieden.

So eine Kennzeichnung ist ganz schön praktisch.

Und nichts anderes sind Genres, wenn auch ein bisschen komplexer und verzweigter, weil es in der Buchhandlung deutlich mehr Bücher als Gerichte im Restaurant gibt.

Genres sind ein – Achtung, Reizwort – Ordnungssystem. Und das auch noch für Dinge, die wir eigentlich gar nicht ordnen wollen: Musik, Filme, Bücher, generell für Kunst.

Kunst und Ordnung passen nicht gut zusammen. Zumindest habe ich das in der Schule gelernt, wenn ich über künstlerische Genies lesen oder meinem Kunstlehrer beim Malen zuschauen durfte.

Wenn wir unsere Kreativität in Schachteln pressen, geht sie verloren. Am besten keinerlei Ordnung oder Struktur, damit sie sich frei entfalten und großartige Ergebnisse hervorzaubern kann.

Das sehe ich mittlerweile anders. Natürlich muss unsere Kreativität spielerisch sein, sich ausprobieren, experimentieren. Um am Ende ein Ergebnis zu haben, brauchen wir aber mehr als nur das Spielerische. Denn *creare* bedeutet *erschaffen* – und das heißt, dass wir das Ganze sowieso irgendwann in eine geordnete Form bringen müssen.

Ordnung und Struktur können die Kreativität also sogar unterstützen, indem sie ihr Leitplanken geben, die sicherstellen, dass trotz aller Spielerei am Ende etwas Vernünftiges dabei »herauskommt«. Eine solche Struktur ist zum Beispiel der Plot der Geschichte, über den du im Abschnitt »Von der Idee zum Plot« noch mehr lernen wirst. Oder die Schreibroutine, die du dir aufbaust, um regelmäßig dein Buch wachsen zu lassen. Auch Genres schaffen Ordnung und dienen damit dir und deinen Leser*innen (und natürlich dem gesamten Buchmarkt, den wollen wir ja auch nicht vergessen).

Um zu verstehen, wie sie dir helfen können, schauen wir uns erst mal an, was Genres genau tun: Sie fassen ähnliche Bücher unter einem Kategorienbegriff zusammen. Damit ist allen Beteiligten klar, um was für eine Art Buch es sich handelt. Ein Verlag kann entscheiden, ob das Buch in sein Programm passt, wenn er weiß, um welches Genre es sich handelt. Die Buchhandlung kann das Buch direkt ins richtige Regal einsortieren. Und vor diesem Regal finden sich dann die Fans des Genres, die wissen: Das hier kann ich bedenkenlos einpacken, das wird mir gefallen.

Genres sind also eine Art Erwartungsmanagement: Wir legen uns auf ein Genre fest und geben damit allen Beteiligten ein Versprechen ab, dass dieses Buch ähnliche Gefühle beim Lesen auslöst wie andere Bücher im gleichen Genre. Ein Liebesroman verspricht, dass sich am Ende ein Paar findet, das glücklich zusammenlebt. Ein Thriller verspricht, dass es spannend, blutig und vielleicht sogar gruselig wird. »Cozy Crime« verspricht ein Verbrechen und gleichzeitig eine gemütliche Atmosphäre. Wenn dieses Versprechen gebrochen wird, sind die Fans des Genres natürlich enttäuscht. Eine ziemlich sichere Methode, negative Rezensionen zu bekommen. Aber wenn du das Versprechen hältst und genau das gibst, was erwartet wird, ist es sehr leicht, deine Leser*innen glücklich zu machen.

Für dich als Autor*in ist das ein riesiges Geschenk: Du brauchst nicht zu raten, was deine Zielgruppe gut findet, sondern du kannst einfach genau die Bücher lesen, die sie auch lesen, und kennst dann ihren Geschmack. Du kannst dein Buch bewusst so aufbauen, dass es gut ins Genre passt und trotzdem deine eigene Note behält, Überraschungen mitbringt und eine tolle Ergänzung und keine Kopie ist.

Oft spreche ich mit Autor*innen, die sich von Genre-Konventionen eingeengt fühlen und lieber ganz ohne Genre schreiben wollen. Das ist natürlich möglich, wenn du dein Buch nur für dich schreibst oder es dir egal ist, ob du es später erfolgreich veröffentlichen kannst. Wenn du aber dein Buch mit Blick auf einen späteren Verkauf entwirfst und schreibst, solltest du von Anfang an den Buchmarkt berücksichtigen. Und der denkt nun mal in Genres, die es so viel leichter machen, Bücher an die richtigen Menschen zu bringen.

Denn auch wenn der Auslöser für unseren Wunsch zu schreiben wahrscheinlich woanders liegt, wollen die meisten von uns am Ende doch auch erfolgreiche Bücher veröffentlichen. Das wird viel leichter, wenn du dein Buch in ein Genre einordnen kannst. Auf BookTok suchen Leser*innen gezielt nach Keywords und Hashtags, Communitys sind auf bestimmte Genres spezialisiert, Amazon sortiert Bücher in Kategorien ein. Wenn du dort überall richtig eingeordnet bist, wird es leichter, von den Richtigen gefunden zu werden. Oder anders gesagt: Wenn dein Buch in keins der bestehenden Regale passt, kann man es nirgends hinstellen.

Damit dein Buch ins Genre passt, muss es die Genre-Konventionen erfüllen. Dafür musst du erst einmal die Spielregeln kennen. Der sicherste Weg, Genres richtig gut kennenzulernen, ist derselbe, den auch deine Zielgruppe nimmt: lesen.

Was du jetzt konkret tun kannst:

Lerne die (ungeschriebenen) Regeln kennen, die für das Genre gelten, in dem du schreiben willst. Geh am besten mal zu deinem Bücherregal und nimm dir deine Lieblingsbücher aus diesem Genre vor. Dann schreibe dir auf, welche Genre-Regeln gelten. (Das ist auch eine gute Gelegenheit für einen Besuch in der Buchhandlung.)

So unterstützt KI dich in dieser Phase

ChatGPT oder eine andere Text-KI kann dir dabei helfen, deinen Lesekanon für die nächsten Wochen und Monate zusammenzustellen. Bevor du das machst, solltest du aber (sowieso immer) zunächst deine eigenen Gedanken sortieren. Schreibe dir in drei Kategorien auf, welche Bücher in Frage kommen: 1) »Klassiker« deines Genres, d. h. die Bücher, die alle gelesen haben, 2) Aktuelle Bücher deines Genres, die in den letzten 6–12 Monaten erschienen sind, 3) Bücher aus angrenzenden Genres, die dir Inspiration für dein Buch geben können. Wenn du diese Bücher aufgeschrieben hast, bittest du die KI um eine Liste mit mindestens 20 Büchern je Kategorie. Die Vorschläge kannst du dann noch einmal gegenprüfen und dir so deine eigene Leseliste erstellen.

Diese Leseliste kannst du als Inspiration in den nächsten Monaten nehmen. Du musst nicht krampfhaft alle Titel darauf lesen, sondern nimmst immer dann ein Buch davon zur Hand, wenn du dir Inspiration wünschst. Auch Bücher, die du schon kennst, kannst du noch einmal lesen – dieses Mal mit der Autor*innenbrille. Das bedeutet, dass du gezielt versuchst, hinter die Kulissen zu schauen: Warum spricht dich das Buch so sehr an? Wie sind die einzelnen Punkte, die du hier im Buch lernst, umgesetzt? Und wie findest du deinen eigenen Weg, um dieselbe Wirkung zu erzielen?

Genres helfen dir und deiner Zielgruppe dabei, zusammenzufinden. Wenn du in einem bestehenden, viel gelesenen Genre schreibst, dich an die Regeln hältst und gleichzeitig etwas Neues beiträgst, erhöhst du die Chancen für dein Buch enorm.

Gleichzeitig sind Genres nicht starr. Sie entwickeln sich ständig weiter, und dass es dieses Buch hier mit dem Fokus auf Romantasy und New Adult gibt, liegt auch daran, dass bestehende Genres sich verändert haben. Genres sind keine Naturwissenschaft, sondern sie orientieren sich an den Büchern, die es bereits gibt. Und fassen sie sinnvoll zusammen. Wenn es also mehr und mehr Romance-Bücher in einem fantastischen Setting gibt, entsteht daraus ein neues (Sub-)Genre. So ist es in den letzten Jahren und Jahrzehnten passiert. Und es wird wahrscheinlich wieder und wieder passieren, weil sich der Lesegeschmack ändert, weil neue Zielgruppen auf dem Markt nach Büchern suchen und weil es immer wieder kreative Interpretationen eines Genres gibt, die Nachahmer finden und so einen Trend in Gang setzen.

Eine solche Entwicklung zu starten, ist allerdings nicht einfach. Das funktioniert eher, wenn du bereits eine Marke als Autor*in hast oder wenn du die Regeln des Genres nur ein wenig dehnst, statt sie zu brechen. Daher ist meine klare Empfehlung für dich: Entscheide dich für ein Genre, um es dir leichter zu machen und deine Kreativität auf das zu richten, was wirklich wichtig ist: deine Geschichte.

Welche Genres das sein können, zeige ich dir im nächsten Abschnitt.

»Klassische« und »neue« Genres

Texte hat man schon in der Antike unterschieden, zum Beispiel in Dichtung, Philosophie oder Geschichtsschreibung. Eine wirkliche Unterteilung in Genres ergab aber erst Sinn, als sich ein echter Buchmarkt mit vielen Leser*innen entwickelte, also etwa im 18. und 19. Jahrhundert. Wenn klar ist, dass man sowieso nie alle Bücher lesen kann, die es gibt, konzentriert man sich auf die, die einen besonders interessieren oder die den eigenen Geschmack treffen. Perfekt also für Genres.

Wahrscheinlich kennst du die meisten Genres selbst dann, wenn du sie nicht liest. Hier habe ich dir einen kurzen Überblick über die wichtigsten »klassischen« Genres zusammengestellt, die sich im Laufe der Jahrhunderte herausgebildet haben. Die sind nicht in Stein gemeißelt, werden aber sowohl vom Buchhandel als auch von der Literaturwissenschaft und – besonders wichtig – von Leser*innen als feststehende Begriffe genutzt. Es hilft dir, sie zu kennen, weil du dich von manchen inspirieren lassen kannst, während du dich von anderen vielleicht abgrenzen möchtest.

Liebesroman

Der Liebesroman trägt schon im Titel, worum es geht: romantische Liebe. Er ist weltweit das umsatzstärkste Genre, und viele der modernen Subgenres wie New Adult oder Romantasy sind Liebesromane mit ganz bestimmten

Kriterien oder zumindest mit ihm verwandt. Beim Publikum sind sie sehr beliebt, während sie von der Kritik manchmal belächelt oder einfach ignoriert werden. Liebesromane beschreiben meist die Entstehung einer Beziehung, die oft von Hindernissen und Missverständnissen begleitet ist. Die beiden Hauptfiguren müssen einige Hürden überwinden, bis sie das Happy End erreichen, auf das Liebesromane normalerweise hinsteuern. Innerhalb dieser Kriterien gibt es zahllose Möglichkeiten, eine Liebesgeschichte zu erzählen: Liebe im Alter, über lange Distanz, wiedergefundene Gefühle, erste Liebe, gleichgeschlechtliche Beziehungen und vieles mehr. Dass das Thema so breit und universell ist, trägt auch zum großen Erfolg des Genres bei.

Bekannte Autor*innen und Titel: Sturmhöhe (Emily Brontë), Sputnik Sweetheart (Haruki Murakami)

Krimi

Krimis sind ähnlich beliebt wie Liebesromane. Und genau wie diese galten Krimis lange Zeit als trivial. Dabei ist die Bandbreite auch hier riesig, und es gibt viele literarische Kriminalromane. Gemeinsam haben Krimis, dass es ein Verbrechen gibt (meistens einen Mord), der aufgeklärt werden muss. Im Zentrum des Krimis steht meist eine*e Ermittler*in, die beruflich oder privat in den Fall hineingezogen wird und ihn aufklären muss. Das ist natürlich nie einfach, und es gibt Hindernisse und neue Erkenntnisse, bis der Fall schließlich gelöst ist. Bei den meisten Krimis rätselt man beim Lesen mit und versucht selbst herauszufinden, wer das Verbrechen begangen hat, was für viele ein wichtiger Grund ist, dieses Genre zu lesen. Krimis erscheinen außerdem oft als Reihe, sodass eine Bindung zu den Ermittelnden und ihrem Umfeld entstehen kann.

Bekannte Autor*innen und Titel: Der Malteser Falke (Dashiell Hammett), Der talentierte Mister Ripley (Patricia Highsmith), Der Doppelmord in der Rue Morgue (Edgar Allan Poe)

Thriller

Thriller und Krimis sind miteinander verwandt, denn auch hier geschehen oft Verbrechen. Gleichzeitig steht bei einem Thriller die Aufklärung des Verbrechens meist nicht im Vordergrund, sondern es geht stärker um die beiden Hauptfiguren – Protagonist*in und Antagonist*in – und die Rivalität untereinander. Die nimmt oft brutale Züge an, sodass es im Thriller auch mal blutig werden kann. Thriller haben einen starken Fokus auf Spannung. Plot-Twists, Action-Szenen und physische oder psychische Gewalt gehören zum normalen Repertoire. Am Schluss steht meist nicht (nur) die Aufklärung eines Verbrechens, sondern das Ende einer der beiden Hauptfiguren. Und mit »Ende« meine ich den Tod.

Bekannte Autor*innen und Titel: Gone Girl (Gillian Flynn), Das Paket (Sebastian Fitzek), Pieces of Her (Karin Slaughter)

Entwicklungsroman

Entwicklungsromane, die im deutschsprachigen Raum auch oft mit Bildungsromanen zusammen genannt werden, zeigen den Weg der Hauptfigur durch eine persönliche Entwicklung. Das kann zum Beispiel die Entwicklung vom Jugendlichen zum Erwachsenen sein, aber auch andere Phasen werden hier geschildert. Im englischsprachigen Raum gibt es das Genre des Coming-of-Age-Romans, der die Phase des Erwachsenwerdens zeigt. Entwicklungsromane sind dagegen etwas breiter aufgestellt. Die Hauptfigur wird über eine längere Zeit begleitet, während sie sich mit sich selbst und der Welt auseinandersetzt und darüber reflektiert. Oft sind negative Erfahrungen der Auslöser für eine persönliche Entwicklung.

Bekannte Autor*innen und Titel: Siddhartha (Hermann Hesse), Homo faber (Max Frisch), Die Blechtrommel (Günter Grass), Der Fänger im Roggen (J. D. Salinger)

Historischer Roman

Der historische Roman zeigt die Gesellschaft und wichtige Ereignisse einer früheren Zeit. Dadurch lernen wir beim Lesen zum einen diese Epoche kennen, zum anderen können wir einen Vergleich mit unserer eigenen Gesellschaft herstellen und eine andere Perspektive einnehmen (ähnlich wie in der Dystopie, die ich weiter unten vorstelle). Historische Romane sind normalerweise in einer realen geschichtlichen Epoche angesiedelt und erzählen entweder eine reale oder eine fiktive Handlung. Während historische Romane keinen Anspruch auf wissenschaftliche Richtigkeit erheben und auch gerne Figuren oder Handlungen erfinden, ist es in diesem Genre dennoch wichtig, die Rahmenbedingungen so authentisch wie möglich zu schildern und auch Raum dafür zu lassen, besondere Eigenheiten einer Epoche zu zeigen.

Bekannte Autor*innen und Titel: Die Säulen der Erde (Ken Follett), Der Medicus (Noah Gordon), Wölfe (Hilary Mantel)

Fantasy

Fantasy gilt bei der Kritik häufig als »Schmöker«, dabei hat sie ihre Wurzeln in der Mythologie und in verschiedenen Sagen, geht also auf verschiedene klassische Gattungen zurück. Auch wenn Fantasy-Romane auf fantastische Elemente setzen, findet man oft die gleichen Wesen wie Vampire, Zauberer oder Elfen mit zumindest ähnlichen Eigenschaften. Fantasy-Romane sind in einer fiktiven Welt angesiedelt. Diese Welt wird oft sehr detailreich geschildert, und genau wie der historische Roman zeigt uns der Fantasy-Roman eine fremde Welt mit all ihren Eigenschaften. Oft gibt es Parallelen zu historischen Gesellschaftsformen. Authentizität ist wichtig – die Welt muss in sich stimmig und nachvollziehbar sein. Menschen leben mit anderen Wesen zusammen, entweder in Frieden oder in Feindschaft. In Fantasy-Romanen geht es um das ganz große Ziel: Die Hauptfigur muss meist nichts Geringeres tun als die Welt retten und dabei jede Menge Abenteuer bestehen. Fantasy-Romane nehmen sich viel Raum, die Geschichten zu erzählen. Die Zielgruppe erwartet meist längere Bücher oder gleich eine ganze Reihe.

Bekannte Autor*innen und Titel: Der Herr der Ringe (J. R. R. Tolkien), Die unendliche Geschichte (Michael Ende), Drachenauge (Stephen King)

Science-Fiction

Science-Fiction ist immer in der Zukunft angesiedelt. Ursprünglich war sie als Unterhaltung für Jugendliche gedacht. Der Kern waren lange Zeit wissenschaftliche Entwicklungen, die – wenn überhaupt – in der Zukunft erwartet wurden (Raumfahrt zu anderen Planeten, Zeitreisen, Klonen), und ihre Auswirkungen auf die Gesellschaft. Oft wird Science-Fiction mittlerweile als Oberbegriff für alle Geschichten verwendet, die in einer nahen oder fernen Zukunft spielen. Neue Technologie spielt meist eine große Rolle und verändert das Leben der Menschen. Auch Gesellschaftsformen ändern sich dadurch, was wiederum Folgen für die einzelnen Personen und die Hauptfigur der Geschichte hat. Es gibt verschiedenste Arten von Science-Fiction: Manchmal steht die Technik im Vordergrund, manchmal die Gesellschaft, manchmal der Kampf der einzelnen Person um ein menschliches Leben.

Bekannte Autor*innen und Titel: Die Zeitmaschine (H. G. Wells), Dune – Der Wüstenplanet (Frank Herbert), Der Marsianer (Andy Weir), Die drei Sonnen (Cixin Liu)

Dystopie

Die Dystopie ist eigentlich kein eigenes Genre, sondern ein Subgenre zwischen Science-Fiction (Zukunftsbezug) und Fantasy (Weltenbau). Eine Dystopie spielt in einer düsteren Zukunft, in der die Gesellschaft durch Unterdrückung und starke Macht-Ungleichheit geprägt ist. Manchmal hat die dargestellte Gesellschaftsform auch positive Seiten oder ist zwangsläufig entstanden, weil die Menschheit vor einer großen Herausforderung stand. Der einzelne Mensch zahlt mit seiner persönlichen Freiheit den Preis für diese Art des Zusammenlebens. Typischerweise stellt die Hauptfigur der Dystopie die Gesellschaftsform in Frage und setzt alles aufs Spiel, um eine bessere Welt für alle zu erschaffen.

Bekannte Autor*innen und Titel: Die Tribute von Panem (Suzanne Collins), Der Circle (Dave Eggers), 1984 (George Orwell)

Postapokalypse

In der Postapokalypse geht die Zukunftsvision noch einen düsteren Schritt weiter: Sie schildert das Leben der Menschen nach dem Ende der Zivilisation. Meist wird die Welt nach einer großen, nicht näher erklärten Katastrophe gezeigt. Wenn es überhaupt ein Gesellschaftssystem gibt, basiert es auf körperlicher Stärke oder dem Zugang zu bestimmten Ressourcen. Die Hauptfigur schlägt sich durch die Welt und versucht, gegen die Übermacht der Mitmenschen anzukommen.

Bekannte Autor*innen und Titel: Die Straße (Cormac McCarthy), The Stand (Stephen King), Operation Zombie (Max Brooks), Das Jahr der Flut (Margaret Atwood)

Horror

Horror-Romane erzählen gruselige Geschichten. Der Schrecken hat oft keinen menschlichen Ursprung, weswegen Horror-Romane manchmal zur Science-Fiction oder zur Fantasy gezählt werden. Häufig spiegelt Horror-Literatur die Sorgen einer Gesellschaft wider, sodass sie sich im Lauf der Zeit stark ändert. Horror-Romane greifen Ängste der Menschen auf und vervielfältigen sie so stark, dass daraus echter Schrecken entsteht. Der Horror wirkt dabei nicht nur auf die Figuren der Geschichte, sondern soll auch die Leser*innen gruseln. Horror-Romane spielen mit Urängsten und greifen dafür manchmal auch auf Fantasiefiguren zurück, zum Beispiel dämonische oder vampirische. Im Fokus steht eine spannende Geschichte, in der die Hauptfiguren gegen den Schrecken kämpfen müssen und sich ihm nicht entziehen können.

Bekannte Autor*innen und Titel: Die Vögel (Daphne du Maurier), Schatten über Innsmouth (H. P. Lovecraft), Shining (Stephen King), Der Exorzist (William Peter Blatty)

Was du jetzt konkret tun kannst:

Lies dir die verschiedenen Genres durch und sortiere sie in drei Kategorien. Streiche die weg, an denen du überhaupt kein Interesse hast. Markiere dir die, die du ausprobieren bzw. von denen du dich inspirieren lassen möchtest, mit einem Ausrufezeichen. Deine Lieblingsgenres kannst du mit einem Herz kennzeichnen oder einkreisen. Schau dir die Genres, die du als interessant markiert hast, an. Welche Gemeinsamkeiten siehst du?

Die beschriebenen Genres sind sehr etabliert und haben große Fangemeinden. Oft ist es auch gar nicht so einfach, Genres trennscharf abzugrenzen, weil im Thriller vielleicht doch eine Liebesgeschichte vorkommt. Deswegen haben sich in den Jahren und Jahrzehnten Subgenres, Verästelungen und Kombinationen herausgebildet. Manche davon sind von den Leser*innen so gut angenommen worden, dass sich ganze Verlage darauf spezialisiert haben und dass sie mittlerweile eine wichtige Rolle im Buchmarkt spielen. Welche das sind, erfährst du im nächsten Abschnitt.

Die wichtigsten Trendgenres im Überblick

Viele der Genres, die du im letzten Abschnitt kennengelernt hast, sind seit Jahrzehnten, oft sogar Jahrhunderten etabliert. Alle am Buchmarkt Beteiligten können sich unter den Genres etwas vorstellen, und neue Geschichten lassen sich gut dort einordnen. Trotzdem gab es gerade in den letzten knapp 20 Jahren eine Entwicklung hin zu feineren, detaillierteren Genres. Vor allem eine Zielgruppe stand dabei im Vordergrund, die in den bisherigen Genres keine große Berücksichtigung fand: junge Erwachsene zwischen 18 und Ende 20, die sich in den Themen der Jugendromane nicht wiederfanden, deren eigene Entwicklung aber auch in der klassischen Erwachsenenliteratur nicht genügend berücksichtigt wurde.

Mittlerweile hat sich genau diese Zielgruppe als besonders lesefreudig und wichtig für den Buchmarkt erwiesen, sodass es heute eine Reihe von Genres gibt, die auf sie zugeschnitten sind. Viele dieser Genres haben ihre Bekanntheit Social Media zu verdanken, entweder weil die Genres dort besonders viel geteilt wurden oder weil sich bestimmte Community-Begriffe durchgesetzt und eine neue Richtung geprägt haben. Es gibt mittlerweile so viele Genres und Subgenres für genau diese Zielgruppe, dass ich sie hier kaum auflisten kann. Einige der wichtigsten habe ich im Folgenden für dich zusammengefasst – mit kurzer Definition, typischen Plots und erfolgreichen Autor*innen. Manche der Genres sind keine neue Erfindung, sondern werden heute einfach anders wahrgenommen als noch vor wenigen Jahren.

Der Börsenverein des Deutschen Buchhandels hat 2024 eine neue Kategorisierung der Warengruppen (die in etwa den Genres entsprechen) herausgebracht, um diese Entwicklung abzubilden.[1] Seine Erweiterung: Young

---

1 *https://www.boersenverein.de/ueber-uns/aktuelles/detailseite/genre-literatur-erweiterung-von-warengruppen-und-thema-fuer-mehr-sichtbarkeit/*

Adult, New Adult und Unterhaltung, wobei die drei Kategorien noch einmal deutlich untergliedert sind. Ich orientiere mich hier eher an den gängigen Begriffen, die du auch auf TikTok & Co. findest.

All diesen Genres ist gemeinsam, dass sie sich an junge Leser*innen wenden, die Geschichten über Figuren lesen wollen, die ihnen ähnlich sind.

Young Adult

»Young Adult« (kurz auch YA genannt) beschreibt einerseits die Zielgruppe und andererseits das Genre. Als Zielgruppe sind damit Jugendliche und junge Erwachsene gemeint, meist im Alter von 12 bis 18 Jahren. Als Genre werden unter »YA» Bücher zusammengefasst, die aus der Sicht jugendlicher Figuren erzählt werden und die sich mit den Themen und Konflikten auseinandersetzen, die für diese Altersgruppe besonders relevant sind: erste Liebe, Beziehung zu den Eltern, Schule, aber auch Gewalt oder Drogen.

Young-Adult-Geschichten gibt es auch in anderen Genres, zum Beispiel im Fantasy-Roman oder in einer Dystopie.

Leser*innen erwarten von YA Geschichten, in denen sie sich wiederfinden können und die ihnen Orientierung in ihren eigenen Konflikten bieten. Es geht häufig um »erste Male«: erste Liebe, erste Verluste, erste schwierige Entscheidungen.

YA kann sehr ernst und düster sein, weil gerade in dieser Lebensphase zum ersten Mal schwierigere Themen bewältigt werden müssen; das findet sich auch in den Büchern wieder. Im Fokus steht daher auch immer die persönliche Entwicklung der Hauptfigur. Alles, was passiert, ist das Feld, auf dem die Hauptfigur lernt und sich entwickelt. Oft wirken äußere Ereignisse wie ein Spiegel für die Figur, wenn die Eltern sich beispielsweise trennen und die Hauptfigur gleichzeitig lernt, wie sie stabile Beziehungen mit anderen Menschen eingeht.

Als Young-Adult-Autor*in hast du die wunderbare Möglichkeit, wichtige Themen wie Erwachsenwerden, Werte, Identität zu bearbeiten – Themen, die gerade für junge Menschen prägend sind. Du hilfst ihnen dabei, einen Einstieg ins Leben zu finden, und formst mit deinem Buch ihre Wahrnehmung der Welt.

Das bedeutet natürlich auch, dass du in besonderem Maße Verantwortung übernimmst. Du gibst Jugendlichen, die gerade dabei sind, sich selbst zu finden und ihre eigene Identität auszuprobieren, einen Wegweiser, an dem sie sich orientieren können.

Werte, die du in deinem Roman vermittelst, oder Konflikte, die du in den Fokus rückst, werden Einfluss auf ihre Lebenswirklichkeit haben.

Der Börsenverein des Deutschen Buchhandels unterteilt Young Adult noch weiter in Young Adult Liebe, Young Adult Suspense, Young Adult Romantasy, Young Adult Dystopie und viele mehr.

Bekannte Autor*innen und Titel: Tote Mädchen lügen nicht (Jay Asher), Das Schicksal ist ein mieser Verräter (John Green), Die Tribute von Panem (Suzanne Collins)

Romance

Über den meisten der Trendgenres könnte »Romance« als Kategorie stehen. Früher war Romance einfach der englische Begriff für den Liebesroman. Mittlerweile werden damit besonders Liebesromane für die New-Adult-Zielgruppe bezeichnet, also für junge Erwachsene bis knapp unter 30. Für Romance-Geschichten gelten dieselben Regeln wie für Liebesromane: Es geht um die Anbahnung bzw. die Anfangsphase einer Beziehung, die sich verschiedenen Hürden gegenübersieht. Dabei geht es nicht nur darum, dass sich die beiden Figuren ineinander verlieben, sondern auch um ihre persönliche Entwicklung währenddessen.

Romance ist kein neues Genre, es hat sich in den letzten Jahren aber sehr stark ausdifferenziert. Es ist ein Dachbegriff für alle möglichen Subgenres geworden, die sich hinsichtlich Zielgruppen und Settings unterscheiden.

In Romance-Büchern geht es immer um Gefühle. Leser*innen wählen diese Bücher, weil sie sich Nähe, Verbundenheit, Liebe wünschen und sich in eine schöne Welt entführen lassen wollen. Deswegen ist ein positives Ende auch so wichtig. Das muss nicht unbedingt ein Happy End sein, aber mindestens ein »Happy for now«. Deine Hauptfiguren sollten sich am Ende also nicht hassen.

Es gibt ein paar wiederkehrende Elemente, die du in den meisten Romance-Geschichten findest:

- Zwischen den Hauptfiguren steht ein emotionaler Konflikt. Vielleicht sind sie eigentlich Freund*innen, sie können nicht gut kommunizieren oder sich anfangs überhaupt nicht leiden.
- Es gibt innere oder äußere Hindernisse, die der Beziehung im Weg stehen. Das können soziale Unterschiede, räumliche Entfernung oder Missverständnisse sein.
- Beide Figuren müssen während der Geschichte wachsen, um zueinander finden zu können. Vielleicht müssen sie lernen, zu ihren Gefühlen zu stehen, oder sie verstehen, was ihnen im Leben wirklich wichtig ist.
- Der Roman ist aus einer stark emotionalen Perspektive heraus erzählt, meist aus der Sicht einer der Figuren.

Wie diese Elemente ausgeprägt sind, entscheidet über die Geschichte und ist in den »Tropes« abgebildet, um die es im nächsten Abschnitt geht.

Die Handlung im Romance-Roman folgt vor allem der Entwicklung der Beziehung. Andere äußere Ereignisse spielen weniger eine Rolle. Wichtiger sind die typischen Stationen der Beziehung: Kennenlernen, Annähern, Missverständnis oder Konflikt bis hin zur Krise, finale Entscheidung füreinander.

Die Hindernisse dürfen dabei nicht beliebig sein, sondern müssen emotional nachvollziehbar sein. Das ist immer dann der Fall, wenn wir uns gut in die Figur hineinfühlen und ihre Entscheidungen nachempfinden können. Eine Hauptfigur, die sich selbst im Weg steht, muss dafür einleuchtende Gründe haben, sonst nehmen wir sie und mit ihr die gesamte Geschichte nicht mehr ernst.

Die Zielgruppe für Romance sind vor allem junge Erwachsene, die selbst gerade in entscheidenden Entwicklungsphasen stecken, und Menschen, die gerne intensive Emotionen (mit)erleben oder aus ihrem Alltag entfliehen wollen. Je nach Subgenre verschiebt sich die Zielgruppe ein wenig.

Deine große Chance als Romance-Autor*in ist der unfassbar große Markt: Es gibt viele Leser*innen, die auch gerne neue Stimmen und Ideen lesen. Gleichzeitig ist die Konkurrenz natürlich enorm groß, und du brauchst Durchhaltevermögen, um hier herauszustechen und dich zu etablieren. Außerdem solltest du dich gut mit Emotionen auskennen, ihre Entwicklung verstehen und sie vor allem nachvollziehbar schildern können.

Bekannte Autor*innen und Titel: Kirschroter Sommer (Carina Bartsch), Begin Again (Mona Kasten), Ein ganzes halbes Jahr (Jojo Moyes), PS: Ich liebe dich (Cecelia Ahern)

Romantasy

Romantasy gilt als Subgenre der Romance. Eigentlich ist es aber ein Mix aus Fantasy und Romance, denn beide Genres werden gleichwertig behandelt. Im Zentrum stehen eine fantastische Welt mit eigener Geschichte sowie eine Liebesgeschichte. Beide Ebenen formen den Plot gleichermaßen. Das Genre ist vor allem in den letzten Jahren enorm gewachsen, weil sich eine Zielgruppe herausentwickelt hat, die sowohl gerne Fantasy als auch Romance liest. Romantasy spricht diese Zielgruppe an und liefert fantastischen Weltenbau und emotionale Geschichten.

Romantasy erfüllt zwei Wünsche: Eskapismus durch das Eintauchen in eine fremde Welt und emotionale Verbindung durch die Liebesgeschichte (bei der natürlich auch immer Eskapismus eine Rolle spielt). Die Liebesgeschichte ist in die Fantasy-Welt so eingebunden, dass sie mit einer besonderen Bedrohung verknüpft ist. Entscheidungen in der Beziehung haben oft Konsequenzen für die ganze Welt oder ein bedrohtes Reich.

Romantasy-Geschichten sind immer gekennzeichnet durch eine detailliert ausgearbeitete fantastische Welt mit klaren Regeln, Figuren, die eine besondere Rolle in dieser Welt spielen oder über besondere Macht verfügen, eine Liebesgeschichte, die durch äußere Einflüsse unter Druck gerät oder unmöglich wird, und emotionale Entscheidungen, die weitreichende Auswirkungen haben.

Handlungen in Romantasy sind oft komplexer als reine Romance-Handlungen, weil sie zweigleisig aufgebaut sind: Die Entwicklung der Beziehung zwischen den Hauptfiguren bildet einen Handlungsstrang. Daneben gibt es einen äußeren Hauptkonflikt, zum Beispiel einen Machtkampf oder eine gesellschaftliche Veränderung innerhalb der fantastischen Welt. Diese beiden Handlungen stehen nicht lose nebeneinander, sondern sind miteinander verzahnt und beeinflussen sich gegenseitig.

Vor allem Leser*innen, die sowohl Liebesgeschichten als auch Fantasy mögen, wählen gerne Romantasy-Romane. Aus der Vorliebe für Fantasy ergibt sich, dass Romantasy-Leser*innen gerne komplexe Welten kennenlernen und langen Erzählbögen folgen. Romantasy wird daher oft in Reihen veröffentlicht.

Romantasy ist aktuell eins der am stärksten wachsenden Subgenres. Viele Titel aus dem US-amerikanischen Markt wurden auch ins Deutsche übersetzt und haben eine riesige Fangemeinde vorgefunden, die auf Social Media über ihre Lieblingsbücher spricht. Der wachsende Markt ist eine große Chance für dich, wenn du dieses Genre wählst, zumal die Bereitschaft der Leser*innen, langfristig in Welten und Beziehungen einzutauchen, Möglichkeiten für Serien schafft. Herausfordernd ist gerade für Erstautor*innen der komplexe Weltenbau – denn nur, weil etwas ausgedacht ist, darf es nicht unlogisch sein. Außerdem müssen die beiden Handlungsstränge gut ineinander verwoben werden, was handwerklich schwieriger ist als eine Romance-Geschichte mit nur einem Haupthandlungsstrang. Als Romantasy-Autor*in musst du beide Genres gleich ernst nehmen und die Erwartungen der Zielgruppe sowohl an Fantasy als auch an Romance kennen und erfüllen.

Bekannte Autor*innen und Titel: Das Reich der sieben Höfe – Dornen und Rosen (Sarah J. Maas), Fourth Wing – Flammengeküsst (Rebecca Yarros), Die Chroniken der Unterwelt – City of Bones (Cassandra Clare)

New Adult (Romance)

In der Klassifizierung des Börsenvereins des Deutschen Buchhandels steht »New Adult« über all den verästelten neuen Subgenres. Ich verwende den Begriff hier so, wie er oft umgangssprachlich genutzt wird: als New Adult Romance.

Hauptfiguren in New-Adult-Romanen sind junge Erwachsene in einer Übergangsphase, zum Beispiel im ersten Job, an der Uni oder kurz nach dem Auszug von zu Hause. Sie sind meist zwischen 18 und Mitte 20 und müssen erste eigenständige Entscheidungen treffen und die Konsequenzen daraus tragen. New Adult ist also vor allem durch die Lebensphase und durch emotionale Themen definiert. Es richtet sich an junge Erwachsene, die sich in den Figuren und Themen der Young-Adult-Literatur nicht mehr wiederfinden, aber weiterhin gerne emotionale Entwicklungsliteratur lesen wollen.

New-Adult-Leser*innen wünschen sich Geschichten, die sich wie das echte Leben anfühlen und die Herausforderungen zeigen, die sie selbst gerade erleben. Oft geht es in New Adult um große Gefühle, um Selbstzweifel und um die Suche nach dem Platz im eigenen Leben.

Wiederkehrende Elemente sind Figuren, die sich in einer Umbruchphase befinden, Themen wie Selbstfindung, Unabhängigkeit und Verantwortung, emotionale innere Konflikte und intensive Beziehungen. Leser*innen finden sich in der Handlung und in den Figuren wieder und nehmen das Genre als nahbar und authentisch wahr.

Im Zentrum eines New-Adult-Romans stehen die Figuren. Äußere Ereignisse sind eher Auslöser für innere Entwicklungen. Die Handlung folgt – wie im Entwicklungsroman – dem persönlichen Wachstum der Hauptfiguren. Konflikte ergeben sich oft aus Schwächen der Figur oder aus persönlichen Problemen.

Die Zielgruppe von New-Adult-Romanen sind junge Erwachsene zwischen 18 und 35 Jahren, die Interesse an persönlicher Entwicklung und Beziehungen haben. Das Genre ist für viele der natürliche Schritt nach Young-Adult-Literatur.

New Adult wird wie Romantasy stark auf Social Media in Szene gesetzt, vor allem in der BookTok-Bubble. Der Buchmarkt hat sich daran angepasst. Es gibt viele neue Imprints, also Verlagsmarken, die sich auf diese Zielgruppe fokussiert haben.

Als New-Adult-Autor*in begibst du dich in einen Markt mit klaren Regeln, einer gut umrissenen Zielgruppe und hoher Nachfrage. Die Geschichten sind nicht ganz so komplex wie Romantasy, weil du dich im Kern auf einen (Haupt-)Handlungsstrang konzentrieren kannst. Leser*innen sind immer offen für neue Stimmen, sodass du auch als Erst-Autor*in in diesem Genre Fuß fassen kannst. Allerdings ist der Wettbewerb groß, und du musst für dich eine Nische herausfinden, die du besetzen kannst. Außerdem musst du Emotionen glaubwürdig und mit Feingefühl beschreiben können und auch sensible Themen aufnehmen.

Bekannte Autor*innen und Titel: Save Me (Mona Kasten), Falling Fast (Bianca Iosivoni), Someone New (Laura Kneidl)

Weitere Subgenres

Neben den vorgestellten gibt es viele weitere Subgenres, die teils große Fangemeinden haben. Die folgende Tabelle zeigt die wichtigsten von ihnen.

Subgenre	Typische Merkmale	Bekannte Titel
Dark Romance	Moralisch ambivalente Figuren, düstere Themen, oft Machtgefälle in Beziehungen, intensive emotionale Spannung, nicht immer klassisches Happy End	Haunting Adeline (H. D. Carlton), Twisted Dreams – Ruchlos (Ana Huang)
Sports Romance	Sportler*innen als Hauptfiguren, oft College- oder Profisport-Setting, Teamdynamik	Icebreaker – Ein Spiel geht immer (Hannah Grace), Rookie Move (Sarina Bowen)
Cozy Romance	Wenig bis keine expliziten Sex-Szenen, Fokus auf Gefühle und Alltag, oft Kleinstadtsetting	Magie des Neuanfangs (Sarah Morgan)
Paranormal Romance	Übernatürliche Elemente und Figuren (Vampire, Werwölfe, Geister), Liebesgeschichte im fantastischen Setting	Bis(s) zum Morgengrauen (Stephenie Meyer), Die Seelen der Nacht (Deborah Harkness)
Historical Romance	Historisches Setting (oft Regency, viktorianisch), Gesellschaftsregeln als Hindernis	Der Duke und ich (Julia Quinn), Feuer und Stein (Diana Gabaldon)
LGBTQ+ Romance	Queere Liebesgeschichten, diverse Identitäten und Beziehungsformen	Royal Blue (Casey McQuiston), Das Lied des Achilles (Madeline Miller)

Mit dem Fahrplan, den ich dir in diesem Buch gebe, kannst du jeden Roman schreiben. Die Phasen sind immer die gleichen: Jedes Buch muss geplant, geschrieben und überarbeitet werden. Du kannst also unabhängig von deinem gewählten Subgenre alle Kapitel durcharbeiten und am Ende einen spannenden Roman in den Händen halten.

Die Beispiele in diesem Buch nehme ich vor allem aus Romance, New Adult und Romantasy, weil ich diese Genres für besonders gut umsetzbar halte, ein großer Markt für sie da ist und sie sehr zugänglich sind. Außerdem sind es die Genres, die ich – neben Science-Fiction und Dystopien, die in diesem Buch keine Rolle spielen – selbst am besten kenne und an denen ich am besten etwas illustrieren kann. Das stellt keine Wertung anderer Subgenres dar, und ich wünsche mir für dich, dass du einfach das schreibst (und liest), was dir gefällt und guttut.

Was du jetzt konkret tun kannst:

Welches Subgenre spricht dich an? Hast du schon eine Entscheidung getroffen, in welchem du dein Buch schreiben willst? Nimm dir sonst Zeit, zu reflektieren, was dir gefällt, was du schon gut kannst und was dir für den Anfang leichtfallen würde.

Tropes: die Bausteine von Storys

»Tropes« kommen eigentlich aus der Rhetorik: Tropen hast du vielleicht schon im Deutsch-Unterricht kennengelernt. Mittlerweile wird der Begriff vor allem für die Bezeichnung beliebter Story-Elemente verwendet.

Was sind Tropes?

In den ersten Schreibkursen, an denen ich selbst teilnahm, hieß es immer wieder: Bloß keine Klischees! Alles sollte originell und einzigartig sein.

Umso verwirrter war ich, als plötzlich Tropes das nächste große Ding waren. War das nicht so etwas Ähnliches wie Klischees? Und die sollten jetzt plötzlich wichtig und richtig sein?

Natürlich hatte ich mich da geirrt. Tropes sind keine Klischees, sondern wiederkehrende Erzählmuster. Ein Klischee ist zum Beispiel der alkoholkranke Privatdetektiv, der von seiner Frau verlassen wurde. Ein Trope wäre

Enemies to Lovers, also eine Geschichte, in der zwei sich am Anfang nicht leiden können und später ein Paar werden. Wie die jeweiligen Erzählmuster ausgearbeitet werden, steht dir völlig frei. Bei Tropes geht es also eher um eine Richtung, nicht um eine vorgefertigte Schablone.

Daneben gibt es auch noch Archetypen: typische Figuren, die immer wieder in Geschichten vorkommen: Mentor*in, Gegenspieler*in oder Love Interest. Archetypen sagen nichts über die Handlung, sondern über Rollen von Figuren aus.

Tropes helfen dir dabei, absolut zielgruppengerecht zu schreiben. Du wählst nicht nur ein Subgenre, sondern einen oder mehrere Tropes aus und weißt dann, dass es Menschen gibt, die sich für Geschichten wie deine interessieren.

Tropes machen es dir außerdem leichter, deine Handlung im Vorfeld zu planen, weil du schon einen groben Verlauf der Geschichte kennst. Tropes strukturieren deine Handlung also entlang der Erwartungen deiner Zielgruppe. Und machen dir das Schreiben damit leichter. Denn sobald du dich für deine Tropes entschieden hast, weißt du, in welche Richtung sich eine Beziehung, ein Konflikt oder eine Entwicklung bewegen werden. Du musst nicht jedes Mal das Rad neu erfinden, sondern kannst dich auf bewährte Muster verlassen. Aus dem gewählten Trope ergeben sich dann auch andere Entscheidungen. Zum Beispiel wird dir schnell klar, welche Szenen du brauchst, welche Wendepunkte wichtig sind und wo emotionale Spannung entsteht.

Mit den Tropes hast du eine Art Nordstern: Du weißt, wohin du den Roman bewegen musst. Gleichzeitig schränken sie dich nicht zu sehr ein. Es steht grob fest, was passieren wird, aber das Wie ist völlig offen und hält unzählige Möglichkeiten bereit.

Weil viele Tropes echte Fangemeinden haben, machen sie dir auch das Marketing leichter. Du kannst damit einfach darstellen, worum es in deinem Buch geht, und Klarheit ist im Marketing eins der wichtigsten Prinzipien überhaupt. Nur wenn deine Zielgruppe schnell und eindeutig weiß, dass ein Buch für sie bestimmt ist, wird sie es in die Hand nehmen und ggfs. kaufen. Tropes sind wie ein Marken-Label auf der Verpackung: Sie signalisieren der richtigen Zielgruppe, dass sie hier genauer hinschauen sollte. Du als Autor*in wirst dadurch leichter auffindbar, vor allem, wenn du die Tropes im Klappentext, als Suchbegriffe oder Hashtags verwendest. Dein

Trope sorgt auch direkt dafür, dass dein Buch zu einer Gruppe von Büchern gehört. Menschen, die andere Bücher mit diesem Trope mochten, greifen dann auch gerne zu deinem.

Chancen und Risiken von Tropes

Tropes haben ganz schön viele Vorteile, wie du gerade gelesen hast. Sie sind mächtige Werkzeuge, die dir die Arbeit am und ums Buch erleichtern können. Du solltest jedoch auf ein paar Stolpersteine achten, damit sie dir und deinem Roman wirklich nutzen.

Gerade Erstautor*innen sind begeistert von Tropes, besonders dann, wenn sie selbst gerne bestimmte Tropes lesen. Und was machen wir, wenn wir etwas richtig super finden? Wir nehmen manchmal zu viel des Guten. Natürlich kannst du manche Tropes miteinander kombinieren, zum Beispiel *Friends to Lovers* und *Slow Burn*. Wenn du aber zu viele Tropes in einen Topf schmeißt, schmeckst du am Ende keinen mehr so richtig heraus.

Tropes können außerdem dazu führen, dass Geschichten einander sehr ähnlich werden. Deswegen zögern manche Autor*innen, in der Community bekannte Tropes zu nutzen, weil sie Sorge haben, dass ihre Geschichte nicht einzigartig genug wird.

Und dann gibt's auch noch Tropes, die sensible Themen berühren – zum Beispiel Abhängigkeit, Gewalt, Machtgefälle. Wenn du über solche Themen schreibst, solltest du besonders verantwortungsvoll mit ihnen umgehen, weil sie bei deinen Leser*innen natürlich auch eine Wirkung erzielen. Deswegen darfst du bei solchen Erzählmustern genau entscheiden, wie du bestimmte Dynamiken, vor allem in Beziehungen, darstellen willst. Hier solltest du auch immer auf den Kontext und eine Einordnung deiner Geschichte achten.

Bekannte Tropes

Der Börsenverein des Deutschen Buchhandels hat nicht nur eine Warengruppe für New Adult spendiert, sondern stellt außerdem eine Liste verschiedener Tropes auf seiner Website bereit (*https://www.boersenblatt.net/news/literaturszene/tropes-spielarten-der-romance-romane-333541*). Diese werden auch immer mal wieder aktualisiert, wenn sich gerade neue Trends auf dem Buchmarkt durchsetzen. Es lohnt sich also, mal danach zu googeln.

Ich habe für dich hier die wichtigsten Tropes für Romance, New Adult und Romantasy zusammengestellt, aus denen du auswählen kannst.

Enemies to Lovers

Deine beiden Figuren können sich erst mal überhaupt nicht leiden. Das kann unterschiedliche Gründe haben: Vielleicht kommen sie aus verfeindeten Familien, haben komplett unterschiedliche Werte oder Ziele. Anfangs entsteht emotionale Spannung aus dieser Rivalität, aus Widerständen und Missverständnissen. Irgendwann wandelt sich die Beziehung dann langsam hin zur Liebe.

Bekannte Autor*innen und Titel: Fourth Wing – Flammengeküsst (Rebecca Yarros), Powerless – Das Spiel (Lauren Roberts)

Friends to Lovers

Erst BFFs, doch dann ändert sich bei einer oder beiden Figuren etwas – bis schließlich aus Freundschaft romantische Liebe wird. Die Beziehung zwischen den Figuren ist von Anfang an geprägt durch Vertrauen und Nähe. Die Spannung entsteht aus Unsicherheit und aus der Angst, mit der Beziehung ein Risiko einzugehen und vielleicht etwas Wertvolles zu verlieren.

Bekannte Autor*innen und Titel: Anyone (Sarah Sprinz), Funny Story (Emily Henry)

Fake Dating

Deine Figuren tun nur so, als wären sie ein Paar, weil mindestens eine von beiden davon etwas hat oder ein größeres Problem damit löst. Durch dieses Spiel werden echte Gefühle geweckt, die die Figuren meist erst gar nicht wahrhaben wollen, bis sie sich eingestehen müssen, dass da längst mehr ist.

Bekannte Autor*innen und Titel: Fake Dates and Fireworks (Kyra Groh), The Right Move (Liz Tomforde)

Slow Burn

Slow Burn bezieht sich darauf, wie lange es dauert, bis die Gefühle zwischen den Hauptfiguren entstehen: laaange. Die Entwicklung der Beziehung zieht sich über einen längeren Zeitraum, oft, weil eine der beiden Figuren erst innere Hürden überwinden muss, bevor sie bereit für die Liebe ist.

Bekannte Autor*innen und Titel: Witches of Deadly Sins (Ava Reed)

Found Family

Die Figuren der Geschichte entdecken Zugehörigkeit – oft, nachdem sie in ihren Herkunftsfamilien keine Nähe und Wärme bekommen haben. In Freundschaften oder Gemeinschaften finden sie eine Wahlfamilie und endlich einen emotionalen Schutzraum. Diesen Trope liest du oft in Romantasy-Geschichten.

Bekannte Autor*innen und Titel: When We Were Infinite (Kelly Loy Gilbert)

Chosen One

Deine Hauptfigur bekommt eine besondere Rolle, nach der sie gar nicht gefragt hat. Sie ist dazu bestimmt, Verantwortung zu übernehmen, und muss darin erst ihre Identität finden. Auch dieser Trope ist in Romantasy-Romanen besonders verbreitet.

Bekannte Autor*innen und Titel: Throne of Glass – Die Erwählte (Sarah J. Maas), Children of Blood and Bone – Goldener Zorn (Tomi Adeyemi)

Forbidden Love

Deine Hauptfiguren lieben einander oder fühlen sich zueinander hingezogen, aber sie dürfen oder sollen kein Paar werden, weil das entweder verboten oder sozial geächtet ist. Hier gibt es nicht nur Konflikte zwischen den beiden Figuren, sondern auch zwischen ihnen und ihrem Umfeld.

Bekannte Autor*innen und Titel: Mile High (Liz Tomforde), Twisted Games (Ana Huang)

Second Chance Romance

Die beiden Hauptfiguren haben eine gemeinsame Vergangenheit, die eigentlich schon abgeschlossen war. Durch ein erneutes Aufeinandertreffen kommen alte Verletzungen und ungeklärte Gefühle wieder hoch – und die Frage danach, ob sie eine verpasste Chance wieder aufgreifen wollen.

Bekannte Autor*innen und Titel: Golden Bay (Bianca Iosivoni)

Grumpy x Sunshine

Zwei komplett unterschiedliche Figuren treffen aufeinander – die eine himmelhoch jauchzend, die andere zum Tode betrübt. Und obwohl sie so verschieden sind, fühlen sie sich zueinander hingezogen. Dieser Trope bietet viel Raum für witzige Dialoge und eine besonders kontrastreiche Beziehung.

Bekannte Autor*innen und Titel: Meet me in Autumn (Laurie Gilmore)

Fish out of Water

Deine Hauptfigur muss sich in einer ihr völlig fremden Umgebung zurechtfinden, und das oft allein. Manchmal nimmt sie auch eine neue Rolle an. Hier geht es vor allem um Wachstum und das Finden der eigenen Identität.

Bekannte Autor*innen und Titel: Das Reich der sieben Höfe (Sarah J. Maas)

Diese Liste ist alles andere als vollständig. Es gibt super viele verschiedene Tropes, und vielleicht fehlt dein Lieblings-Trope hier. Das ist kein Grund, ihn nicht in deinen Roman aufzunehmen.

Was du jetzt konkret tun kannst:

Überlege, welche Tropes dir besonders gefallen. Wähle dir maximal einen Trope aus, mit dem du dich näher beschäftigen möchtest. Stelle dir eine Leseliste mit mindestens zehn Büchern zu diesem Trope zusammen und lies sie in den nächsten Wochen – auch wenn du sie schon kennst. Durch die Autor*innenbrille nehmen wir sie anders wahr.

Kapitel 3

Schreibcoach KI – das erwartet dich

In diesem Kapitel bekommst du einen Überblick über verschiedene KI-Tools, die dich bei der Arbeit an deinem Roman unterstützen können. Außerdem zeige ich dir, wie eine solche Unterstützung aussehen kann, ohne dass du das Schreiben selbst an ein Programm auslagerst.

Die wichtigsten Tools für dein Schreib-Projekt

»Wer KI nutzt, stiehlt.« Diesen Satz habe ich vor einer Weile auf TikTok gehört. Und ich gebe zu: Er hat mich ein wenig getroffen. Weil ich mich angesprochen fühle. Denn ich nutze KI.

Tatsächlich nutze ich ein ganzes Arsenal von KI-Tools, die mir meinen Alltag erleichtern und ohne die ich vieles von dem, was ich schaffe, entweder nur deutlich langsamer, schlechter oder vielleicht sogar gar nicht schaffen würde.

Dieser Satz hätte mich nicht so getroffen, wenn ich nicht auch seinen Kern verstehen würde. Und dieser Kern ist, dass KI-Tools in ihrem Training die künstlerische Leistung von Menschen genutzt haben – ohne deren Einverständnis. Und dass es jetzt mit wenigen Klicks möglich ist, Texte, Bilder oder Videos zu erstellen, ohne selbst den oft schwierigen Weg zu gehen, den andere vor uns gegangen sind.

In den vergangenen Jahren sind schon häufiger Dinge von mir ohne mein Einverständnis genutzt worden. Namen, die ich mir für meine Programme überlegt hatte und dann woanders wiederfand. Konzepte und Methoden. Meine Schreibübungen in einem fremden Newsletter. Blogartikel. Und einmal auch ein ganzes Buch, das jemand leicht umschrieb und als seins ausgab. Ich weiß noch genau, wie ich mich dabei jedes einzelne Mal fühlte. Und dass ich nichts dagegen tun konnte.

Jetzt also KI, die dieses »Wegnehmen« automatisiert hat.

In mir schlagen dabei ganz klar zwei Herzen. Zum einen war ich schon immer offen für neue Technologien, sehr neugierig und fasziniert davon, was alles möglich ist. Deshalb habe ich die Tools, die heute unter dem Namen »KI« laufen, von Anfang an aufmerksam beobachtet und immer wieder interessiert eingesetzt.

Auf der anderen Seite bin ich selbst Autorin. Ich habe in Tausenden von Stunden unzählige Texte und Materialien erstellt, mir Wissen angeeignet, gelernt, gefeilt. Und ich weiß, was es bedeutet, sich ein Buch abzuringen.

Wie also können wir mit diesen zwei unterschiedlichen Sichtweisen umgehen? Mit dem Gedanken auf der einen Seite, dass wir uns die Arbeit erleichtern dürfen, wenn unsere Welt immer anstrengender wird und die Möglichkeiten gleichzeitig immer vielfältiger. Und mit dem Gedanken auf der anderen Seite, dass wir als Autor*innen den Schaffensprozess nicht abwerten wollen, denn er ist ein Teil unserer Identität.

Die Antwort liegt, wie so oft, irgendwo in der Mitte, in einem Kompromiss. Wer KI einsetzt, sollte sich bewusst sein, was damit verbunden ist: welcher Energiebedarf entsteht, welche Unternehmen man unterstützt, wie die Daten, die genutzt werden, zustande gekommen sind. So, wie man das als informierte*r Konsument*in auch bei anderen Dingen sein sollte – bei Nahrung, Kleidung, Smartphone, Energie, dem eigenen Social-Media-Kanal und allem anderen, was unser Leben ausmacht.

Gleichzeitig zeigen genau diese Beispiele, dass wir immer in diesem Dilemma stecken: Es ist nicht möglich, auf alles zu verzichten, was nicht zu hundert Prozent mit meinen Werten übereinstimmt. Aber ich kann mich innerhalb der Nutzung in meinen Werten bewegen. Künstliche Intelligenz also nur für das einsetzen, was mich im Schreiben begleitet, nicht fürs Schreiben selbst. Und nicht einfach das kopieren, was andere gemacht haben.

Wie wir mit geistigem Eigentum umgehen, hängt nicht von der Technologie ab. Menschen konnten schon immer Bücher, Websites, Ideen kopieren. Natürlich ist es mit KI einfacher geworden, sich an fremdem geistigen Eigentum zu bedienen. Aber ob wir es tun oder nicht, ob wir etwas als eigene Leistung ausgeben, was wir gar nicht erbracht haben, das ist eine Frage unseres Umgangs mit anderen Menschen und mit ihrer Arbeit – nicht der Technik, die wir verwenden.

Deshalb lade ich dich in diesem Buch dazu ein, KI durchaus als Werkzeug zu nutzen, um bestimmte Dinge leichter oder besser zu machen. Und gleichzeitig dazu, dir auf keinen Fall das Schreiben nehmen zu lassen. Denn – siehe erstes Kapitel – Schreiben ist ein Prozess, der uns als Menschen uns selbst und einander näherbringt. Wenn wir diesen Prozess auslagern, »bestehlen« wir nicht nur andere Menschen. Sondern auch uns selbst.

Was du jetzt konkret tun kannst:

Überlege konkret, wofür und wie du KI schon einsetzt. Macht dich deine aktuelle Vorgehensweise kreativer oder nimmt sie dir etwas weg? Was könntest du ändern, um KI als Werkzeug und nicht als Ersatz für dich zu verwenden?

KI fürs Schreiben – da denken wir natürlich zuerst an generative LLMs (Large Language Models), also an Tools, die uns auf Knopfdruck Texte liefern können. Diese Sprachmodelle werden mittlerweile von vielen Menschen täglich eingesetzt, teilweise werden KI-Ergebnisse auch in anderen Anwendungen eingebunden, wie zum Beispiel Geminis Antworten auf Fragen in Google.

Es gibt zahllose unterschiedliche KI-Tools, auch für viele andere Anwendungsfälle, und jeden Tag kommen neue hinzu. Der Hype ist ungebrochen, und die Taschen der Investor*innen sind tief, sodass immer wieder neue Software auf den Markt gebracht wird. Manche Tools verschwinden auch wieder, andere sind schon seit Jahren dabei. Einen vollständigen Überblick kann längst niemand mehr haben, und ich würde auch nicht versuchen, einen zu bekommen. Die Zeit können wir besser fürs Schreiben nutzen.

Fokussiere dich stattdessen auf drei oder vier Tools, die du gut kennenlernst und sinnvoll einsetzt.

Aktuell nutze ich selbst für verschiedene Zwecke die folgenden Tools.

Text

ChatGPT nutze ich gerne, um meine Gedanken zu ordnen oder um Brainstormings zu machen. Der Grund dafür ist, dass es eine ziemlich gute Diktierfunktion hat, die ich auch auf der Hunderunde übers Handy einsetzen kann. So spreche ich einfach ein paar Minuten ungefiltert ein, was mir durch den Kopf geht, und lasse mir dann eine Struktur für meinen Gedankensalat vorschlagen. Diese Struktur ist meist nicht das, was ich mir vorgestellt habe, aber sie ist ein erster Schritt auf dem Weg dorthin.

Außerdem bitte ich ChatGPT gerne um Designvorschläge, zum Beispiel um Ideen für Farbkombinationen, die eine bestimmte Stimmung transportieren sollen, oder für Schriftarten für bestimmte Genres. Die Vorschläge sind erstaunlich detailliert und passend. ChatGPT lässt sich auch für Recherchen nutzen; in dem Fall bitte ich immer um eine Quellenangabe, um direkt prüfen zu können, ob es stimmt, was die KI mir auftischt.

Perplexity ist für Recherchen noch besser geeignet, denn es werden immer gleich mehrere Quellenangaben mitgeliefert. Wenn es darum geht, Fakten zu prüfen, nutze ich lieber dieses Tool.

Claude AI schrieb lange Zeit die authentischsten Texte, aber ich persönlich finde, dass diese in den letzten Monaten stark nachgelassen haben. Sie hören sich mehr und mehr wie ChatGPT an. Für bestimmte Aufgaben (zum Beispiel fürs Programmieren) ist Claude besser geeignet als ChatGPT. Für die Aufgaben hier im Buch ist es am Ende einfach eine Geschmacksfrage, was du nutzt.

Gemini ist Googles KI-Tool, das auch aufgrund seiner Einbindung in die Google-Suchergebnisse sehr verbreitet ist. Vor Gemini hatte Google Bard veröffentlicht und ist krachend damit gescheitert, weil die Ergebnisse so schlecht waren. Bei Gemini sind sie das teilweise immer noch, vor allem, was Fakten angeht. In den Google-Suchergebnissen sehe ich auch heute noch oft falsche Antworten von Gemini. Für die Texterstellung funktioniert es trotzdem wie die anderen Tools.

Bild

MidJourney war lange Zeit *das* Tool für KI-Bildgenerierung, weil die Ergebnisse sehr realitätsnah sind. Das Prompting ist allerdings nicht ganz einfach, die Prompts müssen sehr detailliert und lang sein, weil du als Antwort sofort vier Bilder bekommst, die du anschließend nicht bearbeiten, sondern nur komplett neu erstellen lassen kannst.

DALL·E ist das Bilderstellungstool von ChatGPT, und du kannst es direkt aus ChatGPT heraus nutzen. Das macht die Anwendung besonders leicht, denn du kannst erst mal im klassischen Hin und Her ChatGPT erklären, was du eigentlich willst. Da das Prompting für Bilder deutlich schwieriger ist als für Text (wir müssen unsere Vorstellung ja erst mal in Wörter übersetzen), bekommst du gerade als Anfänger*in bessere Ergebnisse.

Canva ist neben Word und meinem Internet-Browser die Software, die ich mit Abstand am häufigsten nutze. Es gibt eine sehr leistungsstarke kostenlose Variante, mit der du tolle Grafiken erstellen kannst – vom Instagram-Post bis zum Buchcover. Du kannst auch Videos produzieren und bearbeiten und erhältst mittlerweile sogar kostenlosen Zugriff auf Affinity, mit dem du deine Bücher professionell setzen kannst. Canva hat auch einige KI-Funktionen, mit denen du direkt in deinen Grafiken KI-generierte Bilder einfügen kannst. Die Qualität ist nicht so gut wie bei MidJourney oder DALL·E, aber zur Inspiration reicht es allemal.

Audio

HappyScribe ist mein liebstes KI-Tool im Audiobereich, denn es transkribiert Audios und Videos in guter Qualität. Da ich Hunderte Stunden an Videomaterial aus meinen Workshops habe, in denen ich oft einfach frei spreche, was mir durch den Kopf geht, nutze ich dieses Tool gerne, um mein Wissen nicht einfach irgendwo auf der Festplatte versauern zu lassen, sondern es zu extrahieren und zu strukturieren – gerne im zweiten Schritt dann mit ChatGPT. Es gibt noch viele weitere Transkriptionstools, die teilweise auch kostenlos verwendet werden können. Wenn du mit Videos arbeitest, kann das sehr hilfreich für dich sein.

ElevenLabs macht das Gegenteil von HappyScribe: Es wandelt geschriebenen Text in gesprochenen um, und das erstaunlich gut. Du kannst dir sogar einen eigenen Stimm-Avatar anlegen und dir deinen Text von dir selbst vorlesen lassen. Gerade bei längeren Texten nimmt die Qualität im Laufe der Datei stark ab. Für einzelne Szenen, die du im Klang beurteilen möchtest, reicht es aber.

Was KI für dich tun kann – typische Aufgaben

Ich habe mal ChatGPT gefragt, wobei es mir helfen könnte, wenn ich einen Roman schreiben will, das Schreiben aber selbst übernehmen möchte. Die Antwort findest du in Abbildung 3.1. Das ist keine schlechte Auswahl, vor allem, wenn du KI nicht als Ghostwriter, sondern als Schreibcoach einsetzt.

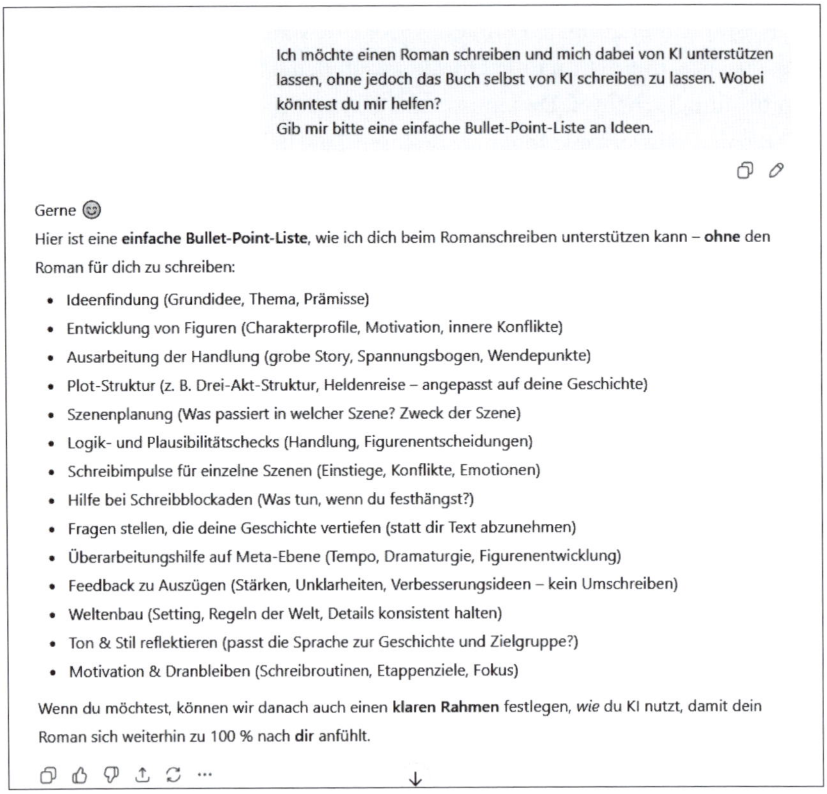
Ich möchte einen Roman schreiben und mich dabei von KI unterstützen lassen, ohne jedoch das Buch selbst von KI schreiben zu lassen. Wobei könntest du mir helfen?
Gib mir bitte eine einfache Bullet-Point-Liste an Ideen.

Gerne 😊
Hier ist eine **einfache Bullet-Point-Liste**, wie ich dich beim Romanschreiben unterstützen kann – **ohne** den Roman für dich zu schreiben:

- Ideenfindung (Grundidee, Thema, Prämisse)
- Entwicklung von Figuren (Charakterprofile, Motivation, innere Konflikte)
- Ausarbeitung der Handlung (grobe Story, Spannungsbogen, Wendepunkte)
- Plot-Struktur (z. B. Drei-Akt-Struktur, Heldenreise – angepasst auf deine Geschichte)
- Szenenplanung (Was passiert in welcher Szene? Zweck der Szene)
- Logik- und Plausibilitätschecks (Handlung, Figurenentscheidungen)
- Schreibimpulse für einzelne Szenen (Einstiege, Konflikte, Emotionen)
- Hilfe bei Schreibblockaden (Was tun, wenn du festhängst?)
- Fragen stellen, die deine Geschichte vertiefen (statt dir Text abzunehmen)
- Überarbeitungshilfe auf Meta-Ebene (Tempo, Dramaturgie, Figurenentwicklung)
- Feedback zu Auszügen (Stärken, Unklarheiten, Verbesserungsideen – kein Umschreiben)
- Weltenbau (Setting, Regeln der Welt, Details konsistent halten)
- Ton & Stil reflektieren (passt die Sprache zur Geschichte und Zielgruppe?)
- Motivation & Dranbleiben (Schreibroutinen, Etappenziele, Fokus)

Wenn du möchtest, können wir danach auch einen **klaren Rahmen** festlegen, *wie* du KI nutzt, damit dein Roman sich weiterhin zu 100 % nach **dir** anfühlt.

Abbildung 3.1: Wie ChatGPT sich unsere Zusammenarbeit vorstellt

Meinen eigenen Aufgabenkatalog stelle ich dir in diesem Kapitel schon einmal grob vor, und im 2. Teil des Buchs, in dem es darum geht, wie du dein Buch planst, schreibst und veröffentlichst, findest du dort, wo es sinnvoll ist, konkrete Tipps, wie du KI beim Schreiben einsetzen kannst.

Vorher möchte ich die Arbeit mit KI aber noch einordnen: Wenn du dich von KI in irgendetwas coachen lässt, solltest du wie bei allem mit Bedacht vorgehen. Denn auch als Schreibcoach ist die KI nur so gut wie die Fragen, die du ihr stellst. Und so gut wie die Daten, auf denen sie trainiert wurde – das vergessen viele. Diese Daten werden bekanntlich nicht offengelegt, aber ich gehe mal davon aus, dass nicht alles, was in die KI hineingeflossen ist, super Qualität hatte oder ursprünglich ernst gemeint war. Es kann sein, dass du schlechte Tipps sehr überzeugend vorgetragen bekommst. Zum Beispiel schlug die Google-KI Nutzer*innen in den USA vor, Käse auf der Pizza festzukleben, damit er nicht herunterrutscht. Die KI versteht den Sinn der Texte nicht, die sie produziert, also müssen wir selbst doppelt so gut hinschauen. Die Anwendungsfälle, die ich dir in diesem Buch gebe, berücksichtigen das immer. Entweder spielen die Grenzen der KI in ihnen keine große Rolle oder ich weise dich gezielt darauf hin, sie zu berücksichtigen.

Und: KI ist ein Werkzeug, kein Ersatz für einen Menschen. Schon gar nicht für dich. Oberste Maxime bei mir ist immer, dass ich nicht mein Denken an die Maschine auslagere, sondern dass ich sie steuere und führe, um bessere Ergebnisse in meiner eigenen Arbeit zu bekommen.

Hier sind einige spannende Ideen, mit denen dies gelingen kann.

Dich mit KI organisieren

Ein Buchprojekt ist ein großes, vielschichtiges Unterfangen und immer mit viel Organisation verbunden. Viele kreative Menschen (ich eingeschlossen) tun sich damit eher schwer. Ich nutze KI daher gerne dazu, mich zu organisieren. Wenn ich gerade viele Bälle in der Luft halte, mache ich morgens gerne einen kleinen »Braindump« mit ChatGPT und diktiere alle Dinge, die mir im Kopf gerade den Raum zum Denken nehmen, ein. Dann bitte ich die KI, mir gezielt Fragen zu stellen, damit ich die Aufgaben und Gedanken in eine sinnvolle Struktur bringen kann.

Eine weitere Möglichkeit, deine Arbeit mithilfe der KI zu organisieren, ist, nach Vorschlägen zu fragen, wie du bestimmte Aufgaben schneller oder effizienter erledigen kannst. Wenn du beispielsweise immer sehr lange brauchst, um die richtigen Notizen aus deinen Recherchen zu finden, kannst du mit der KI ein System erarbeiten, das dir dabei hilft, dich nicht ständig zu verzetteln.

Ideen mit KI entwickeln

Dass man mit ChatGPT super Ideen brainstormen kann, hast du wahrscheinlich schon mitbekommen. Ich empfehle aber gerade nicht, einfach in den Chat zu schreiben: »Gib mir mal 10 Ideen für Buchtitel«, sondern sich vorher ein paar Gedanken dazu zu machen, wie die Ideen aussehen sollen – dann werden sie nämlich viel besser. Im Buchtitel-Beispiel würde ich erst mal erfolgreiche Titel aus meinem Genre analysieren und beschreiben, wie sie üblicherweise aufgebaut sind: 4–5 Wörter, Name einer Stadt im Titel, klarer Hinweis auf Romance, solche Dinge. Im nächsten Schritt kann ich ChatGPT dann meine Buch-Idee vorstellen, die Beobachtungen zu ähnlichen Titeln teilen und mir dann mindestens zehn Vorschläge machen lassen, die in dieses Muster passen. Die Vorschläge nutze ich dann, um daraus meine eigene Idee zu entwickeln. Oft ist das der kleine Anschubser, der zu einem tollen Titel führt.

Du kannst dir auch Namen für Nebenfiguren vorschlagen lassen, die zueinander passen (zum Beispiel für Geschwister) und gleichzeitig gut unterscheidbar sind. Oder gemeinsam die Vita deiner Figuren entwickeln. Dazu gibt's später auch noch einige Vorschläge.

Schreibblockaden überwinden

Irgendwann wird sie kommen, und vielleicht kennst du sie ja schon: die Schreibblockade. Neben dem Typen-Test, den ich dir weiter hinten im Buch zur Verfügung stelle, hilft auch eine kleine Analyse mit KI. Schildere einfach, wo du gerade feststeckst, und bitte die KI, dich mit geeigneten Fragen durch die Schreibblockade zu führen. Meist hilft es schon, besser zu verstehen, warum es gerade hakt, um wieder ins Schreiben zu kommen. Und um das zu verstehen, muss dir nur jemand die richtigen Fragen stellen.

Solltest du feststellen, dass du immer in ähnlichen Situationen in Schreibblockaden »gerätst«, kannst du die KI auch bitten, gemeinsam mit dir einen Notfallplan oder eine Schreibroutine zu entwickeln, die solche Situationen vermeidet.

Besser schreiben lernen

Wie von einem guten Schreibcoach kannst du auch von der KI besser schreiben lernen. Die meisten KI-Tools schreiben zwar selbst nicht besonders gut, können aber Texte gut analysieren. Wenn du also mit einer Szene oder einem Dialog unzufrieden bist, kannst du die Passage in eine Text-KI kopieren und um kritisches Feedback bitten. Da viele KI-Tools mittlerweile ein bisschen übereifrig sind und in vorauseilendem Gehorsam mehr Text liefern, als sie sollten, schreibe ich immer dazu, dass sie bitte nichts umformulieren sollen.

Kritisches Feedback ist nie schön, aber es wird durch die KI immer sehr nett verpackt. Du kannst gezielt nach Erklärungen fragen und auch deine neuen Versionen einstellen und prüfen lassen. So lernst du, begleitet durch die KI, warum manche Texte besser klingen als andere und wie du in Zukunft noch besser schreibst.

Du kannst auch dein Bauchgefühl überprüfen, wenn du meinst, dass eine Formulierung sich schief anhört. Die KI liefert dir dann eine Erklärung dazu, und beim nächsten Mal weißt du, wie du die Formulierung richtig einsetzt.

Recherche

Für dein Buch musst du sicher auch Fakten recherchieren, zum Beispiel Schauplätze, historische Begebenheiten, bestimmtes Fachvokabular oder wie viel Geld in einen klassischen Handgepäckkoffer passt und wie schwer der dann wird. Nichts ersetzt eine »klassische« Recherche auf seriösen Websites oder in einer Bibliothek. Verlässliche Quellen sind die Voraussetzung dafür, dass später alles in deinem Roman passt.

KI kann dir dabei helfen, diese Recherche einfacher zu machen, indem du deine Fragen dort stellst und dir Quellen liefern lässt. So hast du einen Ausgangspunkt für deine weitere Recherche, kannst die Quellen prüfen und von dort aus weitere suchen.

Für die Recherche eignet sich Perplexity gut, weil es immer Quellen angibt. Andere Tools wie ChatGPT oder Claude musst du meist explizit auffordern, dir Quellen zu verlinken, was mittlerweile gut funktioniert.

Bitte prüfe diese Quellen unbedingt. Ich höre immer wieder: »ChatGPT hat gesagt …« ChatGPT ist aber keine verlässliche Quelle, sondern erzählt manchmal auch einfach Unsinn.

Buchmarketing

Am besten nutzt du die KI für die Dinge, die du am wenigsten gern tust, die aber sein müssen. Und für viele Autor*innen ist das das Buchmarketing. Natürlich solltest du verstehen, wie Buchmarketing funktioniert und was dafür wichtig ist. Dafür gibt's das Kapitel 9 in diesem Buch. Wenn du die Grundlagen verinnerlicht hast, kannst du dann mit der KI an die Ausarbeitung gehen. Du kannst gemeinsam gut laufende Accounts analysieren, TikTok-Ideen für dein Buch entwickeln, den Klappentext überarbeiten und deine Arbeit strukturieren lassen. Da Buchmarketing ein eigenes, zeitintensives und dauerhaftes Projekt ist, das dich spätestens ab der Veröffentlichung deines Buchs den Rest deines Autor*innenlebens begleiten wird, kannst du dir die Arbeit mithilfe der KI deutlich erleichtern. Für viele Autor*innen sorgt das dafür, dass sie überhaupt erst Buchmarketing machen, und wenn das bei dir auch so ist, nutze sie auf jeden Fall.

KI für Romane einsetzen – geht das überhaupt?

Ob man KI für Romane einsetzen kann, ist schon gar keine Frage mehr, denn KI wird ja längst für Romane eingesetzt.

Rie Qudan, eine junge japanische Schriftstellerin, erhielt 2024 den renommierten Akutagawa-Preis, eine der höchsten literarischen Auszeichnungen in Japan. In Interviews erzählte sie später offen davon, dass etwa 5 % ihres ausgezeichneten Romans direkt von ChatGPT stammen. Sie nutzte ChatGPT, um bestimmte, auch persönliche Dinge zu reflektieren, und die Dialoge hätten sie zu Teilen des Romans inspiriert. Das löste eine heftige

Diskussion darüber aus, ob eine Autorin, die KI nutzt, überhaupt einen Preis verdient hat.

In mehreren Romanen wurden außerdem von Leser*innen Textpassagen gefunden, die sich wie vergessene KI-Prompts lasen. Auch das war Anlass, über die Rolle von KI in der Literatur zu sprechen.

Also ja, es ist offensichtlich möglich, KI für Romane einzusetzen. KI erstellt ja einfach die Texte, die man sich wünscht. Und baut dann etwas mehr oder weniger Sinnvolles zusammen – je nachdem, wie gut man promptet.

Sollte man KI für Romane verwenden? Da gehen die Meinungen auseinander, und ich denke, wir sind da noch lange nicht am Ende der Diskussion. Ich finde es schade, sich den Prozess des Schreibens nehmen zu lassen – egal, ob Roman, Sachbuch oder Einkaufszettel. Die Schrift ist eine der größten Errungenschaften in der Menschheitsgeschichte, ohne die kaum etwas von dem, was heute für uns selbstverständlich ist, möglich gewesen wäre. Dank der Schrift können wir Wissen über Generationen hinweg weitergeben und an das Erlernte früherer Jahrhunderte anknüpfen. Wir können komplexe Gesellschaften bilden und organisieren. Wir können forschen, lernen und uns schöne Dinge ausdenken. Das sollten wir auf keinen Fall verlernen oder an Maschinen auslagern.

Zu schreiben macht erwiesenermaßen etwas mit unserer Psyche: Wir strukturieren dabei unsere Gedanken und regulieren unsere Emotionen. Schreiben verändert neuronale Netzwerke und stärkt für viele das Gefühl von Identität und den Selbstwert.[1] Schreiben bewirkt so viel Gutes, dass wir in der Hochgeschwindigkeitsentwicklung, die die Menschheit gerade durchläuft, lieber mehr als weniger schreiben sollten. Und ja, auch Romane.

Es gibt aber Möglichkeiten, Künstliche Intelligenz als Werkzeug einzusetzen und Romane trotzdem selbst zu schreiben. Den Weg dorthin stelle ich in diesem Buch vor. Du bleibst Schöpfer*in deines Romans, und die KI bleibt als Coach und Cheerleader an deiner Seite.

---

1 Eine spannende Studie dazu: Baikie K. A., Wilhelm K. Emotional and physical health benefits of expressive writing. Advances in Psychiatric Treatment. 2005;11(5):338–346 (online abrufbar unter *https://doi.org/10.1192/apt.11.5.338*).

Ist Künstliche Intelligenz kreativ?

»Kreativ« kommt vom lateinischen Wort »creare«, was »erschaffen« heißt. Kreativ sind wir also, wenn wir etwas Neues durch Kombination von Vorhandenem erschaffen. Das tun wir zum Beispiel, wenn wir Bücher schreiben.

Künstliche Intelligenz »erschafft« auch Dinge durch Kombination aus vorhandenem Material, nämlich aus den Medien, an denen die KI trainiert wurde. Ob das, was dabei entsteht, wirklich etwas Neues ist oder nur eine Variation von Bekanntem, ist Ansichtssache und fast schon philosophisch.

Die Frage beschäftigt uns natürlich, weil wir wissen wollen, ob unsere Fantasie noch etwas Besonderes ist oder ob wir in Zukunft alle durch KI ersetzt werden. Sie berührt unsere Identität als schreibende Menschen.

In den letzten Jahren habe ich mir viele Gedanken darüber gemacht, was eigentlich der Unterschied zwischen einem von einem Menschen und einem von der KI geschriebenen Text ist. Vielleicht bilde ich mir das ja ein, aber ich finde, man spürt in einem menschlichen Text die Verbindung dahinter. Den persönlichen Funken, den eben doch nur ein Mensch hat. Denn die KI versteht nicht, was sie schreibt. Sie kann einem Text keine Bedeutung geben. Das können nur wir Menschen. Wenn wir Kreativität nicht nur als das Erschaffen von Neuem, sondern als das Erschaffen von Neuem mit tieferer Bedeutung sehen, ist klar: Das können nur wir.

Faktencheck: KI ist längst nicht unfehlbar

Ich finde es auch nach mehreren Jahren noch beeindruckend, mit LLMs zu chatten. Ich muss mich oft bewusst daran erinnern, dass ich mit einem Tool schreibe, das mit Wahrscheinlichkeiten arbeitet und nicht mit einer Künstlichen Intelligenz, wie wir sie aus Science-Fiction-Filmen kennen. Sie formulieren flüssig, sind freundlich und vor allem: überzeugend.

Und das ist ein echtes Problem.

So oft spreche ich mit Menschen, die eine Diskussion anfangen mit »ChatGPT hat gesagt ...« Und ja, ChatGPT & Co. können auch recherchieren und geben oft sinnvolle Antworten. Aber sie sind keine allwissenden Maschinen, deren Antworten geprüft und verifiziert sind. Deswegen ist es wichtig, dass du die Grenzen der KI kennst und weißt, wie du Antworten einordnen solltest. Dass du etwas bei ChatGPT gelesen hast, sollte also nie deine einzige Quelle sein.

Wie KI eigentlich funktioniert

Sprachmodelle denken nicht wirklich nach, sondern sind im Grunde Textvorhersagen: Sie berechnen, welches Wort in einem Satz am wahrscheinlichsten als Nächstes kommt – und das auf Basis riesiger Datenmengen und langer Trainings.

In viel einfacherer Form kennst du das von WhatsApp & Co.: Du tippst »Ich freue mich auf«, und dein Telefon schlägt dir »morgen« als nächsten Begriff vor. Sprachmodelle arbeiten so ähnlich, nur deutlich komplexer. Richtig werden die Antworten dadurch nicht, nur sehr wahrscheinlich.

Die KI versteht nicht, was sie schreibt. Sie verfügt nicht über das Wissen der Welt, das sie dir mundgerecht aufbereiten kann, sondern sie kennt statistische Muster und kann mit ihrer Hilfe Texte erzeugen, die sich flüssig anhören.[2] Sie antwortet auf deine Fragen nicht mit der richtigen, sondern mit der wahrscheinlichsten Antwort. Die ist häufig auch richtig (weil sie die wahrscheinlichste ist), aber eben nicht immer.

Und die KI ist ein absoluter People Pleaser. Sie will immer antworten. »Das weiß ich nicht« gibt es quasi nicht. Selbst wenn ihr keine Informationen vorliegen, antwortet sie mit einem Text, der sich schlau anhört. Für die KI ist das kein Unterschied, denn auch wenn ihr das Wissen fehlt, gibt es eine wahrscheinliche Antwort. Ob sie wirklich stimmt, kann sie nicht verlässlich überprüfen.

Ich nutze ChatGPT zum Beispiel häufig, um Technik-Probleme zu lösen. Wenn ich das Problem beschreibe und die Software nenne, bekomme ich eine Schritt-für-Schritt-Anleitung. »Klicke das Rädchen-Symbol, wähle dann *Allgemeine Einstellungen* aus ...« Superpraktisch. Nur leider gibt es manchmal gar kein Rädchen-Symbol und auch keinen Eintrag *Allgemeine Einstellungen*. Diese Symbole und Beschriftungen kommen aber in anderen Programmen so häufig vor, dass es sehr gut möglich wäre, dass es sie gibt. Für die KI ist das dasselbe.

---

2 Allerdings auch immer sehr ähnlich. Mittlerweile gibt es Formulierungen, die in KI-generierten Texten übermäßig oft vorkommen. Im nächsten Abschnitt gehe ich darauf näher ein.

Halluzinationen

Das letzte Beispiel mit der falschen Schritt-für-Schritt-Anweisung war schon eine Halluzination: eine Erfindung der KI, die absolut überzeugend klingt.

Das ist besonders bei Recherchen relevant. Stell dir vor, du recherchierst für deinen historischen Roman und fragst ChatGPT nach Bräuchen bei Hochzeiten im viktorianischen England. Du bekommst auf jeden Fall eine Antwort im Brustton der Überzeugung – mit konkreten Traditionen, Zeitangaben und Details. Ob das alles so stimmt, solltest du in klassischen Quellen, also in Fachzeitschriften und Büchern, überprüfen. Sonst machen es später deine Leser*innen, und das könnte dann unangenehm sein.

Genauso liefert die KI gerne Titel und Autor*innen, die es gar nicht gibt, wenn sie nach Buchempfehlungen gefragt wird. Gerne ergänzt durch echte Verlagsnamen, manchmal auch erfundene Titel von echten Autor*innen.

In diesen Fällen hat die KI halluziniert und sich etwas ausgedacht, damit du eine Antwort bekommst.

Nutze gerne KI als Ausgangspunkt für deine Recherchen, aber lass dir immer Quellen ausgeben (und wenn es nur ein Link ist) und überprüfe zusätzlich zu diesen Quellen die Ergebnisse immer in Fachliteratur oder von mir aus auch auf Wikipedia oder bei Google.

Was du jetzt konkret tun kannst:

Achte ab jetzt besonders darauf, KI-Antworten zu hinterfragen und zu prüfen. Frage dich, wo du bisher vielleicht zu unkritisch warst und wie du das bei der Nutzung von KI in Zukunft verbessern kannst.

Zahlen und Logik

Sprachmodelle sind – der Name verrät's – darauf trainiert, Texte zu produzieren. Deswegen haben sie große Schwächen, richtig zu rechnen. Das zeigt sich schon an kleinen Beispielen: Frag ChatGPT mal, wie viele R im Wort *Strawberry* stecken. Die KI zählt immer unterschiedlich. Bei mir ist ChatGPT zwar in Summe aufs richtige Ergebnis gekommen, aber ... na ja, schau's dir selbst an.

Abbildung 3.2: Strawberry

Wenn es für dein Buch also auf konkrete Zahlen ankommt, nimm lieber den Taschenrechner oder zähle selbst nach. Das gilt vor allem, wenn du eine Kostenplanung für dein Buch machen willst – alles, was finanzielle Auswirkungen hat, ist in Excel deutlich besser aufgehoben.

Bias

Bias ist ein psychologischer Begriff, der in etwa mit »Vorurteilen« gleichgesetzt ist. In der Forschung spricht man zum Beispiel von Bias, wenn männliche Forscher den männlichen Körper als Norm heranziehen und Frauen damit in der Forschung nicht in gleicher Weise berücksichtigen.

Da unsere Welt nicht allen Menschen gleich gut zugänglich ist, finden sich auch in den Texten, mit denen die KI-Systeme trainiert wurden, Vorurteile. Wenn in den Trainingsdaten überwiegend Texte aus westlichen, männlich geprägten Perspektiven vorkommen, zeigt sich das in subtilen Details: Wenn du ChatGPT bittest, einen erfolgreichen CEO zu beschreiben, wird häufiger ein Mann skizziert. Fragst du nach einer fürsorglichen Person, erscheint eher eine Frau.

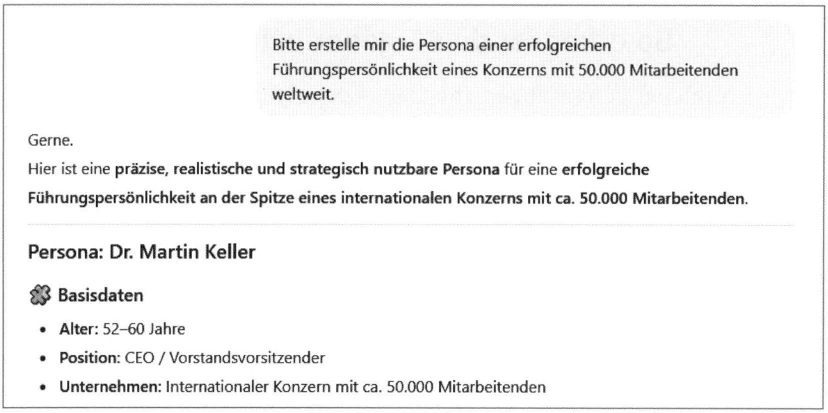

Abbildung 3.3: Erfolg ist männlich

Bitte erstelle mir eine Persona für eine sehr fürsorgliche Person.

Gerne ♡
Hier ist eine **ausgearbeitete Persona für eine sehr fürsorgliche Person**, die du z. B. für Angebote, Texte, Programme oder Buchkonzepte nutzen kannst.

Persona: Maria Hoffmann

Basisdaten

- **Alter:** 38–55 Jahre
- **Lebenssituation:** Berufstätig, oft mit Familie (Kinder, pflegebedürftige Eltern oder beides)
- **Beruf:** Sozialer, beratender, pädagogischer, therapeutischer Bereich
  oder Selbstständigkeit mit starkem Dienstleistungs- und Menschenfokus
- **Wohnort:** Eher stabil verwurzelt, ländlich oder kleinstädtisch geprägt

Abbildung 3.4: Fürsorge ist weiblich

Setzt du KI zum Beispiel ein, um deine Figuren weiter auszuarbeiten, kann es sein, dass sie sich an Stereotypen bedient und damit Vorurteile reproduziert. Auch hier solltest du ein waches Auge auf die Ergebnisse haben und prüfen, ob sie zu deinem Roman passen.

Denn: Du als Autor*in bist immer die letzte Instanz. KI ist keine allwissende Maschine, sondern ein von Menschen programmiertes System, das anhand von Daten von Menschen trainiert wurde – und immer nur so gut sein kann wie seine Programmierung und die zugrunde liegenden Daten.

So erkennst du KI-generierte Texte

Bevor ich Bücher geschrieben habe, habe ich gebloggt. Natürlich über Bücher. Ich schrieb zwei bis drei Rezensionen pro Woche (was ich ziemlich viel fand, mir im Vergleich zu heutigen Buchblogger*innen aber wie gar nichts vorkommt). Weil ich, anders als ursprünglich angedacht, meine Blog-Artikel nie im Voraus plante, schrieb ich sie immer direkt, nachdem ich das jeweilige Buch gelesen hatte. Und irgendwann fiel mir auf, dass mein Stil sich änderte, je nachdem, welches Buch ich vorher gelesen hatte.

Wir imitieren Sprachstile ganz automatisch und übernehmen Formulierungen und grammatikalische Eigenheiten. Die *Communication Accommodation Theory* beschreibt genau das: Menschen passen sich der Sprache ihrer Umgebung an.

KI macht das auch: ChatGPT & Co. haben bestimmte sprachliche Eigenheiten aus den Trainingsdaten übernommen und reproduzieren sie nun immer weiter. So sehr, dass man daran KI-generierte Texte erkennen kann.

Es gibt zum Beispiel eine Formulierung, die ich nicht mehr lesen kann, ohne zusammenzuzucken: »nicht A, sondern B«, zum Beispiel »nicht aus Sorge, sondern als Beweis seiner Achtsamkeit«. ChatGPT schreibt sie gefühlt in jedem Text, und ich lese sie ständig in Newslettern und Social-Media-Posts.

Stammen diese Texte alle von KI?

Keine Ahnung. Manche sicher. Aber dass ChatGPT solche Formulierungen wieder und wieder herunterleiert, liegt ja daran, dass es auf Texten mit diesen Formulierungen trainiert wurde. Die gab's also schon vorher. Und wenn immer mehr Menschen KI-geschriebene Texte im selben Muster verbreiten, lesen immer mehr Menschen sie und geben sie weiter – wie ich damals in meinen Rezensionen. *Communication Accommodation Theory.* Wenn du also bestimmte Formulierungen in Texten wiedererkennst, sei nachsichtig. Vielleicht liest die Person auch einfach (unbewusst) viele KI-generierte Texte. Und setze etwas dagegen, damit unsere Sprache sich nicht der Künstlichen Intelligenz angleicht.

Neben der genannten Formulierung gibt es einige weitere Hinweise, die auf KI-generierte Texte deuten:

- Der Dreisprung: Ich mache das tatsächlich auch gerne. Es lockert einen Text auf, schafft Variationen und hört sich irgendwie vollständig an. (Und ja, das war einer.) ChatGPT mag sie auch sehr gerne und nutzt sie in beinahe jedem Absatz.
- Leere Aussagen. Wenn ich einen längeren, von KI geschriebenen Text lese, döse ich weg, weil er voller leerer Formulierungen steckt, voller Phrasen, die den Text nur künstlich aufblähen, statt Inhaltliches beizutragen. »Künstliche Intelligenz ist im Schreiballtag angekommen.« Bla. »Für viele Autor*innen ist das gleichermaßen faszinierend wie verunsichernd.« Blabla. Das ist alles nicht falsch, aber es passiert auch nichts, wenn man den Satz einfach aus dem Text herausstreicht.

- Gedankenstrich. Jaaaa, das hast du sicher schon gehört. ChatGPT mag Gedankenstriche. Auch viele Schriftsteller*innen mögen sie. Und ich selbst bin der Meinung, dass ein guter (längerer) Text alle Satzzeichen enthalten sollte, um das volle Potenzial der Sprache auszuschöpfen oder zumindest ein bisschen mehr in die Nähe dieses Potenzials zu rücken. Aber ChatGPT streut sie einfach wie Tabasco auf die Pizza. Die Gedankenstrichquote in KI-generierten Texten ist normalerweise deutlich höher als in menschlichen.

Vergessene Prompts sind natürlich auch ein Hinweis darauf, dass KI im Spiel war. Und darauf, dass niemand den Text gelesen hat, bevor er veröffentlicht wurde. Das Zweite würde mich, um ehrlich zu sein, wesentlich mehr ärgern.

Wie du KI nutzt und trotzdem Autor*in bleibst

Während der Arbeit an diesem Buch las ich auf LinkedIn einen Beitrag, der ungefähr so ging: »Jede*r Zweite träumt davon, ein Buch zu schreiben. Aber die wenigsten tun's. Deswegen haben wir unsere neue Software [keine Ahnung, wie die hieß, und ich würd's hier auch nicht schreiben, wenn ich es wüsste] entwickelt, die einem das Buchschreiben abnimmt. Einfach ein paar Rahmendaten eingeben, und schon hat man einen fertigen Roman.«

Mein erster Gedanke: Junge, du hast ja mal gar nicht verstanden, *warum* Menschen ein Buch schreiben wollen.

Und er ist nicht der Einzige. Es gibt mittlerweile einige KI-Tools, die komplette Bücher schreiben. Oder Plots erstellen. Oder gleich das Design und die Illustrationen mitzuliefern. Die also genau darauf zugeschnitten sind, Romane von ihnen schreiben oder unterstützen zu lassen.

Ich stelle sie in diesem Buch bewusst nicht vor. Ich bin Buch- und kein Klick-Coach. Mein Ziel mit diesem Buch ist es, dir zu zeigen, wie du deinen eigenen Roman schreiben kannst. Und wie du dich dabei dort, wo es sinnvoll ist, von moderner Technologie sinnvoll unterstützen lassen kannst. Der Fokus liegt auf dem Roman. Du musst keinen einzigen KI-Prompt nutzen und kannst trotzdem alle Schritte gut abschließen – denn die funktionierten auch schon vor KI. Wenn du Lust hast, ein bisschen zu experimentieren und dir manche Dinge leichter zu machen, probier's einfach mal aus. Du wirst dabei keinen einzigen Satz in deinem Buch mit KI schreiben, aber viel Unterstützung bekommen.

Deswegen werden sich die meisten meiner Vorschläge zur KI-Nutzung auch auf die gängigen Standardtools wie ChatGPT, Claude oder Gemini beziehen. Romanschreib-KI halte ich für nicht besonders sinnvoll, und die Tools, die ich berücksichtige, haben viele ohnehin im Einsatz. Selbst wenn diese Tools einmal nicht mehr die Marktführer sind, wird es sicher andere geben, die ähnlich zu bedienen sind. Die Anleitungen im Buch bleiben also erhalten.

Damit möchte ich dir einen Weg zeigen, moderne Tools zu nutzen und gleichzeitig Herr*in in deinem kreativen Haus zu bleiben. Denn warum sollten wir uns das Schreiben von einer Maschine abnehmen lassen, wenn es unser größter Wunsch ist, zu schreiben?

Und solltest du KI für kreative Tätigkeiten nutzen – zum Beispiel für ein Brainstorming oder um Formulierungen zu überprüfen –, mache immer, immer, immer zuerst einen eigenen Entwurf. Dann hilft KI dir nämlich nicht dabei, einfach irgendetwas hinzuschreiben, sondern zu verstehen, wie dein Text wirkt und wie Sprache grundsätzlich funktioniert. Und gleichzeitig bleibst du im kreativen Training.

Was Autor*innen über KI-Recht wissen sollten: Interview mit Rechtsanwalt Dr. Thomas Schwenke

Dr. Thomas Schwenke ist Rechtsanwalt und berät vor allem zu den Themen Datenschutz, KI- und Marketingrecht.

Website: https://drschwenke.de/

Hinweis: Dieses Interview ist keine Rechtsberatung. Es handelt sich hier um allgemeine Informationen und den aktuellen Stand der Rechtslage zur Zeit der Veröffentlichung dieses Buchs. Wenn du konkrete rechtliche Fragen hast, solltest du dich immer von einem Rechtsanwalt oder einer Rechtsanwältin beraten lassen.

Yvonne: *Nutzen Sie selbst generative KI?*

Dr. Schwenke: Ja, auf jeden Fall. Zum Gegencheck nutze ich sie häufig und als Sparringspartner. Wenn ich etwas verfasst habe, frage ich zum Beispiel: Hast du andere Ansichten? Hast du Argumente, die dagegensprechen? Auch fürs Brainstorming von Ideen, für Rechtschreibung und bessere Formulierungen. Und auch für Grafiken.

Ich vermeide sie aber beim ersten Ansetzen. Zuerst selbst denken, dann die KI hinzuziehen. Wobei es sehr verlockend ist, es andersherum zu machen. Das hat aber den Nachteil, dass das Gehirn gar nicht anfängt zu denken und wir uns dann von der KI abhängig machen. Der kreative Prozess wird dann am Anfang erstickt, wenn man dort schon die KI einsetzt.

Auch wenn man weiß, wie eine KI funktioniert – dass sie auf Grundlage von Wahrscheinlichkeiten und Durchschnittswerten arbeitet – hat man doch diese Hoffnung, dass sie mehr kann. Irgendwann merkt man dann: Die produziert nur Durchschnitt.

Yvonne: *Wo stehen wir rechtlich gerade zum Thema KI?*

Dr. Schwenke: Vergleichsweise gut für eine so neue Technologie. Es gibt schon viele Gesetze, die genau die Bereiche regulieren, die die Technologie berührt.

Außerdem haben wir mit der KI-Verordnung eine spezielle Regelung, die aber nicht alles regelt. Sie ist ein Produktsicherheitsgesetz – ähnlich wie für einen Fön oder ein Auto. Hier geht es um die Regulierung von Gefahren, die von der KI für Menschen ausgehen: verbotene KI-Systeme, die Menschen manipulieren, Hochrisikosysteme, die Pflicht, Deepfakes zu kennzeichnen.

Daneben gibt es viele Gesetze und Regelungen, die die KI-Nutzung berühren:

- Wenn ich eine E-Mail mit personenbezogenen Daten in die KI eingebe, verarbeite ich personenbezogene Daten, das ist durch die DSGVO geregelt.
- Wenn ich Marketingmaßnahmen oder geschäftliche Planungen in ein KI-System eingebe, verletze ich potenziell Geschäftsgeheimnisse.
- Im Urheberrecht ist geregelt, was vor der KI geschützt ist und ob die Ergebnisse, die die KI erstellt, geschützt sind.

- Wenn ich Deepfakes von Personen erstelle, berühre ich deren Persönlichkeitsrechte.
- Wer haftet, wenn die KI Fehler macht, ist im Haftungsrecht geregelt.

Vieles ist durch die bestehenden Gesetze geregelt. Die bestehenden Regelungen muss man dann für das Thema KI teilweise kompatibel machen, weil die Begrifflichkeiten oft nicht richtig passen und wir bisher kaum Rechtsprechung haben.

Yvonne: *Bei der KI-Nutzung sind ja mindestens zwei Seiten beteiligt: die Anbieter, die die KI trainiert haben, und diejenigen, die sie nutzen. Zum Training sind Texte genutzt worden, die urheberrechtlich geschützt sind. Wenn ich die KI nutze, verstoße ich dann gegen das Urheberrecht? Oder der Anbieter?*

Dr. Schwenke: Beide können gegen das Urheberrecht verstoßen. Wir müssen das Training und die Nutzung trennen.

Im Training ist es so: Wenn eine Maschine fremde Werke vervielfältigt – und das ist notwendig fürs KI-Training –, ist das grundsätzlich urheberrechtlich verboten. Aber im Gesetz gibt es eine Ausnahme für Text- und Data-Mining (§ 44b Urheberrechtsgesetz). Diese Ausnahme kam 2019 ins EU-Recht und 2021 in unser Urheberrecht.

Die Vorschrift erlaubt es, fremde, urheberrechtlich geschützte Werke zu kopieren, wenn das nur vorübergehend erfolgt und die Kopie nur dazu dient, Muster und Erkenntnisse zu gewinnen.

Man kann sich mit einem Nutzungsvorbehalt dagegen wehren, aber das hat damals kaum jemand getan, weil niemand die Entwicklung der KI so absah. Auf diese Weise sind die abstrahierten Vorstellungen von Werken in die KI gelangt.

Die Nutzung der KI ist grundsätzlich unproblematisch, weil die Werke nicht als Kopien gespeichert sind. Die KI merkt sich, wie sie Texte reproduzieren könnte, aber sie hat sie nicht en bloc abgespeichert.

Dazu gab es Ende 2025 eine Entscheidung des Landgerichts München I. Die GEMA klagte, weil es möglich war, ChatGPT ganze Songtext-Passagen zum Beispiel von Helene Fischer zu entlocken. OpenAI verlor, weil das Gericht der Meinung war, dass der Songtext gespeichert sein muss, wenn er eins zu eins ausgegeben werden kann. Diese ausgegebenen Songtexte waren also Urheberrechtsverletzungen.

Yvonne: *Bei einem Songtext kann man das im Detail prüfen. Aber wenn ich sage: »Schreib mir eine Kurzgeschichte im Stil von Stephen King« und erhalte dann von ChatGPT eine Horrorgeschichte – ist das eine Urheberrechtsverletzung?*

Dr. Schwenke: Das Urheberrecht schützt keine Ideen, keine Fakten und keine Stile. Es schützt nur deren Verkörperung – erst wenn man sie zu Papier gebracht, z. B. niedergeschrieben, gezeichnet oder sonst analog oder digital fixiert hat. Stile sind nicht geschützt, und das ist genau das, was die KI sich merken darf. Das Text- und Data-Mining erlaubt der KI explizit, Eigenarten des Ausdrucks zu erfassen.

Man muss aber aufpassen: Wenn ich einen Song im Stil von Helene Fischer anfordere, kann es sein, dass ein neuer Text herauskommt oder einer, der praktisch wie das Original klingt. Außerdem ist eine KI eine Blackbox. Ich weiß nicht genau, was sie tut. Deswegen muss man immer selbst prüfen, ob es den Text, den ich von ihr bekomme, nicht schon vorher gegeben hat. Das kann man bei Google checken oder man gibt den Text in eine andere KI ein und fragt: Ist das eine Kopie? Hast du diese Passage irgendwo gefunden?

Unterm Strich darf man Bücher im Stil eines anderen Autors oder einer anderen Autorin schreiben, begibt sich aber in höhere Gefahr, dass die KI urheberrechtlich geschützte Passagen übernimmt. Man ist verpflichtet, besonders sorgfältig zu überprüfen, dass es sich nicht um Kopien handelt.

Dr. Schwenke: Im Urheberrecht sind auch Fabeln geschützt – das bedeutet, dass Figuren und Themen, wenn sie hinreichend verdichtet sind, geschützt sein können. Wenn ich eine KI z. B. bitte: »Schreib mir ein Buch über einen Zauberlehrling, der als Waise aufwächst«, und sie sagt: »Es geht um einen kleinen Jungen namens Harald Töpfer, der bei seiner Tante in einem Schrank unter der Treppe wohnt und eine Narbe auf der Stirn in Form eines Blitzes hat« – dann kopiert sie eine geschützte Figur.

Normalerweise macht die KI das bisher aber nicht auf diese Weise, sondern mischt verschiedene Figuren und baut einen Durchschnitt daraus. So nah ans Original zu kommen, dass es kritisch wird, muss man bewusst herausfordern.

Yvonne: *An einem reinen KI-Text habe ich ja kein Urheberrecht, weil keine persönliche Schöpfung vorliegt. Bin ich verpflichtet, das auszuweisen?*

Dr. Schwenke: Grundsätzlich besteht keine Verpflichtung, Copyright-Hinweise zu platzieren. Aber es gibt Situationen, in denen das betrügerisch oder wettbewerbswidrig sein kann.

Wenn ich Bücher verkaufe und im Vertrag steht »KI-Nutzung nicht erlaubt« und ich lasse die KI das Buch schreiben, ist das eine Vertragsverletzung. Auch wenn ein Name auf dem Buch steht, suggeriert das, dass es von einem Menschen geschrieben wurde. Wenn das Buch dann von der KI geschrieben wurde, würde das als Betrugsfall oder zumindest als Gewährleistungsfall ausgelegt werden.

Was aber, wenn die KI-Nutzung nicht derart klar im Vertrag geregelt ist und ich das Buch nicht komplett von der KI schreiben lasse, sondern mich wie ein Herausgeber fühle? Wenn ich mit KI Passagen generiere, sie und das Buch individuell zusammensetze, habe ich auch einen Beitrag geleistet. Da ist es nicht mehr so klar. Und geschickt eingesetzt ist es praktisch kaum möglich, den Einsatz von KI nachzuweisen.

Unter dem Strich heißt das, dass man auf einen Urheberrechtshinweis verzichten sollte, oder besser gesagt, auf den KI-Einsatz hinweisen und ihn vorab klären muss, wenn dies vertraglich verpflichtend ist oder eine höchstpersönliche Leistung im Rahmen von Auftragsverhältnissen oder von Produkten erwartet wird. Das ist vor allem bei kreativen Berufen wie Schriftsteller*in, Journalist*in, Künstler*in und generell allen angestellten Personen der Fall. Wie hoch das Risiko ist, dass der KI-Einsatz auffliegt und ob es sich lohnt, dieses Risiko einzugehen, ist natürlich eine andere Frage.

Yvonne: *Gibt es Dinge, die man als Autorin im Umgang mit KI auf keinen Fall tun sollte?*

Dr. Schwenke: Die Texte ungeprüft übernehmen, das ist ein No-Go. Man sollte Texte auf jeden Fall wieder in die KI eingeben und überprüfen, ob es sich wie ein anderes Buch anhört und – wenn auch nur in Teilen – eine Kopie sein könnte.

Und auch keine Fakten ungeprüft übernehmen und verbreiten. Wenn man über einen Menschen schreibt und die KI sich Fakten ausdenkt, stehen im schlimmsten Fall nachher im Buch Unwahrheiten, für die man im Zweifel belangt werden kann.

Abbildungen von realen Personen – also Deepfakes – sind auch ein klares No-Go, wenn man keine Einwilligung der abgebildeten Personen hat. Auch wenn ich ein Bild mittels KI generiere, brauche ich eine Einwilligung oder eine gesetzliche Erlaubnis wie Satire oder Parodie.

Yvonne: *Gibt es auch etwas, das aus heutiger Sicht unbedenklich ist?*

Dr. Schwenke: Recherche halte ich für unbedenklich. Auch Rechtschreibprüfung, das Ausbügeln von einzelnen Formulierungen. Und das Erstellen von Gebrauchsgrafiken – ich brauche eine Grafik für eine Stimmung, eine Grafik zur Veranschaulichung oder etwas in der Art.

Yvonne: *Auch alles, was ich nur für mich verwende? Zum Beispiel sich Figuren visualisieren zu lassen, um in die Stimmung zu kommen?*

Dr. Schwenke: Was man in seinem privaten Kämmerlein macht, ist grundsätzlich zulässig. Problematisch ist immer Veröffentlichung und Verbreitung. Allerdings: Wenn ich der KI etwas gebe – etwa eine fremde Biografie, um einen Charakter zu erschaffen –, dann kopiere ich ein fremdes Werk. Man kann sich dabei zwar auf die oben erwähnte Text- und Data-Mining-Ausnahme im § 44b UrhG berufen. Aber zum einen ist deren Anwendung in dieser Konstellation umstritten, und zum anderen enthalten fast alle neuen Werke, zumindest im Print- und E-Book-Bereich, Nutzungsvorbehalte, die KI-Nutzung untersagen. Sprich, die meisten Leute laden Bücher hoch, ohne sich um Urheberrechte zu kümmern. Das ist verboten. Praktisch betrachtet müsste man nach derzeitiger Rechts- und Sachlage sagen: Wo kein Kläger, da kein Richter. Das Risiko ist derzeit vergleichsweise gering, aber das kann sich ändern, und vor allem im Unternehmensbereich können Rechtsverstöße teuer werden.

Yvonne: *Schätzen Sie das Risiko bei Text und Bild ähnlich ein?*

Dr. Schwenke: Urheberrechtsverstöße sind bei Bildern einfacher nachzuweisen. Bei Texten sind es meistens Passagen, die man aufwändig gegenüberstellen und einzeln abgleichen muss. Nachweistechnisch ist Text schwieriger als ein Bildabgleich. Aber auch das könnte sich ändern, wenn nach Urheberrechtsverstößen bei Texten mittels KI-Erkennung gesucht wird.

Yvonne: *Haben Sie noch einen wichtigen Tipp zum Thema KI und Recht?*

Dr. Schwenke: Als Merksatz: Es ist zulässig, KI als Sparringspartner zu nutzen, aber man sollte davon Abstand nehmen, sie als Ghostwriter zu nutzen. Dann beginnen die rechtlichen Probleme.

Yvonne: *Das fasst es schön zusammen. Wir Autor*innen wollen ja auch den kreativen Prozess. Vielen Dank für das Gespräch!*

Teil II

Von der Idee ins Bücherregal

Kapitel 4

Schritt 1: Vorbereitung ist alles

In diesem Kapitel lernst du, wie du dich bestmöglich vorbereitest, um nicht nur ein paar Kapitel, sondern einen ganzen Roman zu schreiben und am Ende auch erfolgreich zu veröffentlichen.

Was kommt auf dich zu?

Als ich 2017 mein erstes Buch schrieb, dachte ich, dass »Schreiben« wirklich meine Hauptaufgabe sein würde. Wow, hatte ich mich da getäuscht. Denn es gehört so viel mehr dazu, ein fertiges Buch in den Händen zu halten, als »nur« das Schreiben.

Damit du davon nicht genauso überrascht wirst wie ich, gebe ich dir hier schon mal einen Überblick über den kompletten Weg, den du gehst, bis dein Buch aus deinem Kopf ins Bücherregal kommt. Und auch den Weg, wie es direkt in der Schublade landet.

Schauen wir uns den zweiten zuerst an, am Beispiel von Lea. Lea weiß schon immer, dass sie irgendwann mal ein Buch schreiben will. Sie liebt New-Adult-Romane, und nachdem sie schon Hunderte davon verschlungen hat, will sie es jetzt endlich selbst probieren. Sie hat eine richtig gute Idee, setzt sich an den Computer und schreibt drauflos. Die Worte sprudeln nur so aus ihr heraus, alles fügt sich, und sie weiß: Das hier wird richtig gut.

Doch irgendwann, so auf Seite 42, fängt sie an zu zweifeln. Irgendwas passt nicht so richtig. Und die Geschichte plätschert auch nur noch so vor sich hin. Sie findet sie selbst ein bisschen langweilig. Lea kauft sich drei Schreibratgeber, die ihr alle etwas Unterschiedliches raten. Und nichts davon passt zu ihrer Geschichte. Ein paarmal versucht sie noch, den Faden wieder aufzunehmen, aber dann sind andere Dinge in ihrem Leben dringender. Der Roman muss eben noch ein bisschen warten. Bis sie ihn irgendwann völlig aus den Augen verliert.

Vielleicht kennst du das auch. Mir ging es mit meinen ersten Schreibversuchen genau wie Lea. Und wann immer ich diese Geschichte erzähle, ist die Antwort ein wissendes Nicken.

Natürlich geht es auch anders. Wie bei Anna, die ich mir genauso ausgedacht habe wie Lea. Anna will auch schon immer schreiben. Sie hat schon einige YouTube-Videos angeschaut und Ratgeber gelesen. Deswegen weiß sie, dass der Weg zum eigenen Buch nicht ganz so romantisch ist, wie sie ihn sich irgendwann einmal vorgestellt hat. Aber sie will ihn unbedingt gehen, denn so ein Roman mit dem eigenen Namen drauf ist einfach ihr größter Traum.

Deswegen überlegt sie sich, was sie für ihr Projekt »Buch« braucht. Welche Ausstattung, welche Unterstützung, wie viel Zeit. Sie plant sich für die nächsten sechs Monate täglich ein bis zwei Stunden ein, um am Buch zu arbeiten. Als sie so weit ist, fängt sie nicht gleich mit dem Schreiben an (auch wenn es ihr in den Fingern juckt), sondern erst mal damit, die Figuren zu entwerfen, die Geschichte zu entwickeln, wichtige Entscheidungen zu treffen. Parallel dazu beginnt sie, auf ihrem Instagram-Account über ihr Projekt zu berichten. Sie hat zwar kaum Follower, aber das Schreiben übers Schreiben motiviert sie, dranzubleiben.

Über Social Media lernt Anna andere Schreibende kennen. Sie erhält so viele nützliche Tipps. Wenn ihr das Schreiben mal schwerfällt, kann sie mit ihren neuen Kontakten darüber sprechen. Irgendwann ist das Manuskript schließlich fertig, und Anna weiß, dass jetzt noch viele weitere Aufgaben auf sie zukommen: Überarbeiten, Feedback einholen, Verlagssuche und andere Dinge. Aber weil sie schon so viele Meilensteine erreicht hat, ist sie zuversichtlich, dass sie auch die nächsten Schritte schaffen wird.

Ob du dein Buch zu Ende schreiben und veröffentlichen wirst oder nicht, liegt nicht an der »Qualität« deiner Idee, an deinem Talent oder an Glück, sondern vor allem daran, ob du dich gut vorbereitest und ob du realistische Erwartungen an das hast, was vor dir liegt.

Genau damit beginnen wir in diesem Abschnitt: dich vorzubereiten auf dein Buch.

In meinen Programmen unterscheide ich sechs Phasen auf dem Weg von der Idee zum erfolgreichen Buch, die du auch in diesem Ratgeber wiederfindest:

1. Vorbereiten
   Anders als Lea startest du nicht einfach drauflos, sondern gehst mit Plan an dein Buch. Das heißt: Du bereitest dich selbst und auch dein Umfeld darauf vor, dass du ein einzigartiges, spannendes und manchmal auch anstrengendes Projekt angehst, das dein Leben verändern wird. Du packst quasi den Rucksack für deine Reise. Und wirst unterwegs sehr oft froh darüber sein, alles dabei zu haben, was du brauchst.

2. Planen
   In dieser Phase entwickelst du deine Geschichte, bevor du sie später schreibst. Du beschäftigst dich mit deinen Figuren, dem Plot und den wichtigsten Konflikten. Die Struktur, die du dir hier erarbeitest, macht dir die Arbeit in der nächsten Phase deutlich leichter. Auch wenn du schon eine Idee hast und die ersten Sätze dir im Kopf herumschwirren, ist diese Phase sehr wichtig, um die Geschichte auch durch »den Mittelteil« zu tragen.

3. Schreiben
   Nachdem du dich und dein Buch gut vorbereitet hast, kannst du (endlich) mit dem Schreiben loslegen. Dass du die wichtigsten Entscheidungen im Vorfeld triffst, verschafft dir in dieser Phase einen freien Kopf für kreative Einfälle. Hier stehen dann vor allem Ausdauer und Schreibtechnik im Vordergrund.

4. Überarbeiten
   »Überarbeiten« kann ja alles sein – und viele Erst-Autor*innen stellen sich vor, dass sie in dieser Phase das Buch noch mal ein bisschen gegenlesen und korrigieren. In Wahrheit dauert es oft länger, ein Buch zu überarbeiten, als es zu schreiben, weil du in mehreren Schleifen am Text feilst, sicherstellst, dass er auf allen Ebenen gut funktioniert, und dir auch externes Feedback einholst und es einarbeitest.

5. Veröffentlichen
   Wenn das Manuskript wirklich, wirklich fertig ist, steht die Veröffentlichung an. Das heißt, dass entweder ein Verlag dafür sorgt, dass dein Roman überall dort zu finden ist, wo Menschen Bücher kaufen, oder dass du das selbst übernimmst. Je nachdem, für welchen Weg du dich

entscheidest bzw. welcher Weg dir möglich ist, kommen in dieser Phase andere Aufgaben auf dich zu, die ich später genau erklären werde.

6. Vermarkten
   Auch wenn das Buchmarketing hier am Ende der sechs Phasen steht, beginnt es am besten in dem Moment, in dem du dich entschließt, das Buch zu schreiben. Du fängst damit so früh wie möglich an und hörst nie wieder damit auf. Da du nach dem ersten Roman sowieso einen zweiten schreiben wirst, investierst du mit jedem bisschen Buchmarketing, das du machst, in deine langfristige Schreibkarriere.

Einen Roman zu schreiben, wird dein Leben ganz schön auf den Kopf stellen. Und damit meine ich nicht nur, dass du viel Zeit investieren und viele neue Fertigkeiten lernen wirst. Wenn wir schreiben, beschäftigen wir uns mit unserem Innersten, mit unseren intimsten Gedanken, Ängsten, Wünschen. Und bringen unsere Ideen und unsere Persönlichkeit so zu Papier, dass wir sie anderen Menschen übergeben können – ganz losgelöst von uns. Diesen Weg zu gehen, macht etwas mit uns. Es lässt uns zweifeln und zögern oder einfach nur glücklich und dankbar sein. Die Emotionen können da schon mal aufdrehen, und ohne Durchhaltevermögen und ein klares Ziel vor Augen wird es meist nichts.

Zu schreiben ist nichts, was wir unbedingt machen müssen, um leben zu können, sondern eine Herausforderung, die wir uns selbst stellen. Sie anzugehen und zu überwinden, wird dich in vielerlei Hinsicht verändern. Stell dich also darauf ein, dass die Arbeit an deinem Roman deine Erwartungen immer wieder sprengen wird.

So unterstützt KI dich in dieser Phase

Ich nutze KI sehr gerne, um Struktur in meine eigenen Gedanken zu bringen.

Mit diesem Prompt kannst du ChatGPT zum Beispiel dazu bringen, dir einen Ausblick auf den Schreibprozess zu verschaffen: Das kann dir dabei helfen, für deine konkrete Situation Herausforderungen vorherzusehen.

Ich habe vor, einen Roman im Genre [dein Genre] zu schreiben. Ich stehe ganz am Anfang und möchte zunächst realistische Erwartungen zum Schreibprozess entwickeln. Hier ist, was ich jetzt schon weiß:

[Hier schreibst du alles hin, worüber du jetzt schon Sicherheit hast. Weißt du schon, wie viel Zeit du mitbringst? Oder wie lang dein Buch werden soll? Hast du – zum Beispiel hier in diesem Kapitel – schon Einsichten in den Schreibprozess bekommen?]

Was kann ich realistischerweise vom Schreibprozess erwarten? Worauf sollte ich mich vorbereiten?

Lies dir die Antwort der KI in Ruhe durch und nimm für dich mit, was dir wichtig scheint. Am besten notierst du dir diese Punkte in einem eigenen Dokument. ChatGPT wird dir mögliche nächste Schritte vorschlagen, zum Beispiel einen Wochenplan oder sogar einen ersten Plot-Entwurf. Meine Empfehlung: Frage maximal noch mal zu einzelnen Punkten der Antwort nach, die du nicht verstanden hast, und übernimm aus dem Ergebnis die Dinge, die du für dich brauchen kannst. Alles andere erstellst du später selbst. Damit hast du dann auch bessere Ergebnisse.

Was du jetzt konkret tun kannst:

Nimm dir ein Notizbuch, einen Stift und eine halbe Stunde Zeit. Schreibe ohne langes Nachdenken herunter, was deine Erwartungen an das Schreiben deines Buchs sind. Hier gibt es keine falschen Ideen, sondern du bringst einfach all deine Gedanken aufs Papier. Du kannst natürlich auch länger als eine halbe Stunde schreiben, wenn die Worte gerade gut fließen. Viel kürzer sollte es nicht sein.

Lass deinen Text anschließend mindestens über Nacht ruhen. Schau ihn dir dann noch einmal an und bringe etwas

Struktur hinein. Was ist dir schon klar? Wo weißt du schon nächste Schritte? Wo fehlt dir noch Wissen? Was musst du organisieren oder entscheiden?

Aus den Ergebnissen entwickelst du eine kleine To-do-Liste. Du musst noch nichts davon umsetzen. In den nächsten Kapiteln wirst du wahrscheinlich viele der Punkte, die du gerade identifiziert hast, wiederfinden.

Was bringst du mit?

Eine Sorge, die ich gerade von Erstautor*innen immer wieder höre, lautet: Meine Idee ist nicht originell genug. Es gibt schon so viele Bücher in diesem Genre, an diesem Schauplatz, mit demselben Setting oder einer ähnlichen Geschichte. Ich antworte darauf immer, dass das eine gute Sache ist. Denn wenn es viele Bücher gibt, die deinem ähneln, heißt das, dass auch für dein Buch genügend Interesse bestehen wird.

Viel wichtiger ist aber: Egal, wie ähnlich deine Idee sich in zusammengefasster Form anhört, sie wird dennoch einzigartig sein. Weil man zu jeder Idee unendlich viele völlig unterschiedliche Geschichten erzählen kann. Und vor allem, weil es deine ist.

In deinen Roman fließen deine einzigartigen Erfahrungen, deine Gedanken und Gefühle ein, und das selbst dann, wenn du nicht explizit über sie schreibst. Die Auswahl deiner Figuren, ihre Entscheidungen und Erlebnisse spiegeln dein Innerstes wider. Das lässt sich gar nicht verhindern. Deswegen ähneln sich zwei Romane derselben Autorin zu völlig unterschiedlichen Themen mehr als zwei Romane unterschiedlicher Autorinnen zum selben Thema.

Damit du gestärkt auf deine Schreibreise gehst, machst du dir vorher am besten einmal bewusst, was genau du mitbringst. Das sind Eigenschaften, die dich vielleicht stützen (oder auch mal ausbremsen) können. Und Gedanken und Erfahrungen, die später in abgewandelter Form ins Buch einfließen.

Deine Stärken

Vielleicht hast du schon öfter versucht, ein Buch zu schreiben, und hast es bisher nicht abgeschlossen. Wenn wir solche Erfahrungen gemacht haben, denken wir schnell: »Ich kann das wohl nicht.« Unser Gehirn fängt dann automatisch an, nach Gründen dafür zu suchen, warum das stimmt. Und schon sind wir davon überzeugt, dass wir das ganze Projekt lieber sein lassen sollten.

Stattdessen können wir aber auch den umgekehrten Weg gehen und uns bewusst machen, was wir alles schon mitbringen. Warum es unausweichlich ist, dass wir einen guten und erfolgreichen Roman schreiben werden. Dieser Perspektivwechsel bringt uns dazu, uns selbst anders wahrzunehmen und uns nicht auf Hürden, sondern auf Lösungen zu konzentrieren.

Hier ist eine Übersicht über typische Stärken, die Autor*innen mitbringen. Vielleicht findest du dich ja darin wieder?

Typische Stärken von Autor*innen	Das bin ich!
Wahrnehmung und Beobachtung	
feine Beobachtungsgabe	
Sensibilität für Stimmungen	
Gespür für Zwischentöne	
Aufmerksamkeit für Details	
Blick für Widersprüche	
gutes Gespür für unausgesprochene Dinge	
Denken und Verstehen	
analytisches Denken	
philosophische Tiefe	
Abstraktionsvermögen	
kritisches Hinterfragen	
Kreativität und Vorstellungskraft	
Fantasie	
originelles Denken	
Fähigkeit, neue Perspektiven einzunehmen	

bildhaftes Denken	
sprachliche Kreativität	
Sprache und Ausdruck	
Sprachgefühl	
Sinn für Rhythmus und Klang	
Fähigkeit, Emotionen in Worte zu fassen	
erzählerisches Talent	
Fähigkeit zu Verdichtung	
Emotionale und soziale Stärken	
Empathie	
Menschenkenntnis	
Fähigkeit, sich in andere hineinzuversetzen	
Offenheit für unterschiedliche Lebens-realitäten	
innere Beweglichkeit	
Verbindung von Kopf und Herz	
Motivation und innere Haltung	
Leidenschaft fürs Schreiben	
Neugier	
Bereitschaft zur Selbstentwicklung	
innere Überzeugung	
Drang, etwas auszudrücken	
Durchhaltevermögen und Disziplin	
Ausdauer	
Geduld	
Frustrationstoleranz	
Selbstdisziplin	
Lernbereitschaft	
Handwerk und Arbeitsweise	
Fähigkeit zur Strukturierung von Texten	

Planungskompetenz	
Überarbeitungsstärke	
Feedbackfähigkeit	
Detailgenauigkeit	
handwerkliches Schreiben	
Selbstorganisation	
Haltung und Wirkung	
Mut zur eigenen Stimme	
Authentizität	
Haltung zeigen	
Verantwortung für Worte	
gesellschaftliches Bewusstsein	
Wunsch, etwas zu bewegen	
Fähigkeit, Perspektiven zu öffnen	
Brückenbauen durch Sprache	
Innere Ressourcen	
Allein sein können	
innere Bilderwelt	
hohe Selbstwahrnehmung	
Fähigkeit zur Kontemplation	
langsames, gründliches Arbeiten	

So unterstützt KI dich in dieser Phase

Nutze diesen Prompt in ChatGPT, um deine Stärken herauszufinden.

Ich arbeite gerade an meinem Romanprojekt und bereite mich darauf vor, indem ich meine Stärken analysiere, die ich aus anderen Bereichen mitbringe und für den Roman einsetzen kann. Bitte stelle mir 10 Fragen, um die Stärken herauszufinden, die dazu führen werden, dass ich das Projekt erfolgreich abschließe.

Gib mir zu den Fragen jeweils Beispiele, damit ich sie besser einordnen kann. Erstelle mir anschließend anhand meiner Antworten eine Analyse meiner Stärken und gib mir Beispiele dazu, wie sie mich bei meinem Romanprojekt unterstützen werden.

ChatGPT stellt dir dann 10 Fragen, die du möglichst detailliert beantwortest. Am besten funktioniert das, indem du die Diktierfunktion nutzt, denn wir sprechen meist ausführlicher, als wir tippen. Wenn du die 10 Fragen beantwortet hast, gibt ChatGPT dir eine Analyse deiner Stärken. Gleiche das mit deiner eigenen Einschätzung ab. Wo siehst du diese Stärken im Alltag? Wie können sie dir bei deinem Roman helfen?

Deine Ressourcen

Deine Stärken versetzen dich in die Lage, auch Neues zu lernen und auszuprobieren, Hürden zu überwinden und dein Ziel zu erreichen. Doch du hast noch viele andere Ressourcen, die dir bei deinem Roman helfen werden.

Hier ein paar Beispiele:

1. **Persönliche Ressourcen** wie dein Wertekompass oder Erfahrung mit dem Schreiben von E-Mails
2. **Praktische oder technische Ressourcen** wie ein Laptop, ein Schreibprogramm oder zwei Schubladen voller Notizbücher, die du ganz sicher hast
3. **Soziale Ressourcen** wie deine Freund*innen und Schreib-Buddys, deine Familie
4. **Zeit- und Organisationsressourcen** wie feste Zeitfenster, Fokus-Techniken, die du schon nutzt, dein Kalender
5. **Kreative und inspirierende Ressourcen** wie deine Lieblingsbücher, ein besonders schön eingerichteter Schreibtisch, deine Lieblings-Playlist

So unterstützt KI dich in dieser Phase

Entdecke mithilfe der KI Ressourcen, von denen du bisher vielleicht gar nicht wusstest, dass du sie hast. Du kannst diesen ChatGPT-Prompt dazu nutzen:

Ich verschaffe mir gerade einen Überblick über die Ressourcen, die ich für mein Roman-Projekt mitbringe. Ich schaue mir die Kategorien persönliche Ressourcen, praktische/technische Ressourcen, soziale Ressourcen, Zeit-/Organisationsressourcen und kreative/inspirierende Ressourcen an. Kannst du mich dabei unterstützen, weitere Ressourcen aufzudecken? Erstelle mir dazu bitte für jede der Kategorien mindestens 20 Beispiele, die ich bei mir entdecken könnte. Ergänze gerne auch weitere sinnvolle Kategorien.

ChatGPT erstellt dir dann eine lange Liste an Ressourcen, die für dich relevant sein können. Diese kannst du in Ruhe durchgehen, passende auswählen und mit eigenen Ideen ergänzen.

Was du jetzt konkret tun kannst:

Nimm dir eine halbe Stunde Zeit, um deine Ressourcen zu überprüfen. Nutze die ChatGPT-Liste als Grundlage dafür. Notiere außerdem alles, was dir in den Sinn kommt. Du wirst sehen, du bringst schon sehr viel für dein Roman-Projekt mit, und je länger du darüber nachdenkst, desto mehr Grundlagen wirst du bei dir finden.

Deine Vorlieben

Dein Buch wird einzigartig, weil nur du es so schreiben kannst und niemand anders. Dafür spielen deine Vorlieben eine große Rolle. Zum einen, weil du mit deinem Roman ziemlich viel Zeit verbringen wirst. Da ist es sinnvoll, sich ein Thema auszusuchen, das dir Freude bereitet. Zum anderen kannst du gar nicht verhindern, dass deine Vorlieben sich in deinen Roman »einschleichen«. Denn sie bestimmen ja, was du gelesen hast, welche Serien du schaust, worüber du gerne sprichst und woran du dich erinnerst. Sie sorgen dafür, dass du auf manche Ideen ganz leicht zugreifen kannst, während andere tiefer vergraben bleiben.

Unsere Vorlieben sind uns meist bewusster als unsere Stärken und Ressourcen. Oft allerdings nur zu einem Teil. Du weißt sicher, welche Genres du gerne liest, welche Tropes du magst und welche Hauptfiguren du richtig gut findest. Wenn du dich bisher nicht »analytisch« mit Büchern auseinandergesetzt hast, ist dir aber vielleicht nicht klar, dass du witzige Dialoge, mysteriöse Nebenfiguren oder detaillierte Landschaftsbeschreibungen großartig findest.

Wenn wir lesen, sind wir – bei guten Büchern – so sehr in der Geschichte gefangen, dass wir solche Dinge wahrnehmen wie WLAN: Solange es funktioniert, verschwenden wir keinen Gedanken daran. Wir bemerken sie erst, wenn sie unstimmig sind oder schlecht umgesetzt.

In der folgenden Übung steigen wir ein bisschen tiefer in deine Vorlieben ein, damit du später nicht nur genau weißt, was du schreiben willst, sondern auch wie.

Was du jetzt konkret tun kannst:

Nimm dir deine 10–20 liebsten Bücher. Nimm auch 1–2 Bücher auf, die du liebst, die aber nicht in dein Lieblingsgenre passen. Liste auf, was diese Bücher gemeinsam haben. Fange mit den einfachen, großen Fakten an: Zu welchem (Sub-)Genre zählen sie? Welche Tropes sind enthalten? Was haben die Figuren miteinander gemeinsam? Die Dynamik zwischen den Figuren und ihre Entwicklung? Das Setting?

Dann schau dir das Wie an: Was spricht dich an der Sprache an? Am Aufbau? An der Perspektive? Am Stil?

Im nächsten Schritt wirst du noch detaillierter: Warum spricht dich das Ganze an? Was steckt dahinter? Welche Gefühle werden durch die Tropes geweckt, die du bevorzugst? Welche deiner Werte spricht das an? Welche persönlichen Erfahrungen werden gespiegelt?

Wenn du zum Beispiel gerne detaillierte Landschaftsbeschreibungen magst, spricht dich vielleicht die Ruhe an, oder es sind die fantastischen Elemente, die du dir lebhaft vorstellen kannst. Und plötzlich wird dir klar, dass du gar nicht alle Landschaftsbeschreibungen magst, sondern nur die, die Ruhe ausstrahlen und dir ein fantastisches Umfeld näherbringen.

Diese Übung ist nicht nur spannend als Vorbereitung auf deinen Roman, sondern sie verrät dir auch sehr viel über dich selbst – vielleicht auch einiges, was dir noch nicht bewusst war.

Zeitmanagement und Schreibroutine

»Ich habe keine Zeit.«

Das ist der häufigste Grund, den ich höre, wenn ich frage, warum jemand das längst geplante Roman-Projekt noch nicht abgeschlossen hat.

Und ich gebe zu: Auch ich sage immer mal wieder, dass ich keine Zeit zum Schreiben habe.

Dabei ist mir klar, dass das nicht stimmt. Natürlich haben wir alle volle Tage und wissen auch sehr gut, wie wir sie rumkriegen, ohne dass wir Hunderte Stunden an einem Roman arbeiten. Aber Zeitmanagement ist flexibler, als wir denken. Wir haben nicht einfach 24 Stunden täglich, die wir verplanen können, und wenn sie weg sind, sind sie weg. Oft gibt es Dinge, die wir seltener, mit weniger Aufwand oder auch mal gar nicht machen können, wenn uns etwas sehr wichtig ist.

Ich erzähle dazu gerne eine Geschichte. Seit acht Jahren arbeite ich selbstständig als Buchcoach und veröffentliche daneben mindestens zwei Bücher pro Jahr. Ich arbeite oder schreibe eigentlich immer. Mein erster Weg morgens führt mich an den Rechner. Wenn wir in den Urlaub fahren, habe ich auf dem Beifahrersitz den Laptop auf dem Schoß, und diesen Text hier schreibe ich an einem Sonntagmorgen, während die Freundinnen, mit denen ich gestern Abend gefeiert habe, noch ausschlafen.

Ich dachte wirklich, mehr passt nicht in mein Leben.

Bis vor drei Jahren unser Hund Rocket bei uns eingezogen ist. Plötzlich hatte ich jeden Tag zwei Stunden Zeit, um mit ihm nach draußen zu gehen, ihn zu kämmen, mit ihm zu spielen oder – was ihm am liebsten ist – ihn zu füttern. Ich weiß bis heute nicht, woher diese zwei Stunden am Tag kommen, denn ich hatte vorher nicht mehr Zeit als heute. Aber wenn uns etwas wirklich wichtig ist, schaffen wir uns die Zeit dafür.

Und das ist auch schon der wichtigste Tipp fürs Zeitmanagement für deinen Roman: Sorge dafür, dass er das Wichtigste in deinem Leben wird. Oder zumindest unter die Top 3 kommt. Wenn er nicht eins der Dinge ist, die man auch noch in ein, zwei Jahren angehen kann, sondern die *eine* Sache wird, die du auf jeden Fall machen möchtest (oder sogar machen musst), wirst du leichter Zeit dafür finden.

Außerdem können dir diese Tipps für dein Zeitmanagement helfen:

1. Finde erst mal heraus, wofür du deine Zeit aktuell einsetzt. Schreibe abends aus dem Gedächtnis auf, was du gemacht hast und wie lange.

2. Streiche vorübergehend alle unnötigen Tätigkeiten und füge sie dann bewusst wieder hinzu. Entscheide dich lieber aktiv dafür, etwas zu tun, als es einfach fortzuführen, »weil du es schon immer gemacht hast«.

3. Reduziere die Zeit für Dinge, die dir nicht guttun. Wenn du dich nach zwei Stunden Instagram ausgelaugt fühlst, stell dir einfach einen Wecker und höre konsequent nach einer halben Stunde auf.

4. Arbeite auf Vorrat: Koche zum Beispiel zweimal pro Woche größere Mengen vor, die du dann nur aufwärmen musst.

5. Kombiniere unterschiedliche Aufgaben miteinander. Ich diktiere sehr gerne auf der Hunderunde meine Ideen ins Handy, die ich mir nachher transkribieren lasse und weiterbearbeite.

6. Nutze Wartezeiten entweder für dein Buch oder für kleine, lästige Aufgaben. Im Bus kannst du dir Notizen für den Roman machen. Und statt tatenlos auf den Toast zu warten, kannst du in der Zeit deine Figur entwickeln.

7. Mache Dinge seltener, dafür aber intensiver. Statt über den Tag verteilt 100 Nachrichten mit deiner besten Freundin zu schreiben, triff dich lieber einmal persönlich mit ihr. Ist auch viel schöner. Jede der 100 Nachrichten reißt dich aus der Arbeit heraus. Du bist dann weder bei dir noch bei deiner Freundin so richtig – wird beidem nicht gerecht.

So unterstützt KI dich in dieser Phase

Es gibt einige KI-Tools, die sich aufs Thema Zeitmanagement spezialisiert haben. Motion und Reclaim.AI verbinden sich zum Beispiel mit deinem Kalender, tragen dir deine Aufgaben und deine Fokus-Zeiten ein und planen so deine Woche mit allen To-dos. Mir persönlich ist das zu restriktiv, aber ich kenne einige Menschen, die damit sehr gut arbeiten können.

Daneben kannst du natürlich auch einfach das Ergebnis deiner Zeit-Analyse aus Punkt 1 mit ChatGPT teilen und nach Tipps fragen, wie du in Zukunft Schreibzeiten findest.

Zeit zu finden ist nur die eine Seite des Zeitmanagements. Anschließend musst du sie auch sinnvoll wieder füllen. Und nur die wenigsten Menschen schaffen es, einen Roman zu schreiben, ohne eine regelmäßige Schreibroutine zu haben.

Eine Schreibroutine bedeutet für dich, dass du nicht mehr aktiv entscheidest, wann und wie lange du schreibst, sondern dass du diese Entscheidung schon getroffen hast und sie nur noch (am besten täglich) umsetzt. So wird Schreiben so selbstverständlich für dich wie Zähneputzen.

Der Schreibroutinen-Tipp ist nicht neu, und wahrscheinlich kennst du ihn längst. Ich sehe allerdings immer drei Fehler, die dazu führen, dass Menschen ihre Schreibroutine nicht einhalten. Viele Schreibroutinen sind

1. zu lang
2. zu selten
3. zu starr

Die ersten beiden Punkte gehen Hand in Hand. Eine Weile war der Donnerstag mein Schreibtag. Ich hatte alle Termine auf den Rest der Woche gelegt, meine Aufgaben so organisiert, dass donnerstags alles erledigt war, und allen mitgeteilt, dass ich nicht erreichbar bin. Beim ersten Mal lief es noch einigermaßen, aber schon ab der zweiten Woche schrieb ich maximal zwei Stunden am ganzen Tag. Im zweiten Monat brach ich das Experiment dann wieder ab.

Besser funktionieren kürzere und dafür regelmäßigere Schreibsessions. Wenn du jeden Tag eine halbe Stunde lang schreibst, kommst du viel schneller wieder in deinen Text – weil du ja erst am Vortag daran gearbeitet hast. Es ist auch leichter, 30 Minuten wirklich störungsfrei und konsequent einzuhalten als mehrere Stunden. Und sollte doch mal etwas an deinem üblichen Schreibtermin dazwischenkommen, kannst du 30 Minuten später am Tag nachholen. Und wenn nicht, ist der Abstand zum Mal davor nicht lang.

Übrigens kommst du mit 30 Minuten am Tag auch schon recht weit. Probier's doch einfach mal aus. Damit sind wir dann auch schon beim dritten Fehler, »zu starr«. Ich empfehle meinen Coachees immer, eine Schreibroutine als Experiment anzusehen. Statt dir vorzunehmen, ab jetzt jeden Morgen um 6 Uhr 30 Minuten zu schreiben, nimmst du dir vor, das Ganze mal zwei Wochen lang auszuprobieren und nachher zu schauen, wie das funktioniert.

Das hört sich zunächst nach keinem großen Unterschied an. Aber: Wenn du diese Zeit als Experiment siehst, hast du am Ende auf jeden Fall ein Erfolgserlebnis. Dein Ziel ist es ja, etwas auszuprobieren und herauszufinden, ob es für dich funktioniert. Das erreichst du selbst dann, wenn du nicht ein einziges Mal in der Zeit schreibst. Wenn du dir diese Routine aber gleich fest vornimmst und dann nicht einhältst, bist du am Ende frustriert und von dir selbst enttäuscht. Keine gute Voraussetzung, eine bessere Schreibroutine zu finden.

Du kannst aus deiner Schreibroutine auch gleich eine Buch-Routine machen. Denn spätestens seit dem letzten Kapitel weißt du ja, dass so viel mehr dazugehört, um aus deiner Idee einen fertigen Roman zu machen. Und diese Dinge kannst du natürlich auch während deiner Schreibzeit tun. Wenn du dir also jetzt denkst: »Was soll ich mit einer Schreibroutine, ich weiß ja noch gar nicht, was ich schreiben soll?«, beginne einfach damit, dass du in deinen Schreibzeiten weiter mit diesem Buch arbeitest.

Was du jetzt konkret tun kannst:
Durchforste deinen Kalender nach Zeitfenstern für dein erstes Schreibroutinen-Experiment. Probiere dann zwei Wochen lang die neue Routine aus und bewerte sie anschließend.

Mindset-Arbeit

Die Netflix-Doku »Making a Murderer« (und ja, ich weiß, warum ich nie genug Zeit zum Schreiben habe) handelt von Steve Avery, der wegen Mordes im Gefängnis sitzt. Übrigens schon zum zweiten Mal. Beim ersten Mal konnte er beweisen, dass er unschuldig war, und wurde entlassen. Auch jetzt sagt er, dass er unschuldig ist, und versucht alles, um das zu beweisen. Er hat sogar Netflix dazu gebracht, eine Doku über ihn zu drehen. Ob er es auch dieses Mal schafft, hängt von vielen Faktoren und vor allem von anderen Menschen ab. Dass er nicht aufgibt, liegt allein an seinem Mindset.

Unser Mindset ist ein Bündel an Überzeugungen, Einstellungen und mentalen Gewohnheiten, die unsere täglichen Entscheidungen beeinflussen. Wenn ich davon überzeugt bin, dass ich es nicht mehr rechtzeitig zum Bus schaffen werde, renne ich gar nicht erst los. Und – siehe da – ich schaffe es auch nicht.

Der Begriff »Mindset« geht auf die Psychologin Carol Dweck zurück, die in Studien in Schulen herausgefunden hat, dass es im Grunde zwei Arten gibt, über Herausforderungen zu denken: Entweder wir sind davon überzeugt, dass wir sie durch Lernen und Anstrengung meistern können (Growth Mindset oder Wachstums-Mindset), oder wir denken, dass wir unsere Fähigkeiten nicht beeinflussen können, weil sie uns angeboren sind (Fixed Mindset oder starres Mindset).

Das Spannende ist: Wir haben immer beides. Vielleicht denkst du, du warst nie gut in Mathe und kannst einfach nicht mit Zahlen umgehen (Fixed Mindset). In sozialen Dingen traust du dir aber alles zu (Growth Mindset).

Unser Gehirn, das eine echte Problemlösungsmaschine ist, wird uns – unabhängig davon, wie wir über Herausforderungen denken – immer Beweise dafür liefern, dass wir Recht haben. Wir beurteilen dieselbe Situation dann unterschiedlich. Wenn ich davon überzeugt bin, absolut unsportlich zu sein, und beim ersten Bouldern schon an der zweiten Griffreihe abrutsche, denke ich mir, dass ich's ja auch gleich sein lassen kann. Wieder ein Beweis dafür, dass ich's nicht draufhabe. Bin ich dagegen von meinen sportlichen Fähigkeiten überzeugt, ordne ich dieselbe Situation einfach als Startschwierigkeit ein und übe mehr.

Niemand von uns hat in der Schule wirklich gelernt, ein Buch zu schreiben. Meistens haben wir nur Texte anderer Autor*innen analysiert, ohne dabei unsere eigene Schreibstimme zu trainieren. Dass wir – gerade durch den Vergleich mit Berühmtheiten – anfangs nicht unbedingt überzeugt von uns sind, ist total normal.

Gleichzeitig ist es sehr wichtig, dass wir mit einem Wachstums-Mindset ans Schreiben gehen. Denn ganz sicher wird es Herausforderungen geben, gerade weil wir nie gelernt haben, wie es geht. Dann ist es wichtig, dass wir uns sagen: »Okay, das muss ich also noch lernen.« Und dann weitermachen.

Natürlich funktioniert Mindset so nicht. Wir können uns nicht einfach vornehmen, etwas zu denken, und dann ist die Sache geritzt. Gerade Überzeugungen (oder Glaubenssätze, wie sie auch genannt werden) haben wir schon in unserer Kindheit verinnerlicht. Sie sind uns oft gar nicht bewusst. Und selbst wenn wir sie kennen, können wir nicht einfach unsere gesamte Kindheit durch ein bisschen positives Denken verändern. Das ist oft jahrelange Arbeit, und so lange willst du ja nicht mit dem Schreiben warten, oder?

Aber du kannst dennoch etwas tun, um dein Growth Mindset in Bezug aufs Schreiben zu stärken. Erinnerst du dich an Steve Avery, der einfach nicht aufgibt? Eine Sache, die ihm sicher Zuversicht gibt, ist, dass er schon einmal

Erfolg hatte mit seinen Bemühungen. Erfolgserlebnisse sind perfekt fürs Mindset, weil sie ja Beweise liefern, dass etwas funktioniert.

Daher suchst du am besten von Anfang an Wege, wie du dir beim Schreiben Erfolgserlebnisse verschaffen kannst. Du hast deine neue Schreibroutine eine Woche lang eingehalten? Erfolg. Du hast das erste Kapitel geschrieben? Erfolg. Du hast deinen Text anderen Menschen gezeigt und ein positives Feedback bekommen? Erfolg, und was für einer.

So unterstützt KI dich in dieser Phase

Erfolgserlebnisse sind höchst subjektiv. Was für mich ein Erfolg ist, ist für dich vielleicht normal. Deswegen ist es wichtig, dein Erfolgsauge zu trainieren. Dabei kann dir ChatGPT helfen, indem du täglich mit ihm deine Erfolge reflektierst. Nutze dazu diesen Prompt:
Ich möchte ab jetzt täglich meine Erfolge für mein Romanprojekt reflektieren. Ich möchte, dass du mir dazu jeden Abend eine Erinnerung schickst und wechselnde Fragen, die mir Impulse geben, Dinge zu benennen, die ich an diesem Tag erreicht habe. Außerdem sollst du mir dann täglich diese Erfolgserlebnisse zusammenfassen. Bitte richte dafür eine Aufgabe ein.

Du wirst nun täglich von ChatGPT eingeladen, deine Erfolge zu reflektieren. Dadurch nimmst du bewusster wahr, was du schon alles geschafft hast, was wiederum deine Motivation und deine Ausdauer steigert.

Was du jetzt konkret tun kannst:

Schreibe in einem Notizheft alle Erfolge auf, die du bereits jetzt auf dem Weg zum Roman zurückgelegt hast. Das können auch scheinbar kleine Erfolge wie das Anlegen einer Word-Datei sein. Egal, wo du gerade stehst, du bist jetzt schon weiter als die meisten Menschen.

Das brauchst du

Um einen Roman zu schreiben, brauchst du gar nicht viel. Früher haben die Menschen einfach mit einem Stift auf einem Blatt Papier geschrieben, und tatsächlich nutzen viele der Mitglieder in meinen Programmen auch heute noch die Hand, um ihren ersten Entwurf zu schreiben. Mir persönlich geht das tatsächlich zu langsam (außerdem kann ich meine eigene Handschrift nur sehr selten lesen). Deswegen gehört für mich als Grundausstattung ein Computer zum Schreiben dazu. Ein paar weitere Dinge sind ganz hilfreich, und auf diese gehe ich in diesem Abschnitt ein.

Einen Computer wirst du selbst dann brauchen, wenn du deine Rohfassung mit der Hand schreibst. Denn wenn du das Buch später jemand anderem zugänglich machen willst – sei es dem Lektorat, Testlesenden oder einem Verlag –, brauchst du auf jeden Fall eine digitale Form davon. Praktisch ist ein Laptop, weil du dann überall an deinem Roman schreiben kannst.

Außerdem solltest du aus meiner Sicht mindestens ein Textverarbeitungsprogramm wie Microsoft Word oder Pages von Apple auf deinem Rechner zur Verfügung haben. Selbst wenn du nicht in diesen Programmen schreiben wirst, brauchst du sie, um deine Dateien mit anderen auszutauschen.

Meine Sachbücher schreibe ich auch direkt in Word, weil die Struktur hier einfacher ist als bei einem Roman. Für Romane nutze ich ein spezielles Schreibprogramm. Es gibt verschiedene, die bekanntesten sind:

1. **Scrivener**, das sehr flexibel ist und dir erlaubt, deine Recherchenotizen, Szenen und Figuren an einem Ort zu organisieren
2. **Papyrus**, das eine sehr gute Stilanalyse mitbringt und auch Funktionen zum Formatieren des Buchs bereitstellt
3. **Ulysses**: ein minimalistisches Schreibprogramm für Apple-Geräte ohne große Funktionen
4. **DramaQueen**, das besonderen Fokus auf Struktur legt

Natürlich gibt es viele weitere Tools. Welches für dich am sinnvollsten ist, hängt von deinen Anforderungen ab. Bevor du ein Tool recherchierst (oder sogar kaufst), solltest du diese Anforderungen kennen. Also fängst du am besten erst einmal locker mit einem Textverarbeitungsprogramm an, schaust, was dir fehlt, und recherchierst dann das für dich passende Programm.

Auch KI-Tools können sinnvoll für dich sein: ChatGPT kannst du zu deinem persönlichen Schreibcoach »heranziehen«, Perplexity.ai ist gut für Recherchen geeignet, weil es immer mit Quellen arbeitet.

Grundsätzlich kannst du beim Thema Technik auch ganz entspannt sein. Die darf sich nämlich mit dir entwickeln. Nimm am Anfang bevorzugt das, was du ohnehin zur Verfügung hast, und ergänze dann, wenn du merkst, dass deine Ausstattung nicht mehr reicht.

Neben der technischen Grundausstattung brauchst du auch eine räumliche. Richte dir am besten einen Arbeitsplatz ein, an dem es dir leichtfällt, dich aufs Schreiben zu konzentrieren. Gut ist es, wenn du eine Tür hinter dir schließen und dich so komplett aufs Schreiben konzentrieren kannst. Dieses Türeschließen kann auch zu einem Ritual von dir werden, das die Schreibzeit einläutet.

Falls du keinen eigenen Raum fürs Schreiben zur Verfügung hast, sorge trotzdem dafür, dass du nicht gestört werden kannst. Deine Familie kannst du durch ein aufgestelltes Schild darüber informieren, dass gerade Schreibzeit angesagt ist. Andere Ablenkungen solltest du ebenfalls aus dem Blickfeld räumen, damit du nicht jedes Mal, wenn es gerade nicht so fließt, wie es sollte, zu einem Buch oder zum Telefon greifst. Teste auch das Licht an deinem Schreibplatz zu unterschiedlichen Tageszeiten. Das kann einen großen Unterschied für deine Motivation machen.

Was du jetzt konkret tun kannst:

Mache dir eine Liste mit Dingen, die du unbedingt fürs Schreiben benötigst. Welche davon hast du schon? Welche musst du noch besorgen oder organisieren? Plane dir für die nächsten Tage ein, dich so gut wie möglich fürs Schreiben auszustatten.

Dein Umfeld vorbereiten

Den Menschen, die einem wichtig sind, zu sagen, dass man jetzt einen Roman schreiben möchte, ist eine große Sache. Ich weiß das; ich habe es nämlich jahrelang nicht gemacht. Und es ist ja auch verständlich: Wir nehmen uns etwas vor, das sich die meisten (zumindest öffentlich) nicht vornehmen, sich vielleicht nicht mal vorstellen können. Und dann gehen wir mit dieser Botschaft nach draußen und behaupten einfach, dass wir das tun werden. Während die Idee uns selbst noch sehr groß erscheint, wenn nicht sogar zu groß. Wir wissen auch, dass unser Roman noch lange nicht geschrieben ist, nur weil wir das mal gesagt haben. Vielleicht erschreckt uns auch noch die Größe des Projekts. Und die Aussicht darauf, irgendwann zurückrudern zu müssen und einzugestehen, dass es doch nicht geklappt hat, lässt uns zögern, unser Vorhaben kundzutun. Nach dem Motto: Lieber heimlich schreiben, als öffentlich das eigene Scheitern zugeben zu müssen.

Außerdem wissen wir nicht, wie unsere Eltern, Geschwister, Freund*innen, Bekannten auf unser Vorhaben reagieren werden. Wir können es auch nicht wissen, wenn wir es ihnen nicht sagen.

Stell dir stattdessen mal vor, du würdest eine neue Ausbildung beginnen. Oder eine Weltumseglung planen. Sehr wahrscheinlich würdest du dein direktes Umfeld einbeziehen, ihnen deine Pläne mitteilen, gemeinsam überlegen, was sich dadurch für euch ändern wird, und um Unterstützung bitten. Dass wir es beim Schreiben nicht tun, hat viel mit Selbstzweifeln zu tun. Ich denke, dass wir alle diese Selbstzweifel nie ganz überwinden (selbst bei mehr als 20 veröffentlichten Büchern habe ich sie noch jedes Mal, auch wenn sie deutlich weniger geworden sind). Sich ihnen zu stellen und trotzdem weiterzumachen, ist aber eine wichtige Voraussetzung dafür, dass es am Ende mit dem Buch klappt. Und eine Möglichkeit, dich den Selbstzweifeln zu stellen, besteht darin, andere Menschen in deine Roman-Pläne einzubeziehen.

Natürlich musst du nicht jeder Person, die du kennenlernst, erzählen, dass du einen Roman schreiben wirst (obwohl – warum eigentlich nicht?). Dein direktes Umfeld sollte es auf jeden Fall wissen. Schon allein, weil das Schreiben des Romans dein Leben massiv verändern wird – und dadurch auch ihres. Denn die Teile eures Lebens, die ihr bisher gemeinsam verbringt, werden sich durch deine Entscheidung verändern. Du wirst weniger Zeit haben, du wirst dich plötzlich mit ganz anderen Themen beschäftigen, du wirst neue Dinge lernen und gerne über diesen neuen, wichtigen Teil deines Lebens sprechen.

Und natürlich kannst du jede Unterstützung brauchen, die du bekommst. Unterstützung bekommst du aber normalerweise nur, wenn du danach fragst oder zumindest darüber informierst, dass du welche brauchst.

Deswegen ist es so wichtig und auch eine großartige Übung für dein Selbstbewusstsein, dein Umfeld so bald wie möglich in dein Roman-Projekt einzubeziehen. Sag ihnen, was du vorhast, wie wichtig dir das ist und was du denkst, was sich dadurch für dich ändern wird. Zeig ihnen, was du dir davon erhoffst und wie du dir den Weg dahin vorstellst – gerade dann, wenn für dich noch längst nicht alles klar ist.

So unterstützt KI dich in dieser Phase

Wenn du noch unsicher bist und nicht weißt, wie du deinen Lieben von deinem Projekt erzählen kannst, nutze doch einfach diesen ChatGPT-Prompt: *Ich möchte meiner Familie von meinem Romanprojekt erzählen, weiß aber noch nicht, wie ich das aufziehen soll. Ich befürchte, dass sie skeptisch reagieren. Bitte mach mir einen Vorschlag, wie ich mich an sie wenden kann, und gib mir ein paar Tipps für mögliche Reaktionen.*

Was du jetzt konkret tun kannst:

Erstelle eine Liste von 3–5 Menschen, denen du in der nächsten Woche sagen wirst, dass du planst, deinen Roman zu schreiben. Setze dir auch direkt Termine dafür in deinen Kalender. Falls du es so lange nicht aushältst, kannst du sie natürlich auch direkt kontaktieren und es ihnen sagen. Nach den Gesprächen mache dir Notizen darüber, wie sie reagiert haben. Wahrscheinlich wirst du positiv überrascht sein, und das Interesse und die Bestätigung, die du erfährst, können dir später durch die ein oder andere Schreibblockade helfen.

Identität als Autorin und Selfpublisherin: Interview mit Spiegel-Bestseller-Autorin Sandy Mercier

Sandy Mercier ist Spiegel-Bestseller-Autorin, Self-Publisherin und Autorencoach aus Berlin. Unter ihrem Klarnamen schreibt sie Psychothriller, unter dem Pseudonym Jule Pieper Ratgeberromane.

Yvonne: *Du hast erreicht, wovon viele Schreibende träumen: Du lebst vom Schreiben. Wie ist es zu deinem ersten Buch gekommen?*

Sandy: Ich gehöre zu denen, die schon immer schreiben wollten, das aber nie für möglich gehalten haben. Bis ich einen Burn-out hatte und in der Zeit zurück zu meinen Träumen gekommen bin. Der erste Impuls war schon vorher da. Noch als ich gearbeitet habe, habe ich gemerkt, dass ich meine Träume immer aufschiebe. Irgendwann wurde mir klar: Es wird immer bei »irgendwann« bleiben, wenn ich dieses »irgendwann« nicht zu »jetzt« mache. Ich habe mich deswegen damals entschieden, an der Schule des Schreibens teilzunehmen, und habe so das Schreiben schon ein Stück weit in mein Leben geholt. Für mich war es ein großer Vorteil, dass ich das ohne feste Termine, in meinem eigenen Tempo machen konnte. Damit war der erste Schritt getan.

Dann war ich im Burn-out, auch in Therapie, und hatte ja schon mit der Schule des Schreibens begonnen. In dieser Zeit habe ich festgestellt: Es gibt Menschen, die vom Schreiben leben können. Es gibt sogar Frauen, die das können. Und es gibt sogar Frauen in Berlin, die das können. Damit war etwas in mir ausgelöst, weil ich dachte: Wenn es Menschen gibt, die das können – das war mir vorher nicht bewusst –, dann kann ich das vielleicht auch. Ich habe dann alles an Kursen gemacht, was ich finden konnte, und mir fest vorgenommen: Ich werde jetzt Schriftstellerin. Und was tun Schriftstellerinnen? Sie schreiben jeden Tag. Und wenn ich gerade kein Manuskript schreibe, dann wenigstens Tagebuch. Also habe ich am 1. Januar – ich bin so ein Neujahrsfreak – angefangen, Tagebuch zu schreiben. Als ich dann in der Reha war, in einer psychosomatischen Klinik, habe ich ganz viel aufgeschrieben. Danach habe ich immer wieder Sequenzen geschrieben und die mit meinem Tagebuch vermischt, und irgendwann wurde das auf einmal ein Buch. Das kennt allerdings keiner, es ist ganz heimlich unter einem geschlossenen Pseudonym erschienen.

Yvonne: *Als du dich bei der Schule des Schreibens angemeldet hast, hattest du da schon den Gedanken, das irgendwann hauptberuflich zu machen? Oder war das mehr so: Ich erfülle mir meinen Kindheitstraum?*

Sandy: Ich würde sagen, ich wollte das damals einfach nur wegen des Schreibens tun. Ich glaube, da wusste ich noch nicht, dass das als Beruf wirklich möglich ist. Das kam erst mit der Zeit, durch die Schule des Schreibens und weil ich mich dadurch immer mehr mit dem Thema befasst und immer mehr Kurse besucht habe. Die Leidenschaft wurde immer größer, und dadurch habe ich ständig Menschen getroffen, die vom Schreiben lebten. Irgendwann hat jemand etwas von Selfpublishing erzählt, und ich dachte: Ach, wie interessant! Es begann einfach mit der Leidenschaft.

Yvonne: *Aber schon bevor du dieses allererste Buch veröffentlicht hast, war dir klar, du willst nicht nur ein Buch schreiben, sondern du willst wirklich Autorin sein?*

Sandy: Ja, schon. Und dann habe ich mich ganz klar entschieden: Ich werde jetzt einen Thriller schreiben, ich werde das im Selfpublishing machen, und ich werde vom Schreiben leben. Ich war ja im Burn-out und habe dann eine Weile Krankengeld bekommen. Als das auslief, bekam ich Arbeitslosengeld, und ich wusste: Am 19. Juli läuft das aus. Ich hatte kein Auffangnetz. Keine reiche Familie, die mich hätte auffangen können. Ich hatte mich von meinem Freund getrennt und wohnte alleine. Ich wusste: Dann muss es losgehen, und da gibt es kein Netz.

Yvonne: *Und das hat funktioniert.*

Sandy: Ja, zum Glück. Sogar sehr gut. Eigentlich alle haben zu mir gesagt: Man kann ja auch Hartz IV beantragen. Und ich habe gedacht: Ja, kann man. Aber wenn ich das tue, bin ich wieder begrenzt in meinem Kopf. Dann ist es wieder so ein Hin-und-her-Rechnen: Wenn ich zu viel verdiene, gibt es Stress, dann kommt eine Rückzahlung. Ich wollte das nicht. Ich wollte keine Begrenzung, ich wollte ab dem Moment einfach genug verdienen. Im November 2018 habe ich den Thriller rausgebracht und da schon gut verdient. Im Juni habe ich »Das Buch deines Lebens« veröffentlicht und konnte ab diesem Stichtag wirklich vom Schreiben leben.

Yvonne: *Ein Traum, den viele haben. Du bist ja von Anfang an all-in gegangen, ohne Plan B. Was hat das für einen Unterschied gemacht? Welche Entscheidungen hast du dadurch vielleicht anders getroffen?*

Sandy: Ich schaue ja auch oft bei anderen hin und habe das Gefühl, dass viele, weil sie es finanziell nicht brauchen, manchmal bequemere Entscheidungen treffen. Bei mir gab es kein Auffangnetz, es gab keinen anderen Weg, als ab dann wirklich gut Geld zu verdienen. Bei vielen Kolleginnen würde oder hat der Mann aufgefangen – was überhaupt nicht schlimm ist. Ich hatte das halt einfach nicht. Und ich glaube, hätte ich das gehabt, hätte ich manchmal andere Entscheidungen getroffen. Abgesehen davon habe ich mir damals gedacht: Ich bin in meiner beruflichen Laufbahn zweimal in den Burn-out gekommen. Ich wusste, ich finde immer wieder einen Job, aber ich werde in diesem alten System immer wieder krank werden. Also dachte ich: Wann, wenn nicht jetzt? Ich hatte keine Kinder, keinen Partner. Ich konnte mir diese Zeit für mich nehmen und habe mich bewusst dafür entschieden.

Yvonne: *Hast du ein Beispiel für so eine unbequeme Entscheidung?*

Sandy: Viele. Und ich sage: Bitte mach das nicht nach! Es fängt beim Essen an. Wenn es die Entscheidung gab – gehe ich jetzt gut einkaufen oder mache ich Instagram-Werbung –, dann habe ich mich für die Werbung entschieden. Das bedeutet, dass ich eine ganze Weile lang nur Kartoffeln mit Quark und Stulle mit Butter und Schnittlauch gegessen habe. Ich bin nicht mehr shoppen gegangen, nicht mehr essen gegangen. Mein altes Leben bestand ständig aus Essengehen. Ich habe mir einfach keinen Luxus mehr gegönnt und alles in dieses Business gesteckt. Bis ich mir wieder einen Geschirrspüler gekauft habe, hat es gedauert, denn diese 500 Euro konnte ich in ein Cover stecken. Und ich habe mich immer dafür entschieden, lieber ins Schreiben zu investieren. Das meine ich mit »unbequem«.

Yvonne: *Du hast gerade »Business« gesagt. Das finde ich eine interessante Formulierung, die viele Autor*innen nicht so verwenden würden. Für dich ist Autorin-Sein tatsächlich ein Unternehmen.*

Sandy: Genau. Ich habe festgestellt: Selfpublisherin zu sein, das bedeutet mehr als »nur« Autorin zu sein. Eigentlich hat man ein kleines Business, weil man super viele Dienstleister koordiniert. Man hat Deadlines und Termine, die man einhalten darf. Man kümmert sich um die Werbung, den Inhalt, das Marketing, die Buchhaltung. Man ist Unternehmerin.

Yvonne: *Der Weg ins Selfpublishing war für dich eine bewusste Entscheidung. Und du machst das ja bis heute. Was waren die ausschlaggebenden Faktoren?*

Sandy: Letztes Jahr habe ich einen Ausflug in den Verlag gemacht und unterschrieben, dass ich eine Reihe mit drei Büchern rausbringe. Allerdings bin ich doch eher eine Selfpublisherin. Das habe ich schon von vielen gehört, die wirklich erfolgreich Selfpublishing betreiben: Sie lieben die Kontrolle und wechseln meistens wieder zurück. Ich wollte im letzten Jahr diese Erfahrung machen, und es wird bei mir wahrscheinlich genauso sein.

Damals und bis heute ist es eine klare Entscheidung. Es gab eigentlich zwei vorwiegende Gründe. Der erste war, dass es schnell gehen durfte, weil ich wusste: Ab dem 19. Juli muss ich vom Schreiben leben. Wenn ich das an einen Verlag oder eine Agentur schicke, kann das bis zu zwei Jahre dauern. Inzwischen weiß ich, dass es noch viel länger dauern kann. Ich hatte die Zeit einfach nicht. Der zweite Grund war mein Selbstbewusstsein. Ich wusste nicht, ob ich es aushalten würde, 20 Absagen zu bekommen oder gar keine Rückmeldung. Ich dachte: Damit kann ich nicht gut umgehen. Und so stirbt mein Traum viel schneller, als wenn ich einfach rausgehe und mein Bestes gebe.

Yvonne: *Das sehe ich tatsächlich so häufig: Leute sind super selbstbewusst mit ihrer Idee, und dann kommen drei Absagen vom Verlag – vielleicht hat niemand das Exposé genau gelesen, vielleicht hatten sie gerade so ein Buch im Programm –, und danach ist die Luft so raus, dass sie nicht weiterschreiben.*

Sandy: Genau. Und ich glaube, wenn man erfahrene Autorin ist, kann man damit viel besser umgehen, weil man inzwischen gelernt hat, dass vieles einfach eine Zielgruppensache ist. Ich hatte zum Beispiel irgendwann testweise einen Ratgeber rausgebracht – sonst schreibe ich ja eher Ratgeber-Romane. Ich wollte sehen, wie das Projekt ankommt, und habe es zwei Agenturen geschickt. Die haben sich sofort zurückgemeldet. Eine der Agenturen wollte einen Thriller von mir sehen, weil sie keine Ratgeber mehr vertrieben. Nach Prüfung meinten sie, damit solle ich im Selfpublishing bleiben. Und dieser Thriller hat dann einen Preis gewonnen und mir sehr viel Geld eingespielt. Das zeigt: Vieles ist einfach eine Sache der Umgebung und der Zielgruppe.

Yvonne: *Was bedeutet es dir, Autorin zu sein?*

Sandy: Die Welt. Ich liebe es einfach. Es ist für mich pure Erfüllung, weil ich den Prozess des Schreibens liebe und mich damit immer wieder verbinde. Ich habe damals einen Blog gegründet, der heißt »Schreiben, um zu leben«. Das Schreiben hat mich in vielerlei Hinsicht gerettet. Das Tagebuchschreiben hat mir Heilung geschenkt. Und durch den Traum, Schriftstellerin zu werden, bin ich durch eine echte Persönlichkeitsentwicklung gegangen. Gerade als Selfpublisherin geht man durch so viele Kurven. Das Schreiben hat mich sehr weit gebracht und zeigt mir auch immer wieder, dass ich meine Themen verarbeiten und gleichzeitig der Welt schenken kann, damit andere ein paar Schritte weiterkommen.

Yvonne: *Was ist das Schönste daran für dich?*

Sandy: In erster Linie immer noch der Prozess des Schreibens, weil der wie Magie ist. Ich plotte nicht, sondern setze mich hin und bin einfach der Kanal. Ich schaue, was passiert – es ist wie Lesen, nur dass ich dabei noch tippe. Wenn meine Finger über die Tastatur gleiten, ein Impuls den nächsten jagt und ich gar nicht schnell genug schreiben kann – dann fühle ich mich einfach sehr nah nach oben verbunden.

Yvonne: *Mittlerweile nutzen einige Menschen für den Prozess des Schreibens KI. Wie siehst du das als Autorin?*

Sandy: Ich bin da relativ leidenschaftslos, weil ich – wie bei vielen Dingen – sowohl Stärken als auch Schwachpunkte sehe. Wo die Reise hingeht, wird man sehen. Am Ende geht es darum, wie wir damit umgehen. Für mich ist sie einfach da, und ich lerne, wie man sie am besten benutzt. Nicht fürs Schreiben selbst, aber ich bin zum Beispiel nicht besonders gut in Ortsbeschreibungen. Wenn ich auf Reisen bin, mache ich auch mal ein Foto und frage die KI: Wie würdest du dieses Bild beschreiben? Das hilft mir, und meine Lektorin freut sich, dass sie an diesen Stellen weniger Arbeit hat.

Sorgen mache ich mir aber nicht, weil ich zu hundert Prozent glaube, dass die Energie, die ich in ein Buch stecke, beim Leser ankommt. Ich bin auch Energieheilerin und fühle die Energie von Büchern. Mittlerweile höre ich das auch von meinen Schützlingen: Sie nehmen ein Buch in die Hand und spüren sofort, ob eine echte Energie drinsteckt oder nicht. Klar, auch bei KI wird die Energie, die man reinsteckt, am Ende fühlbar sein. Aber ich glaube, das Gute setzt sich trotzdem durch.

Man sieht es ja bei Instagram: Da gibt es inzwischen ganz viele KI-generierte Inhalte, und die Leute haben keinen Bock mehr darauf. Keiner weiß mehr, mit wem man eigentlich spricht. Das ist die große Stärke des Echten. Das wird wahrscheinlich erst mal noch stärker werden, und dann geht es wieder zurück zu den wirklich echten Menschen.

Oft geben sich die Leute nicht einmal die Mühe zu lernen, wie man die KI so einsetzt, dass der Text nach einem selbst klingt. Gefühlt klingt dadurch jeder Text gleich. Es gibt inzwischen einen typischen KI-Sprachgebrauch, und wenn ich den lese, löst das bei mir regelrecht einen Brechreiz aus, weil ich es einfach nicht mehr überlesen kann.

Yvonne: *Geht mir genauso. Und es nimmt einem auch etwas von der Identität als Autorin. Du hast von Anfang an gesagt: Ich bin Autorin. Und du hast es durchgezogen. Wo führt das noch hin? Du hast ja noch Jahrzehnte vor dir.*

Sandy: Die Identität als Autorin habe ich jetzt wirklich erreicht, aber es hat gedauert. Autorin fand ich ehrlich gesagt schwerer als Unternehmerin. Ich kam ja aus einem reinen Büroalltag. Mein Tag bestand aus Meetings und dem Antworten auf E-Mails. Das auf Zellebene aus mir rauszubekommen, war super schwer. Es hat wirklich gedauert, bis ich auf Zellebene begriffen habe, dass mein Arbeitsalltag so aussehen kann: aufstehen, baden gehen, einen Spaziergang machen, einen Kaffee trinken – und dass dabei ganz viel passiert, was dann ins Schreiben fließt. Ich hatte immer das Gefühl, wenn ich mich nicht an den Schreibtisch setze und E-Mails beantworte, dann habe ich nicht richtig gearbeitet. Das war ein krasses Ziel von mir: wirklich innerlich zu begreifen, dass es anders gehen darf. Und jetzt ist das Normalität geworden.

Letztes Jahr habe ich dann mein großes Ziel erreicht, worauf ich die ganze Zeit hingearbeitet habe. Das erste Ziel war immer, vom Schreiben zu leben. Und letztes Jahr kam dann der Spiegel-Bestseller. Danach bin ich in einer Findungsphase gewesen, die sich langsam schließt. Ich habe für mich entschieden, dass ich wieder mehr ins Selfpublishing gehen möchte. Mein Ziel ist es, mehr Zeit fürs Schreiben zu haben und mehr Bücher rauszubringen. Tendenziell bringe ich zwei Bücher im Jahr raus, aber ich möchte einfach wieder mehr schreiben, weil ich mich in den letzten Jahren viel ausgetestet habe und jetzt so vieles erlebt habe, das niedergeschrieben werden will. Zurück zum Ursprung – das fühlt sich gerade größer an als alles im Außen.

Gleichzeitig möchte ich dieses Jahr das Thema Übersetzung aktiver angehen. Bisher war es so, dass mich Verlage aus dem Ausland angeschrieben haben, ob sie meine Bücher übersetzen dürfen. Ich bekomme dafür Geld und brauche nichts zu tun, außer zu unterschreiben. Das ist schön und einfach, und die Leser auf der ganzen Welt können die Bücher lesen. Aber trotzdem kommt man so in eine Wartehaltung, und wer nur wartet, setzt nichts in

Bewegung. Ich möchte da jetzt in den Macher-Modus kommen und mit Selfpublishing auch bei den Übersetzungen die nächste Reise starten.

Yvonne: *Das trifft ja nicht nur auf Übersetzungen zu, sondern auf das Thema Verlag insgesamt.*

Sandy: Genau, da schließt sich der Kreis. Ich mag Kontrolle – das habe ich lange nicht gewusst. Man denkt das wahrscheinlich nicht, wenn man mich kennt. Aber ja, ich mag das schon. Auch wenn ich sehr im Leichtigkeitsfeld unterwegs bin, gibt es bestimmte Dinge, die ich einfach gern selbst in der Hand habe. Zum Beispiel, wenn im Nachhinein ein Fehler im Buch auffällt: Im Selfpublishing setze ich mich eine Stunde hin und die Sache ist erledigt. Beim Verlag kann sich eine Kleinigkeit über Monate ziehen. Das bringt eine Machtlosigkeit rein, die ich überhaupt nicht leiden kann. Ich bin eher die Macherin.

Yvonne: *Das ist eine spannende Mischung. Zum einen lebst du deine Autorinnenidentität, wo es zum Arbeitsalltag gehört, nicht um acht Uhr die Liste abzuarbeiten, sondern dass die Arbeit auf anderen Wegen passiert. Gleichzeitig bist du Unternehmerin. Wie funktioniert das zusammen?*

Sandy: Ich mache da gerade einen Shift. Ich bin mitten in einer Transformation von der Solo-Selbstständigen hin zu etwas Größerem. Ich habe bestimmte Muster, die mich super weit gebracht haben. Aber dieselben Muster sorgen gleichzeitig dafür, dass ich seit ein paar Jahren auf der Stelle stehe. Mein erstes Muster: Ich bin sehr gut darin, ins Business zu investieren – manchmal zu gut. Gleichzeitig bin ich jemand, der relativ leicht Geld generieren kann. Das hat mich zu diesen Umsätzen gebracht, aber es hält mich auch dort und bremst den nächsten Sprung. Und ich will Millionärin werden. Das ist das eine Muster, das ich gerade umwandle.

Das zweite Muster ist das Thema Zeit. Durch meine Burnout-Vorgeschichte war es für mich sehr schwierig, Termine weit im Voraus zu planen, weil mein Alltag vor dem Burnout komplett von Terminen geprägt war. Alles war durchgetaktet. Das hat dazu geführt, dass ich tendenziell Stress bei Terminen habe und nicht weit im Voraus planen wollte. Jetzt bin ich an dem Punkt angekommen, dass ich die Planung für die nächsten drei Monate stehen habe – solange ich den Kalender nicht zu sehr vollpacke. Das gibt mir ein Gefühl von Sicherheit, und auch allen anderen um mich herum. Vorher war mein Motto eher: Wird schon. Und es hat auch immer funktioniert, aber es hat mich immer in irgendeinen Mangel gebracht. Das wandle ich gerade.

Meine große Angst war immer die Angst vor Erfolg, weil Erfolg bei mir immer bedeutet hat: keine Zeit mehr. Das ist die Angst, die hinter allem steckt. Deswegen habe ich von Anfang an mit Assistenzen zusammengearbeitet, und das hat fast immer gut funktioniert. Diese Woche habe ich mit jemandem zusammengesessen, die die Planung mit mir gemacht hat. Da war wieder so ein Zellebene-Moment, wo sie sagte: Sandy, ich mache das doch alles. Du musst nur diese drei Termine wahrnehmen. Alles andere ist längst geregelt. Und ich dachte: Stimmt. Ich kann also dieses Projekt machen und habe trotzdem Zeit für mein Schreiben.

Loslassen ist auch ein großes Thema bei mir. Ich will immer so vieles und habe im letzten Jahr ganz viel losgelassen, in diesem Jahr auch wieder. Ich habe gesagt, dass ich ab April keine neuen Termine mehr annehme. Meine bestehenden Sachen laufen weiter, aber es gibt keine neuen Projekte – außer es bringt wirklich unverschämt viel Geld. Oder es ist so ein cooles Event, dass ich später meinen Enkelkindern davon erzählen werde. Das sind meine zwei Ausnahmeregeln.

Manchmal muss man als Unternehmerin Entscheidungen treffen, um sich als Autorin die Freiräume zu schaffen. Und es kann sogar ein Vorteil sein, beide Rollen zu haben, weil die eine die andere stützen und auch verstehen kann. Jemand, der nicht selbst Autorin ist, versteht viele Zusammenhänge einfach nicht.

Yvonne: *Zum Schluss: Hast du einen Tipp für jemanden, der noch ganz am Anfang der Reise steht und gerade überlegt, Autorin bzw. Autor zu werden?*

Sandy: Frag dich selbst: Was bedeutet es für mich, Autorin zu sein? Was tut eine Autorin? Was denkt sie? Was fühlt sie? Was sind ihre Gewohnheiten? Und dann fang Stück für Stück an, das zu übernehmen. So habe ich es auch gemacht. Als ich mich zur Schule des Schreibens angemeldet habe, habe ich in derselben Woche einen Film gesehen, in dem ein Vater – selbst Autor – seinen Kindern beigebracht hat, immer Tagebuch zu schreiben. Der Tenor war: Wer Schriftsteller sein will, der schreibt. Ab dem Tag habe ich mir fest vorgenommen, jeden einzelnen Tag Tagebuch zu schreiben, ohne Ausnahme. Das war der erste Schritt, und danach habe ich mich schon viel mehr als Autorin gefühlt. Ich schaue mir an: Was macht eine Autorin? Was trägt sie? Wie lebt sie? Und dann integriere ich eins nach dem anderen.

Kapitel 5

Schritt 2: Der Masterplan für dein Buch

In diesem Kapitel erfährst du, wie du dein Buch so vorbereitest, dass du dir den Schreibprozess deutlich erleichterst. Du triffst wichtige Entscheidungen, die dir als Nordstern für deine Arbeit am Buch dienen.

Was für ein Buch wirst du schreiben?

Stell dir vor, du möchtest ein Haus bauen. Du gehst zu einer Architektin und sagst: »Ich möchte ein Haus bauen.« Was wird sie als Erstes fragen? Genau: »Was für ein Haus denn? Ein großes, ein kleines? Einen Bungalow, ein Doppelhaus, ein Reihenhaus? Mit Giebeldach oder Flachdach?« Und dann wird sie auch wissen wollen: »Welche Möglichkeiten hast du überhaupt? Welches Budget steht dir zur Verfügung? Wie groß ist das Grundstück? Gibt es Auflagen, die du berücksichtigen musst?« Erst, wenn sie weiß, was du willst und welche Möglichkeiten du hast, kann sie etwas für dich entwerfen.

Genau das Gleiche machen wir jetzt für dein Buch. Wir müssen erst mal schauen: Was für ein Buch schreibst du eigentlich? Diese Klarheit wird dich durch den gesamten Schreibprozess tragen. Und nur wenn du weißt, was für ein Buch du schreibst, kannst du es am Ende auch erfolgreich veröffentlichen und am Markt platzieren.

Vielleicht denkst du jetzt: »Aber ich will mich doch nicht einschränken! Ich will spontan bleiben und meine Kreativität nicht schon am Anfang in ein enges Korsett zwängen.« So ging es mir am Anfang auch. Also habe ich drauflos geschrieben. Daraus ist dann leider kein Buch entstanden. Und ich kann dich beruhigen: Du kannst jede Entscheidung, die du jetzt triffst, später noch ändern. Manche ganz leicht, andere mit ein bisschen Aufwand. Bis das Buch veröffentlicht ist, ist überhaupt nichts endgültig. Du kannst jederzeit alles wieder umwerfen.

Ohne Entscheidung kannst du jedoch gar nicht erst losgehen. Wenn du bei einer Reise nicht wenigstens vorher festlegst, wann du losfährst, mit welchem Verkehrsmittel und in welche Richtung, bleibst du am Ende zu Hause. Genauso ist es auch mit Entscheidungen in Bezug auf deinen Roman. Ein paar müssen einfach sein. Du kannst sie dir als deinen Nordstern vorstellen, an dem du dich während des Schreibens orientieren kannst.

Die erste Entscheidung lautet natürlich: Was für ein Buch willst du schreiben? Sehr wahrscheinlich einen Roman, sonst würdest du dieses Buch nicht lesen. Aber damit du spätere Entscheidungen besser treffen und auch die Erwartungen deiner Zielgruppe einschätzen kannst, brauchen wir es noch ein bisschen genauer.

Dein Genre und Subgenre

Genres sind keine Naturwissenschaft, sondern eine Kategorisierung, die über die Zeit gewachsen ist. Daher kann auch niemand konkret sagen, wie viele Genres es gibt. Menschen haben einfach ähnliche Bücher zu Gruppen zusammengefasst und diesen Gruppen Namen gegeben. So sind Genres wie Science-Fiction, Fantasy oder Krimi entstanden. Du hast schon ausführlich in Kapitel 2 über Genres gelesen.

Normalerweise orientieren sich Genres am Inhalt des Buchs. Science-Fiction spielt irgendwie in der Zukunft, Fantasy in einer Fantasiewelt. Bei einem Krimi gibt es einen Kriminalfall – meistens einen Mord, aber vielleicht steht auch ein anderes Verbrechen im Fokus.

Diese Genres lassen sich in Untergenres oder Subgenres untergliedern. Ein Eifelkrimi ist etwas anderes als ein Cozy Crime, und trotzdem sind beide Kriminalromane. An Subgenres werden dann noch mal spezifischere Anforderungen gestellt, die über die Anforderungen des übergeordneten Genres hinausgehen.

Für dich als Autor*in von z. B. New Adult oder Romantasy bedeutet das: Du bewegst dich in einem recht klar definierten Genre-Bereich. New Adult ist ein Subgenre von Romance, in dem die Protagonistinnen typischerweise zwischen 18 und 30 Jahre alt sind und sich in einer Umbruchphase befinden – oft das erste Mal auf eigenen Beinen stehen, ein Studium begonnen haben, den ersten eigenen Job angehen oder in die eigene Wohnung ziehen. Romantasy verbindet Romance mit Fantasy-Elementen: Hier gibt es nicht nur die Liebesgeschichte, sondern auch eine Fantasywelt mit Magie, übernatürlichen Wesen oder fantastischen Settings.

Menschen wählen Bücher nach ihren inhaltlichen Vorlieben aus. Und sie bringen Leseerfahrungen in ihre Entscheidung mit. Wer Cozy Crime lesen will, hat bestimmte Erwartungen an den Inhalt, aber auch an die Figuren, den Aufbau und den Umfang des Buchs. Diese Erwartungen solltest du kennen, damit du sie treffen kannst. Die Erwartungen zu den einzelnen Subgenres kannst du weiter vorne im Buch nachlesen. Für dich ist an dieser Stelle wichtig, eine Entscheidung zu treffen und dich so intensiv wie möglich mit den Erwartungen deiner Leser*innen zu beschäftigen.

So unterstützt KI dich in dieser Phase

ChatGPT kann dir helfen, dein Genre und Subgenre noch genauer zu definieren und zu verstehen. Nutze dazu diesen Prompt: *Ich schreibe einen Roman im Genre [dein Genre/Subgenre]. Kannst du mir erklären, welche typischen Merkmale, Tropes und Erwartungen in diesem Genre wichtig sind? Welche Bücher sollte ich auf jeden Fall gelesen haben? Was sollte ich auf jeden Fall beachten, und wo habe ich Spielraum für Kreativität?*

ChatGPT wird dir dann eine detaillierte Übersicht geben. Du kannst auch gezielt nachfragen, wenn dich bestimmte Aspekte interessieren, zum Beispiel typische Seitenzahlen oder aktuelle Trends im Genre.

Diese Antworten kannst du als Ausgangsbasis für eine eigene Recherche nutzen, zum Beispiel im Buchladen oder der Bibliothek deiner Wahl. (Ja, Besuche in der Buchhandlung sind ab jetzt Recherche.)

Was du jetzt konkret tun kannst:

Lege dich auf ein Subgenre fest und sammle typische Erwartungen an dieses Subgenre. Wie sollten die Figuren sein, welche Themen kommen häufig vor, wie lang sind solche Bücher, wird eine Reihe erwartet? Diese Informationen helfen dir bei der Detailplanung deines Buchs.

Dein Thema

Neben dem Genre kannst du auch ein Thema für deine Geschichte setzen. Das Genre sagt, welche Art von Geschichte du erzählst, das Thema zeigt, worauf du konkret den Fokus legst.

Ein Beispiel: Colleen Hoovers *Nur noch ein einziges Mal* ist im Genre »Romance« verortet. Themen des Buchs sind häusliche Gewalt, toxische Beziehungen und die Frage, wann man eine Beziehung beenden muss, um sich selbst zu schützen.

Einige spannende Themen für dich können diese sein:

- Selbstfindung und Identität
- Der Übergang vom Teenager zum Erwachsenen
- Erste große Liebe
- Familienkonflikte und Ablösung
- Mentale Gesundheit
- Trauma und Heilung
- Macht und Verantwortung
- Gut gegen Böse
- Zugehörigkeit und Außenseitertum
- Schicksal versus freier Wille

Wenn du deiner Geschichte etwas Ungewöhnliches geben willst, halte dich an deine (Sub-)Genre-Regeln und kombiniere das Ganze mit einem Thema, das es noch nicht so häufig gibt. Das macht dein Buch besonders, ohne dass du die Genre-Fans verlierst.

So unterstützt KI dich in dieser Phase

Nutze ChatGPT, um dein Thema zu schärfen. Dieser Prompt eignet sich dafür: *Ich schreibe einen Roman im Genre [dein Genre] und möchte ein tieferes Thema einbinden. Mich interessieren Themen wie [liste 2–3 Themen auf, die dich beschäftigen]. Kannst du mir helfen zu verstehen, wie ich diese Themen in mein Genre einbinden kann, ohne die Genre-Erwartungen zu verletzen? Welche Bücher haben ähnliche Themen erfolgreich behandelt?*

Mit den Antworten kannst du wieder deine eigene Recherche starten.

Was du jetzt konkret tun kannst:

Nimm dir eine halbe Stunde Zeit und schreibe auf:

1. Welche Themen beschäftigen dich?
2. Welche Erfahrungen hast du gemacht, die dich geprägt haben?
3. Was möchtest du mit deinem Buch sagen oder vermitteln?

Du musst nicht alle diese Themen in deinen Roman packen. Aber wenn du weißt, was dir wichtig ist, wirst du ein Thema finden, das zu deiner Geschichte passt und das ihr Tiefe gibt, die sie zu etwas Besonderem macht.

Für wen wirst du schreiben?

Wenn du weißt, was du schreibst, solltest du dich auch damit auseinandersetzen, für wen du schreibst. Wer ist dein*e Idealleser*in?

Vielleicht kennst du so allgemeine Zielgruppenbeschreibungen wie diese: »alle Menschen zwischen 18 und 30« oder »junge Frauen, die gerne Romance lesen« oder »Fantasy-Fans«. Solche Beschreibungen sind nicht falsch, aber für dich auch nicht besonders hilfreich. Denn wie schreibst du für »junge Frauen«? Wie für »Fantasy-Fans«? Durch eine solche Gruppierung schaffst du Distanz, und genau die willst du für deinen Roman nicht haben. Diese Art der Zielgruppenbeschreibung nutzt man normalerweise, um die Größe eines Markts abzuschätzen. Wir wollen hier aber wissen, wie wir die Personen richtig adressieren. Dafür ist es sinnvoll, dass sie – na ja – Personen sind.

Deswegen ist für uns ein sogenannter Avatar bzw. eine Persona nützlicher (und auch spaßiger in der Erstellung). Damit bezeichnet man im Marketing eine Figur, die typisch für die Zielgruppe ist und sie vertritt. Statt für »Frauen zwischen 18 und 30« schreibst du für Luisa, die gerade 27 geworden ist, ihr Referendariat an einer Grundschule erfolgreich abgeschlossen hat und mit ihrem Freund am Stadtrand von München lebt.

Ich mache dazu gerne die folgende Übung: Stell dir vor, du fährst mit dem Zug. Im Sitz gegenüber ist eine Person ganz vertieft in ihr Buch. Du siehst ihr an, dass sie total in der Geschichte aufgeht, dass sie richtig glücklich beim Lesen ist. Neugierig wirfst du einen Blick auf den Titel des Buchs. Und kannst es kaum fassen, denn sie liest: deinen Roman. Wer ist diese Person? Wie sieht sie aus? Wie alt ist sie? Was trägt sie? Welche Musik hört sie über ihre Kopfhörer? Was für einen Rucksack oder eine Tasche hat sie dabei? Wo kommt sie gerade her, wo will sie hin?

Je konkreter du dir diese Person vorstellst, desto leichter fällt es dir später, bestimmte Entscheidungen zu treffen. Du könntest dann immer fragen: »Was würde diese Person tun?« oder »Wie würde sie das finden?« oder »Wie könnte ich das so schreiben, dass sie mitfiebert, dass sie zu Tränen gerührt ist, dass sie das Buch nicht mehr aus der Hand legen kann?«

Dieses sehr persönliche Für-eine-ganz-konkrete-Person-Schreiben merkt man Büchern später an. Die besten Romane fühlen sich nicht an, als wären sie für eine anonyme Gruppe geschrieben worden, sondern für die beste

Freundin. Und wenn du sie liest und das Buch für dich bestimmt ist, fühlst du dich wie diese Person.

Was ist ein Avatar?

Ein Avatar ist wie beschrieben eine fiktive Person, die deine Zielgruppe repräsentiert. Der Avatar ist keine echte Person, die du kennst, sondern eine, die du dir basierend auf deiner Zielgruppe zusammenstellst. Du kannst dich dafür natürlich an einem realen Menschen orientieren; normalerweise weißt du über den Avatar aber deutlich mehr als über deine Mitmenschen.

Dein Avatar hat einen Namen, ein Alter, einen Beruf, Hobbys, Sorgen, Träume. Je detaillierter du deinen Avatar entwickelst, desto besser. Du kannst deinen Roman dann nicht nur *für* den Avatar schreiben, sondern *an* ihn. Und so noch spezifischer auf die Erwartungen und Bedürfnisse deiner Zielgruppe eingehen.

Gerade bei Trend-Subgenres ist ein Avatar wichtig, weil diese stark an der Community orientiert sind. Deine Leser*innen sind auf BookTok, BookTube, Bookstagram und in Online-Communitys unterwegs. Sie tauschen sich aus, sie haben klare Vorlieben, sie kennen die Tropes und wissen genau, was sie mögen und was nicht. Je mehr du dich darauf einlässt, dass du für eine spezielle Person und ihre Vorlieben schreibst, desto besser wird dein Roman später bei deiner Zielgruppe ankommen.

Denn wenn du weißt, wer deine ideale Leserin ist, kannst du:

1. Beim Schreiben Entscheidungen über Spice-Level, Tropes, Pacing und Sprache treffen
2. Bei der Überarbeitung Szenen identifizieren, die deine Leserin langweilen oder verwirren würden
3. Beim Marketing genau dort präsent sein, wo deine Leserin sich aufhält, und in ihrer Sprache sprechen

Außerdem hilft dir dein Avatar dabei, authentisch zu bleiben. Wenn du versuchst, für »alle« zu schreiben, verwässerst du deine Geschichte. Wenn du für eine konkrete Person schreibst, wird deine Geschichte fokussiert und kraftvoll.

So erstellst du deinen Avatar

Genug der Theorie, jetzt geht's ans Umsetzen. Ich stelle dir hier zwei Methoden vor, wie du deinen Avatar entwickeln kannst. Meine Empfehlung: Nutze beide. Fange mit der ersten Methode an, um eine Grundlage zu schaffen, und vertiefe dann mit der zweiten Methode.

Methode 1: Das Avatar-Sheet

Die klassische Methode ist, ein Avatar-Sheet auszufüllen. Das ist eine Liste von Fragen, die dir dabei helfen, deinen Avatar Schritt für Schritt zu entwickeln. Hier sind einige wichtige Fragen. Du kannst sie jederzeit ergänzen.

- Grundlegende Informationen:
  - Wie heißt dein Avatar?
  - Wie alt ist er?
  - Wo lebt er?
  - Was macht er beruflich oder was studiert er?
  - Wie sieht ein typischer Tag in seinem Leben aus?
- Persönlichkeit und Werte:
  - Welche Werte sind dieser Person wichtig?
  - Was sind ihre Ziele und Träume?
  - Vor welchen Herausforderungen steht sie aktuell?
  - Was macht sie glücklich?
  - Was frustriert sie?
- Lesegewohnheiten:
  - Wie viel liest deine Persona?
  - Wie und wo liest sie (physische Bücher, E-Books, unterwegs, zu Hause)?
  - Welche Genres liebt sie?
  - Welche Tropes mag sie besonders?
  - Was sind ihre Lieblingsbücher?
  - Welchen Autor*innen folgt sie? Und wo?

- Social Media und Community:
  - Auf welchen Plattformen beziehungsweise Communitys ist dein Avatar aktiv? (TikTok/BookTok, Instagram/Bookstagram, Goodreads, Reddit?)
  - Wie nutzt er diese Plattformen? (Postet er selbst? Kommentiert er? Oder scrollt er nur?)
  - Welchen Content Creators folgt er?
  - Ist er Teil von Buchclubs oder Online-Communitys?
- Kaufverhalten:
  - Wie entscheidet diese Person, welches Buch sie als Nächstes liest?
  - Kauft sie Bücher oder leiht sie sie aus der Bibliothek?
  - Achtet sie auf Rezensionen? Wenn ja, wo liest sie sie? Oder hört sie auf Empfehlungen von Freund*innen?

Was du jetzt konkret tun kannst:

Plane dir Zeit ein, um die Fragen oben so detailliert wie möglich zu beantworten. Meine Empfehlung: Lege dir dafür ein Google Doc oder eine Word-Datei an und ergänze dort immer, wenn dir etwas Neues auf- oder einfällt. Je konkreter deine Antworten sind, desto besser. Schreib also nicht: »Sie ist zwischen 20 und 30«, sondern: »Sie ist 24.« Schreib nicht: »Sie mag Romance«, sondern: »Sie liebt *Enemies to Lovers* mit viel Banter und mittlerem bis hohem Spice-Level, besonders wenn die Hauptfigur eine starke, eigenwillige Frau ist.«

Methode 2: Arbeit mit ChatGPT

Gerade in der Avatar-Arbeit kann ChatGPT dir sehr nützlich sein. Vor allem, wenn du schon eine grobe Vorstellung von deiner Zielgruppe hast und diese weiter ausarbeiten willst.

Du kannst mit der Vorarbeit aus Methode 1 starten oder mit einem ganz einfachen Zielgruppensatz. Ein Zielgruppensatz ist eine grobe Beschreibung deiner Zielgruppe, zum Beispiel in dieser Form:

»Meine Zielgruppe sind junge Frauen zwischen 18 und 28, die New Adult Romance mit College-Setting lieben.«

»Meine Zielgruppe sind Romantasy-Fans, die epische Welten, Slow-Burn-Romance und starke weibliche Hauptfiguren mögen.«

Diesen Zielgruppensatz brauchst du für den nächsten Schritt.

So unterstützt KI dich in dieser Phase

Nutze diesen Prompt, um aus dem Zielgruppen-Satz deinen Avatar zu bauen: *Ich schreibe einen [dein Genre]-Roman für [deinen Zielgruppensatz]. Ich möchte hierzu einen Avatar erstellen. Bitte stelle mir detaillierte Fragen zum Avatar, um ihn konkreter zu entwickeln.*

ChatGPT gibt dir dann eine Liste an Fragen, die du – am besten mit der Diktier-Funktion – so ausführlich wie möglich beantwortest. Aus den Antworten kann das Tool dir dann einen Avatar erstellen. Sollte ChatGPT das nicht von selbst tun (passiert manchmal), nutzt du dazu diesen Prompt: *Bitte erstelle mir aus deinen Antworten einen möglichst konkreten Avatar.*

O-Töne sammeln

Wenn du deinen Avatar entwickelt hast, kommt der nächste wichtige Schritt: O-Töne sammeln. Das bedeutet, dass du die Sprache deiner Zielgruppe lernst, und zwar von ihr selbst. Du erfährst direkt, was ihr wichtig ist und wie sie ähnliche Bücher wie deins bewertet. Das hilft dir später beim Schreiben und noch später beim Buchmarketing.

O-Töne findest du überall dort, wo deine Zielgruppe über Bücher schreibt:

Amazon-Rezensionen: Wenn du schon eine Auswahl an ähnlichen Büchern recherchiert hast, geh zu Amazon und lies dir die Rezensionen zu diesen Büchern durch. Achte darauf:

- Welche Begriffe verwenden die Leser*innen?
- Was finden sie gut? Was kritisieren sie?
- Welche Emotionen drücken sie aus?
- Wie beschreiben sie die Bücher?
- Welche Erwartungen erkennst du?

Goodreads: Hier findest du oft noch ausführlichere Rezensionen als auf Amazon, und die Community ist sehr aktiv. Schau dir an, wie deine Leser*innen sprechen und was sie sich von Büchern wie deinem erhoffen. Vielleicht kannst du auch aktuelle Trends erkennen.

TikTok/BookTok und Instagram/Bookstagram: Schau dir Videos und Posts zu Büchern aus deinem Genre an. Lies vor allem auch die Kommentare, die sind oft besonders wertvoll. Wie reden die Menschen über diese Bücher? Welche Insider-Begriffe nutzen sie? Welche Emojis? Was sind die Running Gags?

Reddit: Es gibt viele Subreddits für verschiedene Genres. Lies mit, was dort diskutiert wird, um am Ball zu bleiben.

Youtube/BookTube: YouTube ist voll mit Rezensionen und Wrap-ups. Schau dir Videos zu Büchern aus deinem Genre an und lies auch hier gezielt die Kommentare.

Was du jetzt konkret tun kannst:

Lege dir auch für diese Aufgabe ein Dokument an und sammle dort alles, was dir auffällt. Kopiere interessante Zitate, notiere dir Begriffe, die immer wieder auftauchen, schreibe auf, was die Leute begeistert und was sie nervt.

Ich habe für jedes meiner Bücher ein solches Dokument, und ich schaue immer wieder rein, wenn wichtige Entscheidungen anstehen. Auch wenn ich später mein Buch beschreiben muss, kann ich auf die Sprache meiner Zielgruppe zurückgreifen.

Zentrale Figuren und Konflikte

In den letzten beiden Kapiteln haben wir ein paar grundlegende Entscheidungen für dein Buch getroffen, quasi von außen. Du weißt jetzt, was für ein Buch du schreibst und für wen. Du hast dein Genre festgelegt, dein Thema (zumindest grob) umrissen und einen Avatar entwickelt.

Jetzt wird es konkret und wir beginnen, die Inhalte zu planen: Um wen geht es in deinem Buch? Und wie entwickeln sich diese Figuren?

Wenn wir einen Roman lesen, verbinden wir uns mit der Hauptfigur (und oft auch mit zentralen Nebenfiguren). Wenn diese etwas Spannendes erleben, herausgefordert werden und ihr Bestes geben, fiebern wir mit – und legen das Buch nicht mehr aus der Hand. Deswegen ist es wichtig, dass deine Figuren »relatable« sind, dass wir uns mit ihnen identifizieren können. Genau darum geht es in diesem Kapitel.

Figurenbasiertes vs. plotbasiertes Erzählen

Dein Roman (genau wie fast alle Romane) wird hauptsächlich von zwei Dingen vorangetrieben: zum einen durch die Figuren, zum anderen durch den Plot beziehungsweise die Handlung.

Beides spielt immer eine wichtige Rolle. Je nach Genre gibt es Unterschiede, was mehr im Fokus steht. Die Frage ist: Ist dein Roman eher figurengetrieben oder handlungsgetrieben?

In figurengetriebenen Romanen liegt der Fokus auf der inneren Entwicklung der Figuren. Es geht darum, wie sie denken, wie sie fühlen, welche Entscheidungen sie treffen, welche inneren Hürden sie überwinden müssen und wer sie erst durch die Geschichte werden.

In plotgetriebenen Romanen steht die Handlung im Vordergrund. Was passiert? Welche Ereignisse treiben die Geschichte voran? Die Figuren sind natürlich trotzdem wichtig, aber sie bleiben manchmal etwas skizzenhafter. Sie reagieren auf das, was der Plot ihnen vor die Füße wirft.

Ein psychologischer Thriller hat natürlich einen spannenden Plot, trotzdem steht die psychologische Entwicklung der Figuren im Vordergrund. Und beides – Plot und Figuren – interagieren miteinander. Die Figuren reagieren auf das Geschehen und sorgen dadurch für Konsequenzen. Wie bei einer Reihe von Dominosteinen, wo einer den nächsten umwirft.

Moderne Subgenres profitieren von einer guten Balance zwischen Plot und Figuren, betonen aber oft das Wachstum der Protagonist*innen. Die innere (und oft auch äußere) Entwicklung steht im Vordergrund und geschieht entlang des Plots.

Was du jetzt konkret tun kannst:

Nimm dir 10 Minuten und überlege:

* Was interessiert mich mehr: die inneren Prozesse meiner Figuren oder die äußere Handlung?
* Welche ähnlichen Bücher sind eher figurengetrieben, welche eher handlungsgetrieben?
* Wo möchte ich meinen Roman verorten?

Du musst dich nicht für das eine oder andere entscheiden, aber es hilft, wenn du weißt, wo dein Schwerpunkt liegt.

Deine Figuren entwickeln (oder: deine Figuren kennenlernen)

Zur Vorbereitung deines Romans gehört auch die Entwicklung der Figuren. Eigentlich ist es gar keine wirkliche »Entwicklung«, denn wir setzen uns meistens gar nicht hin und sagen: »Das und das und das sind die Eigenschaften meiner Figur.« Sondern es ist eher ein Kennenlernen deiner Figuren, das sich aus den Anforderungen der Geschichte ergibt.

Du hast eine Vorstellung davon, wie die Geschichte sein soll, was das Thema sein soll und du brauchst eine bestimmte Art von Figuren für diese Geschichte. Und alles, was wir zur Figurenentwicklung machen, kannst du auch als »Figuren entdecken« verstehen. Das heißt, du beantwortest einfach bestimmte Fragen über deine Figur und lernst sie dadurch besser kennen.

Welche Figuren gibt es?

Es gibt verschiedene Arten von Figuren in deinem Roman:

*Protagonist*in*

Das ist die Figur, mit der sich die Leser*innen am meisten identifizieren. Wir folgen ihr (die meiste Zeit) durch die Geschichte, sie treibt die Handlung voran, und ihre Entwicklung steht im Zentrum.

*Antagonist*in*

Diese Figur stellt Hindernisse und spiegelt oft das Thema. Wichtig: Du schreibst kein Märchen. Dein*e Protagonist*in ist also nicht »gut« und dein*e Antagonist*in ist nicht »böse«. Beide können ambivalent sein, sowohl gute als auch schlechte Seiten haben.

Was sie zu Gegenspieler*innen macht, ist ihre Motivation. Ihre Ziele stehen im Konflikt zueinander.

Nebenfiguren

Sie unterstützen, kontrastieren, verleihen Tiefe. Im Englischen sagt man »supporting characters«, also unterstützende Figuren, und ich finde, das passt so viel besser als »Nebenfiguren«. Denn oft sind es genau diese Figuren, die zu den Lieblingen der Leser*innen werden.

Sie sind nur deswegen Nebenfiguren, weil sie in dieser Geschichte keine Hauptrolle spielen. Das heißt: Sie sind nicht einfach der Sidekick, der die Taschen trägt. Sie haben eine eigene Motivation, eigene Ziele, ein eigenes Leben.

Wenn eine Nebenfigur der Protagonistin hilft, dann nicht nur, weil sie die Protagonistin super findet und mit ihr befreundet ist, sondern vielleicht, weil sie eigene Motive hat, die zufällig zum selben Ziel führen. Das macht deine Figuren realistischer und interessanter.

*Statist*innen*

Dann gibt es noch die Kulisse: Figuren, die mal einen Schlüssel überreichen, eine Information weitergeben, einen Brief bringen. Bei diesen Figuren musst du nicht in die Tiefe gehen. Im Gegenteil: Wenn du das tust, erwarten deine Leser*innen, dass diese Figur später wiederkehrt und noch wichtig wird.

Und die Erwartungen deiner Leser*innen willst du nicht enttäuschen. Solche Figuren dienen also eher dem Plot, und du musst sie nicht in der Tiefe entwickeln.

Was macht gute Figuren aus?

Gute Figuren sind Figuren, die man für realistisch hält. Mit solchen Figuren kann man beim Lesen mitfiebern und mitfühlen. Leser*innen müssen denken können: »Ich kann mir vorstellen, dass es so einen Menschen gibt.«

Glaubwürdigkeit kommt durch Ambivalenz: aus Stärken und Schwächen, aus guten und schlechten Tagen, aus Dingen, die die Figur kann, und anderen, die sie nicht so gut kann. So, wie wir echten Menschen auch nicht alles können und gute und schlechte Seiten haben.

Deine Figuren sollten auch eine gute Motivation haben, ihr Ziel zu erreichen. Dafür nutze ich gerne die 5-Mal-Warum-Methode. Die kommt eigentlich aus dem Coaching und hilft dabei, Konflikte genauer zu erforschen (und auszuräumen). Sie ist aber auch sehr gut dazu geeignet, die Motive deiner Figuren besser zu verstehen.

Nehmen wir an, dass du die Figur Shantila für deinen Romantasy-Roman entworfen hast. Shantila ist eine 17-jährige Vampirin, die erst vor Kurzem erfahren hat, dass sie nicht weiter unter den Menschen leben kann. Sie soll nun in eine Vampir-Akademie gehen, von wo sie am liebsten so schnell wie möglich wieder wegwill. Hier kannst du nun mit den Warum-Fragen anfangen. Warum möchte sie von dort weg? Hmmm, vielleicht fühlt sie sich einfach fehl am Platz zwischen den anderen Vampirinnen. Warum (2)? Weil sie unter Menschen aufgewachsen ist und sich dort sehr wohlgefühlt hat. Sie kann nicht akzeptieren, dass diese Menschen nun ihre Feind*innen sein sollen. Warum (3)? Weil sie konkrete Pläne für ein Leben mit diesen Menschen hatte, weil sie studieren gehen und Ärztin werden wollte. Warum (4)? Weil ihre menschliche Ziehmutter Ärztin ist. Und auch, wenn Shantila weiß, dass sie nicht ihre echte Tochter ist, will sie ihr in allem nacheifern. Warum (5)? Weil Shantila glaubt, dass sie als Vampirin ein böses Wesen ist, und mit diesem Platz in der Welt möchte sie sich nicht abfinden.

Du kannst natürlich auch mehr als fünf Mal »Warum?« fragen. Mindestens fünf Male sollten es sein, dann kommst du normalerweise recht tief. Wenn dir das am Anfang noch zu schwierig erscheint, kannst du dich von ChatGPT inspirieren lassen.

So unterstützt KI dich in dieser Phase

So kannst du die 5-Mal-Warum-Methode für deine Figuren mit ChatGPT entwerfen: *Ich schreibe einen [dein Genre]-Roman mit folgender Hauptfigur [deine kurze Figuren-Beschreibung]. Meine Figur will / will nicht [hier etwas, was die Figur antreibt]. Ich möchte mit der 5-Mal-Warum-Methode die tieferliegenden Motive meiner Figur herausfinden. Kannst du das einmal beispielhaft für mich durchführen?*

ChatGPT führt die Methode dann einmal durch. Im nächsten Schritt kannst du alles, was dir daran nicht gefällt, dann ändern und so dem wahren Kern deiner Figur auf die Spur kommen.

Eine weitere gute Möglichkeit, deinen Figuren auf den Grund zu gehen, ist die Frage nach ihrem größten Schmerz: Was hat sie erlebt, was ist ihr irgendwann klargeworden, das sie nicht vergessen kann, aber am liebsten ganz tief unten vergraben würde? Du kannst diesen Schmerz benennen und auch direkt in einer Szene beschreiben.

Bei Shantila könnte der Schmerz sein, nirgends richtig dazuzugehören. Vielleicht hat sie als Kind mitbekommen, dass jemand zu ihrer Mutter gesagt hat, dass sie ja nie wie ihr richtiges Kind sein wird. Und die Mutter, um sie in Schutz zu nehmen, hat geantwortet: »Eine Vampirin ist sie aber auch nicht mehr wirklich.«

Das Ganze funktioniert natürlich auch für Nebenfiguren. Vielleicht ist es der größte Schmerz der Mutter, dass sie kein eigenes Kind haben konnte.

Was du jetzt konkret tun kannst:

Überlege, was der größte Schmerz deiner Hauptfigur ist. Schreibe dann die Szene, in der dieser große Schmerz entstanden ist. Diese Szene muss später nicht in dem Roman, aber du als Autor*in wirst immer daran denken, wenn deine Figur eine wichtige Entscheidung trifft und sich von diesem Schmerz unbewusst steuern lässt.

Hauptfiguren entwickeln sich. Mindestens die Protagonistin bzw. der Protagonist ist am Ende des Romans nicht mehr so wie am Anfang. Sie sind in bestimmten Bereichen gewachsen durch das, was ihnen im Plot passiert ist. Diese Entwicklung kannst du schon durch die Eigenschaften der Figur am Anfang der Geschichte festlegen. Wenn sie sehr ängstlich ist, kann sie diese Angst im Laufe der Geschichte überwinden. Wenn sie sich nach Unabhängigkeit sehnt, kann sie diese vielleicht gewinnen – und sich am Ende frei, aber einsam fühlen.

Diese Entwicklung wird durch innere und äußere Konflikte vorangetrieben, auf die wir noch näher beim Plotten eingehen werden. Beide sind in der Figur schon angelegt. Wenn deine Figur nicht gut Nein sagen kann, wird sie innerlich damit kämpfen, bewusst Grenzen zu setzen. Äußerlich wird sie in Situationen hineingezogen, die sie lieber vermieden hätte.

Die Figuren stehen in Beziehungen zueinander, und auch diese Beziehungen sind einer Entwicklung unterworfen.

Vielleicht sind am Anfang zwei Figuren sehr gute Freund*innen und werden es am Ende nicht mehr sein. Vielleicht hassen sich zwei Figuren am Anfang und verlieben sich später (hello, *Enemies to Lovers*). Vielleicht vertraut die Protagonistin jemandem blind, bis sie merkt, dass diese Person sie die ganze Zeit belogen hat. Diese sich wandelnden Beziehungen sorgen für Spannung und bestimmen auch die Entwicklung der einzelnen Figuren.

Methoden zur Figurenentwicklung

Es gibt viele verschiedene Methoden, und ich kann dir ans Herz legen, mehrere davon auszuprobieren. Du kannst deine Figuren gar nicht zu gut kennenlernen, daher ist jede Minute, die du in die Figuren-Arbeit steckst, gut investierte Zeit. Ich stelle dir im Folgenden meine liebsten Methoden vor. Teste sie aus und finde heraus, was gut zu dir passt.

Figuren-Sheets und Steckbriefe

Die wohl bekannteste Methode zur Figuren-Entwicklung sind Figuren-Sheets – also Fragebögen, die du über deine Figur ausfüllst.

Typische Fragen sind:

- Name, Alter, Aussehen
- Beruf oder Tätigkeit
- Familie und Hintergrund
- Stärken und Schwächen
- Ängste und Wünsche
- Motivation und Ziele
- Besondere Eigenheiten oder Ticks

Du kannst dir selbst ein Sheet zusammenstellen oder ein fertiges nutzen. Wichtig ist: Füll es so konkret wie möglich aus. Schreib nicht einfach »mutig«, sondern »mutig, aber nur, wenn es um andere geht, wenn es um sie selbst geht, ist sie ein Angsthase«.

So unterstützt KI dich in dieser Phase

Bitte ChatGPT, dir ein individuelles Figuren-Sheet für dein Genre und dein Thema zusammenzustellen.

Du kannst dazu diesen Prompt nutzen: *Ich schreibe einen [dein Genre]-Roman mit folgender Hauptfigur [deine kurze Figuren-Beschreibung]. Meine Figur will/will nicht [hier etwas, was die Figur antreibt]. Bitte erstelle mir ein passgenaues Figuren-Sheet mit Fragen, die mir dabei helfen, die Figur so konkret wie möglich zu entwickeln.*

Interviews mit deiner Figur

Stell dir vor, du führst ein Gespräch mit deiner Figur. Du kannst das entweder schriftlich machen oder als Audio aufnehmen (du sprichst dann wirklich für deine Figur; manchmal fließt es im Sprechen leichter).

Frage sie zum Beispiel:

- Was ist dir das Wichtigste im Leben?
- Was ist deine größte Sorge?

- Wenn du drei Wünsche hättest, welche wären das?
- Was würdest du tun, wenn du keine Angst hättest?
- Erzähl mir von deinem schlimmsten Tag.

Lass deine Figur so konkret wie möglich und in ihrer eigenen Stimme antworten. Wenn du das Interview aufzeichnest, transkribiere es später, damit du auch von deiner Figur O-Töne hast. Das hilft dir zum Beispiel, wenn du Dialoge schreibst.

Was du jetzt konkret tun kannst:

Entwickle einen Fragebogen für deine Figur. Was willst du über sie wissen? Das können Dinge sein, die du grundsätzlich über Menschen wissen möchtest, die du gerade kennenlernst, und auch speziell auf die Geschichte zugeschnittene Fakten. Überlege dir mindestens zehn eigene Fragen. Dann führe ein Interview mit der Figur, entweder schriftlich oder als Audio-Aufnahme mit wechselnden Rollen.

So unterstützt KI dich in dieser Phase

KI-Tools wie HappyScribe oder AmberScript können Audio- und Video-Aufnahmen für dich transkribieren. So kannst du deine Ideen einmal ungefiltert aussprechen und später für deinen Roman oder deine Vorarbeiten nutzen, ohne sie mühsam abtippen zu müssen. Mittlerweile ist die Transkriptionsfunktion von ChatGPT auch so gut, dass sie locker mit jeder Transkript-KI mithält. Für kürzere Interviews ist das eine Option. Bei längeren Gesprächen wirst du zu sehr davon abgelenkt, die Technik parallel zu bedienen.

ChatGPT-Simulation

Du kannst auch ChatGPT bitten, deine Figur zu spielen, und dann mit ihr in den Dialog gehen.

So unterstützt KI dich in dieser Phase

Nutze zum Beispiel diesen Prompt: *Ich möchte mit meiner Romanfigur sprechen, um sie besser kennenzulernen. Hier ist, was ich über sie weiß: [kurze Beschreibung der Figur]. Bitte stelle dir vor, du bist diese Figur, und antworte auf meine Fragen aus ihrer Perspektive. Bleib im Charakter und antworte so, wie sie es tun würde.*

Dann kannst du Fragen stellen und schauen: Hältst du die Antworten für realistisch? Passt das zu deiner Vorstellung von der Figur? Das kann dir helfen, die Figur zu schärfen.

Umgekehrt ist es natürlich auch möglich: Du bittest ChatGPT, dich in der Rolle deiner Figur zu interviewen.

Die Figur zu Wort kommen lassen

Eine meiner liebsten Methoden ist es, einen Brief aus Sicht meiner Figur zu schreiben. Entweder an eine der anderen Figuren oder auch an mich, ihre Autorin. Ich nehme mir dann 20 Minuten Zeit und schreibe ausnahmsweise wirklich mit Stift und Papier.

In dieser Übung schlüpfst du also in die Haut deiner Figur und nimmst die Welt durch ihre Augen wahr. Das ist sehr kraftvoll, weil du direkt mit ihr mitfühlst und noch näher dran bist, als wenn du über sie schreibst.

Was du jetzt konkret tun kannst:

Nimm dir Zettel und Stift und schlüpfe in die Rolle deiner Figur. Schreibe einen Brief aus ihrer Sicht. Vielleicht kommentiert sie aktuelle Ereignisse, schildert, wie sie sich als deine Figur fühlt, rechnet mit jemandem ab oder macht ein Geständnis. Das Thema ergibt sich meist von ganz allein, und du wirst erstaunt sein, wie nah du deiner Figur damit kommst.

Kleine Szenen schreiben

Du kannst deine Figur auch direkt in Aktion zeigen, indem du eine kleine Szene schreibst – wie in der Übung zum größten Schmerz. Das kann eine Schlüsselszene aus dem Roman sein, eine Szene, in der die Figur eine wichtige Information bekommt, etwas verliert oder einen Erfolg feiert. In vielen kleinen Alltagssituationen zeigt sich, wie wir auch in schwierigeren Momenten handeln. Suche dir eine solche aus und lerne deine Figur dadurch besser kennen. Vielleicht hast du damit auch schon ein wenig Text für den Roman produziert.

Was du jetzt konkret tun kannst:

Schreibe eine Szene, in der deine Figur eine ihrer wichtigen Eigenschaften zeigt. Das kann eine ganz banale Alltagssituation sein – vielleicht fragt jemand an der Bushaltestelle sie nach der Uhrzeit oder sie kauft sich ein Brot beim Bäcker. Oder du schreibst eine Schlüsselszene, in der deine Figur unter Stress steht oder im Gegenteil etwas besonders Schönes erlebt.

Von der Idee zum Plot

Dein Roman-Projekt wird gleich viel »machbarer«, wenn du dir die wichtigsten Schritte vorab überlegst. So weißt du vorher schon, dass die Geschichte am Ende auch funktioniert.

Muss ich wirklich plotten?

»Mein Roman braucht keinen Plot! Ich schreibe einfach nach Gefühl.«

Es gibt viele erfolgreiche Autor*innen, die nicht vorab plotten (der erfolgreichste ist Stephen King). Dennoch haben ihre Geschichten natürlich einen Plot. Denn ein Plot ist nichts anderes als die Handlung deines Romans. Egal, ob du sie vorher festlegst, aus dem Bauch heraus schreibst oder sie während des Schreibens entwickelst: Eine Handlung gibt's ganz sicher.

Zu plotten bedeutet, diese Handlung vorher entweder grob oder sehr detailliert festzulegen. Das hat ein paar Vorteile: Du weißt vorher schon, ob die Geschichte funktioniert und kannst dich während des Schreibprozesses darauf verlassen, dass alles gut durchdacht ist. Außerdem trennst du zwei unterschiedliche Aufgaben voneinander und machst dir so beide leichter: Du planst zuerst und erstellst ein Konzept, und dann lässt du dich ins kreative Arbeiten fallen.

Manchmal höre ich den Einwand, dass vorher geplottete Geschichten sich anhören, als wären sie am Reißbrett entworfen worden. Und klar gibt es Romane, die sich exakt so anhören. Das hat aber nichts mit dem Akt des Plottens zu tun, sondern mit fehlender kreativer Umsetzung.

Ich vergleiche das gerne mit einer Reise: Wenn du einen Roadtrip durch Australien machen möchtest, kannst du entweder jede Station detailliert vorausplanen, alle Hotels vorab buchen, Tickets für Sehenswürdigkeiten vorbestellen und die passenden Restaurants für die Reise recherchieren. Oder du buchst einfach einen Flug und lässt dich treiben.

Wie detailliert du planst, hat keinen Einfluss darauf, ob deine Reise gut oder schlecht ist. Bist du auf deiner ersten Reise, gibt dir mehr Planung einfach mehr Sicherheit. Mit Planung sorgst du dafür, dass am Ende alles klappt und du nicht vor verschlossenen Türen stehst, weil du nicht wusstest, dass deine Lieblingsattraktion montags geschlossen hat.

Und: Ein Minimum an Planung brauchst du immer. Zumindest das Ziel musst du kennen, sonst bleibst du in der Haustür stehen und weißt nicht, in welche Richtung es jetzt geht.

Aufs Plotten übertragen meine ich damit, dass es gerade fürs erste Buch hilfreich ist, sich vorab ein paar Gedanken zur Handlung zu machen und sie zu notieren. So kannst du prüfen, ob deine Idee einen ganzen Roman trägt, bevor du Hunderte von Stunden in die Rohfassung steckst. Das Plotten kann dir Sicherheit geben, und du lernst einiges darüber, wie Geschichten funktionieren. Und selbst, wenn das Plotten gar nichts für dich ist, brauchst du wenigstens eine Richtung, in die du losschreiben kannst. Die hast du mit deinem Genre und deinen Figuren.

Was du jetzt konkret tun kannst:

Notiere dir kurz, was du jetzt schon über die Handlung deines Romans weißt. Das ist der aktuelle Stand deines Plots.

Die einfachste Art, einen Plot zu planen

Du kannst deinen Plot auf unzählige Arten planen. Richtig ist, was dir hilft. Ich selbst habe schon verschiedenste bekannte Methoden genutzt wie die, die ich dir in den nächsten Abschnitten vorstellen werde. Für den allerersten Draft gehe ich aber noch viel einfacher vor. Ich habe dafür eine eigene Vorgehensweise entwickelt, die ich die Domino-Methode nenne.

Wir Menschen denken immer in Ursache und Wirkung. Wenn etwas passiert, wollen wir sofort wissen, wie es dazu kam, welche Schritte geschehen sind, damit dieses Ereignis genau auf diese Weise stattfinden konnte. In deinem Roman baust du darauf auf und zeigst die Schritte, die zum Ende deiner Geschichte führen, und zwar zwangsläufig.

Du kannst dir das ein bisschen vorstellen wie Dominosteine: Der erste fällt um, stößt den zweiten an, und nach und nach fallen alle bis zum letzten. In deiner Geschichte sind Ereignisse und Reaktionen deiner Figuren miteinander verbunden wie diese Dominosteine (siehe Abbildung 5.1).

Die einfachste Art, deinen Plot zu planen, besteht darin, diese Ursache-Wirkungs-Kette zu beschreiben, und zwar vom Ende zum Anfang.

Fängt man an, den Plot vom letzten Dominostein (Ende der Geschichte, Wirkung) schrittweise zu denken, wird der zuvor umfallende Dominostein (Ursache) klar beschreibbar. Und auch dieser hat einen Vorgänger.

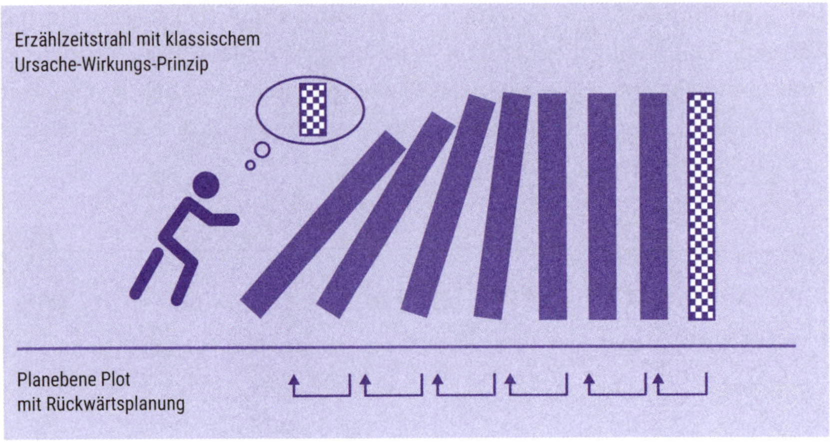

Abbildung 5.1: Die Domino-Methode

Nehmen wir an, du möchtest eine Geschichte über eine junge Frau namens Maya schreiben, die in den 1990er-Jahren ein Praktikum in Paris macht, sich dort vielen Hindernissen gegenübersieht, an denen sie persönlich wächst, bis sie sich schließlich entschließt, ihr Studium aufzugeben, als Schriftstellerin zu arbeiten und nach Barcelona weiterzuziehen – auch wenn das bedeutet, nun eine Fernbeziehung führen zu müssen.[1]

Schauen wir uns das Ende an: Maya entschließt sich schweren Herzens, nicht nach Hause zurückzukehren, sondern ihre Eltern und ihre große Liebe zu verlassen, um nach Barcelona aufzubrechen und zu schreiben. Dieses Ende schreibe ich in eine Word-Datei oder ein Google Doc. Dann überlege ich: Was muss vorher alles passiert sein, damit dieses Ende logisch ist? Eine ganze Menge. Wenn du nicht sofort eine Idee hast, was das sein könnte, stell dir vor, du hättest eine Klassenkameradin zehn Jahre lang nicht gesehen und sie erzählt dir, dass sie das vorhat. Was fragst du sie dann? Wahrscheinlich Dinge wie: Seit wann schreibst du denn? Wer ist dieser Freund? Warum ist das für deine Eltern gerade schlimm? Was machst du überhaupt in Barcelona?

In unserem Fall: Maya muss für sich entdeckt haben, dass sie schreiben will. Vielleicht hat sie vorher etwas völlig Unkreatives studiert und merkt jetzt, dass das nicht ihr Leben sein kann. Sie hat ein Angebot bekommen, nach Barcelona zu gehen, das sehr attraktiv ist und wahrscheinlich nicht

1 Und ja, das ist so spezifisch, weil ich an genau dieser Geschichte gerade arbeite.

wiederkommt. Sie hat sich von ihren Eltern gelöst, zu denen sie vorher eine enge Bindung hatte. Sie ist selbstbewusster geworden und weiß, dass ihre große Liebe auf sie warten wird – und wenn nicht, sollte sie für diesen Menschen erst recht nicht auf ihre Träume verzichten. All das schreibe ich auf; es sind alles einzelne Dominosteine. Von hier aus arbeite ich mich weiter zurück und beantworte wieder die Frage: Was muss vorher passiert sein? (Was würdest du als ihre Freundin wissen wollen?) Das mache ich so lange, bis ich am logischen Startpunkt der Geschichte bin. Hier: die Entscheidung für das Praktikum in Paris.

Auf diese Weise ergibt sich Stück für Stück eine sinnvolle Geschichte. Wenn ich die einzelnen Stationen von hinten nach vorne ausgearbeitet habe, lese ich alles noch mal in umgekehrter Reihenfolge und schneide es in 25–35 sinnvolle Einheiten. Das werden später die Kapitel.

Damit ist mein Plot fertig. Die Plot-Muster, die ich dir in den nächsten Abschnitten vorstelle, nutze ich dann, um meinen Plot zu prüfen oder noch spannender zu machen. Und ich komme immer dann auf sie zurück, wenn ich beim Plotten festhänge. Du hast für deinen Plot die Wahl: Du kannst frei und grob plotten oder dich an einem der Plot-Muster orientieren und so sicher sein, dass du eine spannende Geschichte entwickelst, die die Erwartungen deiner Leser*innen treffen wird. Und du kannst die verschiedensten Methoden miteinander kombinieren. Jetzt am Anfang kannst du noch viel experimentieren, um die für dich beste Plot-Technik herauszufinden. Ob sie funktioniert, kannst du nämlich nur durch Ausprobieren feststellen.

Was du jetzt konkret tun kannst:

Erstelle deinen Plot mit der Domino-Methode.

So unterstützt KI dich in dieser Phase

Wenn dein Plot ausformuliert ist, kannst du ihn in ChatGPT oder Claude kopieren und folgenden Prompt nutzen:

Dies ist der Plot für meinen Roman. Bitte prüfe kritisch, ob der Plot schlüssig und spannend ist und ob er einen Roman wirklich tragen kann. Ich möchte keine Verbesserungsvorschläge, sondern konkretes Feedback zu Schwachstellen.

Dies ist der Plot für meinen Roman. Bitte prüfe kritisch, ob der Plot schlüssig und spannend ist und ob er einen Roman wirklich tragen kann. Ich möchte keine Verbesserungsvorschläge, sondern konkretes Feedback zu Schwachstellen. Die Schwachstellen, die die KI dir nennt, schaust du dir dann genauer an und bewertest, ob du hier noch mal ranmusst oder ob du den Plot so lässt, wie er ist.

3 Akte und 5 Akte

Manchmal wünscht man sich gerade am Anfang etwas mehr Struktur für die Planung der eigenen Geschichte, zum Beispiel in Form von erprobten Plot-Mustern. Solche Muster hat sich niemand am Reißbrett ausgedacht, sondern sie sind durch die Analyse von zahlreichen Geschichten abgeleitet worden. Sie haben sich bewährt, und du kannst dich an ihnen orientieren, um eine funktionierende Geschichte zu planen.

Ganz wichtig: Sämtliche Methoden des kreativen Schreibens und vor allem die Plot-Muster sollen dir und deiner Geschichte dienen, nicht umgekehrt. Es geht also nie darum, deine Ideen in eine Schablone zu pressen, sondern die Methoden zu nehmen und zu schauen, was davon deinen Roman besser machen kann.

Die einfachsten, die sich in Texten von der Antike bis heute finden lassen, sind die 3-Akt- und die 5-Akt-Struktur, die du dir in Abbildung 5.2 und Abbildung 5.3 genauer anschauen kannst.

Die 3-Akt-Struktur ist eine einfache Aufteilung in Einleitung, Hauptteil und Schluss. Du findest sie nicht nur bei Romanen, sondern auch bei Drehbüchern und Theaterstücken oder sogar bei einem Brief.

Anfang, Mitte und Ende hat deine Geschichte sicher, aber um dir mehr Orientierung zu geben, schauen wir uns die Aufgaben an, die jeder dieser Teile erfüllen sollte.

Akt	Mögliche Inhalte
1. Einleitung	▪ Exposition und Set-up der Welt ▪ Figureneinführung ▪ Beschreibung der Herausforderung für die Hauptfigur(en) ▪ Der Ruf des Abenteuers
2. Hauptteil	▪ Tests, Prüfungen, Verbündete, Hauptfeind*innen ▪ Tiefe Krisen, scheinbare Siege und schwere Niederlagen ▪ Scheinbar unüberwindbare Herausforderungen für Figuren ▪ Wendepunkte
3. Ende	▪ Finale Konfrontation, echte Siege ▪ Auflösung und Spannungsabfall ▪ Erkenntnismomente und Plot-Twists (globale Wendepunkte) ▪ Neues Gleichgewicht (von Welten) und Transformation (von Figuren)

Abbildung 5.2: Das 3-Akt-Modell

Die Einleitung oder auch Einführung macht etwa ein Viertel des Romans aus. Hier lernen wir die Figuren und ihre Welt kennen. Am Ende der Einleitung steht ein Wendepunkt: Die eigentliche Geschichte, in der der Hauptkonflikt gelöst werden soll, startet. Du zeigst vielleicht deine Hauptfigur Sina. Sina hat gerade mit der Uni angefangen und lebt sich in ihrer neuen Umgebung ein. Ein Mitstudierender hat es ihr besonders angetan: Pan ist groß, blass, dunkelhaarig und mysteriös. Und immer, wenn er in der Nähe ist, scheinen seltsame Dinge zu passieren. Sina entwickelt ihre eigenen Theorien über Pan, bis er ihr schließlich auf einer Party eröffnet, dass er ein Bote ist, gesendet, um Sina zu schützen. Denn: Sina stammt von Vampiren ab, ohne es zu wissen. Und Carès, ein blutrünstiger Vampirjäger mit der Gabe, Vampire zu erkennen, hat sich vorgenommen, alle von ihnen zu töten, auch wenn sie wie Sina keinerlei Bedrohung darstellen.

Im Hauptteil werden dann die Hindernisse immer größer, während deine Hauptfigur alles daransetzt, ihre Hauptaufgabe zu lösen. Zum Ende des Hauptteils sieht es so aus, als wäre das nicht möglich. In Sinas Geschichte könntest du erzählen, wie ihr klar wird, dass sie nicht nur für sich herausfinden muss, was es heißt, Vampirin zu sein, sondern dass sie Pan dabei helfen muss, alle anderen Vampirwesen zu schützen. Und sie muss einen Weg finden, Carès zu stoppen, weil sie sonst nie in Sicherheit sein wird. Gleichzeitig will sie herausfinden, was ihre Familie zu dem Thema weiß und warum ihr verschwiegen wurde, dass sie Vampirin ist. Währenddessen kommen immer neue Konflikte und Aufgaben auf sie zu.

Schließlich folgt nach dem zweiten großen Wendepunkt der Schluss oder die Auflösung. Der Hauptkonflikt wird auf dem Höhepunkt der Spannung doch noch gelöst, und du zeigst deine veränderte Hauptfigur, die über sich hinausgewachsen ist und in ihr altes Leben zurückkehrt. Der Vampirroman endet vielleicht, als Sina Carès stellt und ihm die Fähigkeit nimmt, Vampire zu erkennen. Damit ist sie selbst zwar noch in Gefahr – denn Carès kennt sie ja –, aber sie kann viele andere schützen. Am Ende findet Sina einen Weg, ihr altes und neues Leben miteinander zu vereinen.

Was du jetzt konkret tun kannst:

Die 3 Akte reichen vielen schon, um einen vollständigen Plot zu entwickeln. Wenn du das ausprobieren willst, überlege dir einfach eine Figur und einen Konflikt für diese Figur – wie Sina, die nicht weiß, dass sie Vampirin ist, aber deswegen bedroht wird. Dann überlege dir Einleitung, Hauptteil und Schluss für dem Roman und – ganz wichtig – die Wendepunkte zwischen dem einzelnen Teilen. So kommst du sehr schnell zu einem einfachen Plot, der dir fürs Schreiben vielleicht schon genügt.

Eine Erweiterung der 3-Akt-Struktur stammt von Gustav Freytag, der dem Modell zwei zusätzliche Akte spendiert hat, um das Publikum vor dem Ende der Geschichte noch mal richtig mitfiebern zu lassen. Das heißt nicht, dass eine Geschichte dadurch anders aufgebaut wird. Wir schauen nur näher hin, wie mit einem Kamera-Zoom, und gucken uns die Details genauer an.

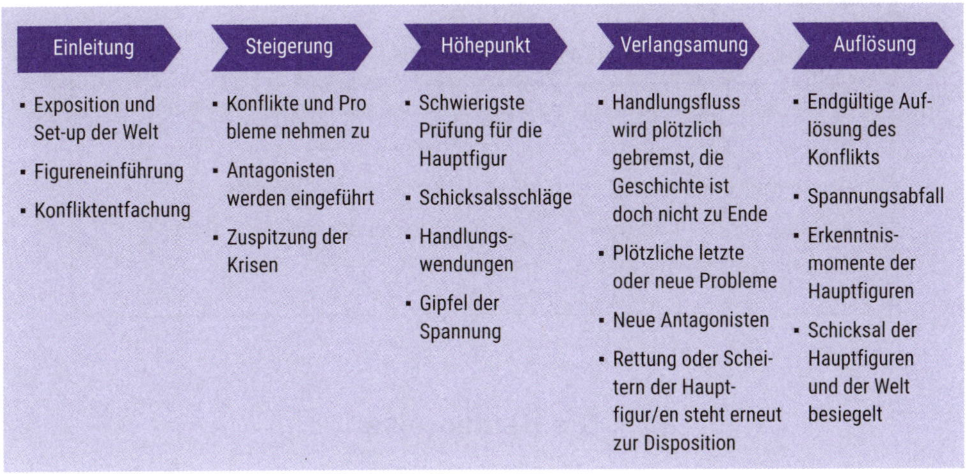

Abbildung 5.3: Das 5-Akt-Modell

Du kannst die Herkunft der fünf Akte aus dem 3-Akt-Modell erkennen:

- 1. Akt: Einleitung (Setting, Rahmenbedingungen, Hauptfigur)
- 2. Akt: Steigerung (der Hauptkonflikt wird sichtbar, die Konflikte verschärfen sich)
- 3. Akt: Höhepunkt (für deine Hauptfigur eher der Tiefpunkt: Alles scheint aussichtslos)
- 4. Akt: Verlangsamung (deine Hauptfigur watet bildlich gesprochen durch den Schlamm, kommt nicht voran, bis sich am Ende des 4. Akts alles zum größtmöglichen Konflikt verdichtet)
- 5. Akt: Auflösung (Zuspitzung und schließlich Lösung aller Konflikte)

Auch hier dürfen die Akte unterschiedlich lang sein, ganz so, wie es deine Geschichte erfordert. Je mehr ein Akt zur Spannung deines Romans beiträgt, desto länger darf er gerne sein.

Was du jetzt konkret tun kannst:

Schau dir den Plot an, den du nach der 3-Akt-Struktur entworfen hast. Arbeite ihn anhand der 5-Akt-Struktur noch ein wenig detaillierter aus.

So unterstützt KI dich in dieser Phase

Lasse deinen Plot von ChatGPT prüfen. Lass dir konkret Feedback dazu geben, wo der Plot noch nicht schlüssig oder spannend genug ist. Schreibe unbedingt dazu, dass du keine Verbesserungsvorschläge, sondern nur Feedback haben möchtest, damit du bei deiner eigenen Geschichte bleibst.

Die Heldenreise

Die Heldenreise ist eine der bekanntesten Plot-Methoden, was sicher auch daran liegt, dass sie in Hollywood sehr beliebt ist und viele Blockbuster nach ihr geschrieben sind. Aber auch für Romane eignet sie sich hervorragend. Joseph Campbell hat sie aus alten Mythologien herauskristallisiert und bekannt gemacht. Die Heldenreise ist ein archetypisches Erzählmuster, also ein Muster, das sich in zahllosen, voneinander unabhängigen Geschichten wiederfindet – auch in Romanen. Deswegen baust du mit ihr dein Buch so auf, dass es die Erwartungen deiner Leser*innen trifft.

Es gibt unterschiedlich detaillierte Ausarbeitungen der Heldenreise (natürlich gibt es die, im Schreiben ist nie etwas eindeutig). Meist besteht sie aus zwölf Stationen, die einzelne »Schritte« deiner Geschichte zeigen. Die Titel und Beschreibungen der Stationen musst du wie Metaphern behandeln, weil du wahrscheinlich kein Helden-Epos schreiben wirst. Zum Glück lassen sie sich gut übertragen – in Abbildung 5.4 zeige ich dir ein Beispiel.

Abbildung 5.4: Die ersten vier Schritte der Heldenreise

Station 1: Die gewohnte Welt

Zu Beginn deines Buchs zeigst du deine Hauptfigur im Alltag. Am besten konfrontierst du sie gleich mit einem Konflikt, der sie ein wenig zeigt, der aber noch nichts mit dem Hauptkonflikt zu tun hat.

Tessa lebt mit ihrer älteren Schwester Sunala in einem kleinen Dorf. Was niemand weiß und auch nicht wissen darf: Sie sind die Töchter von Königin Berrenhelt, die vor fünf Jahren ermordet wurde, weil sie der falschen magischen Linie angehörte. Sunala achtet sehr darauf, dass sie und Tessa keine Magie anwenden. Im ersten Kapitel streiten sich die beiden, weil Tessa wieder heimlich gezaubert hat und Sunala fürchtet, dass sie damit ihrer beider Sicherheit riskiert.

Station 2: Der Ruf des Abenteuers

Station 2 zeigt den ersten wichtigen Wendepunkt der Geschichte: Es passiert etwas, das deine Hauptfigur aus ihrer Alltagsroutine lockt. Das Abenteuer ruft.

Tessa erhält einen Brief, angeblich von ihrer Mutter. Sie schreibt, dass sie noch lebt und dringend Tessas Hilfe braucht. Und dass sie Sunala nicht vertrauen soll. Die Mutter bittet Tessa, sie in der Hauptstadt aufzusuchen, wo sie sich versteckt.

Station 3: Weigerung

Die Hauptfigur sieht überhaupt nicht ein, ihr aktuelles Leben hinter sich zu lassen, und weigert sich erst mal.

Tessa wirft den Brief weg. Sie sagt sich, dass er gar nicht von ihrer Mutter sein kann. Trotzdem erzählt sie Sunala nichts von dem Brief.

Station 4: Begegnung mit dem Mentor

Unterstützung bekommt die Hauptfigur von einer Nebenfigur, die ihr den Weg weisen und sie von ihrer Aufgabe überzeugen kann.

Nachts träumt sie von ihrem Vater, den sie gar nicht kannte. Dieser sagt ihr, dass sie ihrer Mutter unbedingt helfen müsse. Um zu beweisen, dass er die Wahrheit sagt, erzählt er ihr von einem Amulett, das sich unter einem Baum auf dem Dorfplatz befindet.

Abbildung 5.5: Schritte 5–8 der Heldenreise

Station 5: Überschreiten der ersten Schwelle

Schließlich lässt die Hauptfigur sich doch darauf ein, ihre Aufgabe anzugehen. Das Abenteuer beginnt!

Tessa geht noch in der Nacht zum Baum und gräbt darunter wirklich das Amulett aus. Sie ist nun überzeugt und macht sich allein auf den Weg, ohne Sunala Bescheid zu geben.

Station 6: Bewährungsproben, Verbündete, Feinde

Auf dem Weg, die Hauptaufgabe zu lösen, gibt es allerlei Konflikte und Beziehungen zu anderen Figuren.

Tessa fährt als blinde Passagierin in einer Kutsche mit, um in die Hauptstadt zu kommen. Sie wird entdeckt und wehrt sich gegen die Männer, die sie ergreifen wollen, mit Magie. Damit ist sie enttarnt und muss fliehen. Ein junger Mann namens Kiran hilft ihr, sich zu verstecken. Sie freunden sich an und machen sich gemeinsam auf den Weg zur Hauptstadt.

Station 7: Vordringen zur tiefsten Höhle

Die Hauptfigur nähert sich dem gefährlichsten Ort beziehungsweise der größten Prüfung.

Tessa findet, geleitet von weiteren Träumen von ihrem Vater, das Versteck ihrer Mutter in der Hauptstadt, ein trockengelegter Brunnen. Tessa ist überglücklich, ihre Mutter wiederzusehen. Diese fragt nach dem Amulett, das ihr dabei helfen soll, zu ihrer alten Macht zurückzukehren. Tessa gibt ihr das Amulett bereitwillig.

Die Mutter legt das Amulett um und verwandelt sich in den Vater, den sie aus ihren Träumen kennt. Kiran erkennt den Mann: Es ist Fürst Aldric, der den Mord an Königin Berrenhelt befohlen hat und über Verwandlungszauber verfügt. Mit dem Amulett, das nur jemand aus der königlichen Blutlinie finden konnte, erreicht er eine neue Stufe der Macht.

Station 8: Die entscheidende Prüfung (Höhepunkt)

Die größte Aufgabe steht bevor und wird in einem spannenden Kampf oder Konflikt gelöst.

Aldric setzt an, um Tessa zu töten. Doch Sunala eilt ihr zu Hilfe. Sie wusste die ganze Zeit, wo Tessa war, weil sie dieselben Träume hatte und Kiran gebeten hatte, ihr zur Seite zu stehen. Gemeinsam besiegen die Schwestern den Fürsten.

Abbildung 5.6: Die letzten vier Schritte der Heldenreise

Station 9: Die Belohnung

Die Hauptfigur übersteht die große Prüfung und wird belohnt.

Nachdem sie Aldric besiegt haben, entdeckt Tessa im Brunnen ein Dokument, das Aldric anscheinend dort versteckt hatte: das königliche Erbsiegel mit einer Botschaft. Königin Berrenhelt hatte vorausgesehen, dass man sie eines Tages finden würde, und ihre älteste Tochter zur rechtmäßigen Thronfolgerin erklärt. Das Siegel ist der unwiderlegbare Beweis ihrer Abstammung. Damit steht Sunala der Weg auf den Thron frei.

Station 10: Der Rückweg

Nach der gelösten Hauptaufgabe geht es für die Hauptfigur zurück in ihre gewohnte Welt, wobei sie verändert ist.

Tessa kehrt mit Sunala an den Hof zurück, wo Sunalas Krönung vorbereitet wird. Doch Tessa fühlt sich nicht wohl hier. Sie kann sich an ihre Kindheit hier kaum noch erinnern und vermisst ihr Dorf. Gemeinsam mit Kiran entscheidet sie sich, nach der Krönung zurückzukehren.

Station 11: Auferstehung/Erneuerung

Auf dem Rückweg gibt es eine weitere Herausforderung, die die Hauptfigur meistert und wodurch sie sich ändert.

Während Tessa und Kiran sich auf ihre Rückreise vorbereiten, hören sie, wie zwei Verbündete von Fürst Aldric einen Plan schmieden, Sunala vor der Krönung zu töten. Tessa deckt die Verschwörung auf und kann den Mord verhindern. Sunala will Tessa zu ihrer Vertrauten am Hof machen, doch diese bleibt dabei, dass sie ins Dorf zurückwill.

Station 12: Rückkehr

Die Hauptfigur kommt zurück und bringt etwas mit sich, zum Beispiel eine Erkenntnis.

Tessa und Kiran kehren gemeinsam ins Dorf zurück. Tessa freut sich darauf, in ihrem alten Haus nun allein zu leben. Vor allem ist sie glücklich darüber, dass sie nun, wo ihre Schwester Königin ist, ihre magischen Kräfte einsetzen darf.

Was du jetzt konkret tun kannst:

Nimm dir deinen Plot oder deine grobe Idee und arbeite sie entlang der Heldenreise aus.

So unterstützt KI dich in dieser Phase

Je nach Genre ist es nicht leicht, die Stationen der Heldenreise zu übertragen. Was soll die Belohnung in einem New-Adult-Roman sein? Oder in einer Dark-Romance-Geschichte? In diesem Fall kann dir ChatGPT helfen. Du kannst die KI dazu einfach nach 10 Beispielen für eine bestimmte Station in deinem Genre fragen. Das wird es dir leichter machen, das Ganze auf deine Geschichte zu übertragen.

Die 3–9–27-Methode

Eine besonders gut strukturierte Methode, die leicht umzusetzen ist, ist die 3–9–27-Methode von Kat O'Keefe.[2]

Das Besondere an dieser Methode ist, dass du drei Mal planst: zum ersten Mal sehr grob in 3 Akten. Dann etwas feiner in 3 × 3 Blöcken, und schließlich recht detailliert in 9 × 3 Kapiteln. Du hast am Ende also nicht nur deinen Plot, sondern gleich auch deine Kapitel geplant. (Das ist natürlich kein Zwang – du kannst auch 54 oder 17 Kapitel aus dem Plot machen.)

Die 3 Akte hast du ja weiter oben schon kennengelernt. Du planst auch hier Einleitung, Hauptteil und Schluss, die bei dieser Methode auch Set-up, Konfrontation und Auflösung genannt werden.

Im Set-up zeigst du Figur, Welt und Problem. In der Konfrontation finden sich Hindernisse auf dem Weg, Konflikte und Wachstum der Figur. Und in der Auflösung gibt's die finale Entscheidung, den größten Konflikt sowie eine Transformation der Hauptfigur.

Hier ein Beispiel:

Im Set-up lernen wir Luisa kennen, die gerade ihren neuen Job in einer Werbeagentur begonnen hat. Der Job ist nicht, was sie sich vorgestellt hat; sie trägt keinerlei Verantwortung und darf keine Ideen einbringen. Dann bekommt sie auch noch einen neuen Chef: Micha ist ein halbes Jahr jünger als sie und der Sohn vom Agenturleiter. Und führt sich auch genauso auf.

2 In diesem Video erklärt sie die Methode selbst: *https://www.youtube.com/watch?v=fe3eodLF_Uo*

In der Konfrontation spitzt sich die Situation zu: Micha verpatzt eine Präsentation und schiebt Luisa die Schuld in die Schuhe. Die heult sich bei ihrem besten Freund Ole aus, der ihr rät, den Job hinzuschmeißen. Aber Luisa hat schon etliche Bewerbungen verschickt, nur Absagen kassiert und findet nichts anderes. Die Arbeit wird immer schlimmer, und irgendwann wird Micha sogar zudringlich.

Luisa entschließt sich in der Auflösung schließlich, sich mit einer eigenen Werbeagentur selbstständig zu machen. Der Kunde, dessen Präsentation sie angeblich verpatzt hatte, meldet sich bei ihr und möchte sie abwerben – er hat mitbekommen, dass Micha in Wahrheit nichts kann. Luisa bleibt dabei, gründet ihre eigene Agentur und hat sofort den ersten Kunden. Und sie stellt fest, dass Ole vielleicht auch mehr ist als nur ein guter Freund.

Wenn du diese drei Akte geplant hast, kannst du jeden in drei Blöcke unterteilen. Für diese Blöcke gibt es genaue Themen, die du so ausarbeiten kannst wie die Akte vorher. Sie erinnern ein wenig an die Heldenreise, und bei der Interpretation kannst du dich an ihr orientieren.

1. Einstieg: Alltag und Figur vorstellen
2. Auslöser: Etwas bringt alles ins Rollen
3. Entscheidung: Die Reise beginnt
4. Erste Hürden: Konflikte und Herausforderungen
5. Midpoint: Wendepunkt/neue Erkenntnis
6. Eskalation: Probleme werden größer
7. Tiefpunkt: Alles scheint verloren
8. Finale: Größter Konflikt/Entscheidung
9. Auflösung: Neuer Status quo

Oft reichen diese neun Blöcke schon als grober Fahrplan für den Plot. Du kannst sie aber auch noch weiter unterteilen. Dafür gibt es ebenfalls eine konkrete Anleitung mit genauen Themen, die in die jeweiligen Kapitel gehören. Einen Überblick darüber findest du zum Beispiel hier: *https://christineroedl.de/3-9-27-methode/* und in Abbildung 5.7.

Mir sind diese 27 Kapitel zu starr, sodass ich entweder mit den Blöcken weiterarbeite und die Kapitel darunter frei einteile oder sie mit diesen drei Schritten aufbaue:

1. Was fängt an?
2. Was verschärft sich/steigert sich?
3. Was wird dadurch (im nächsten Block) ausgelöst?

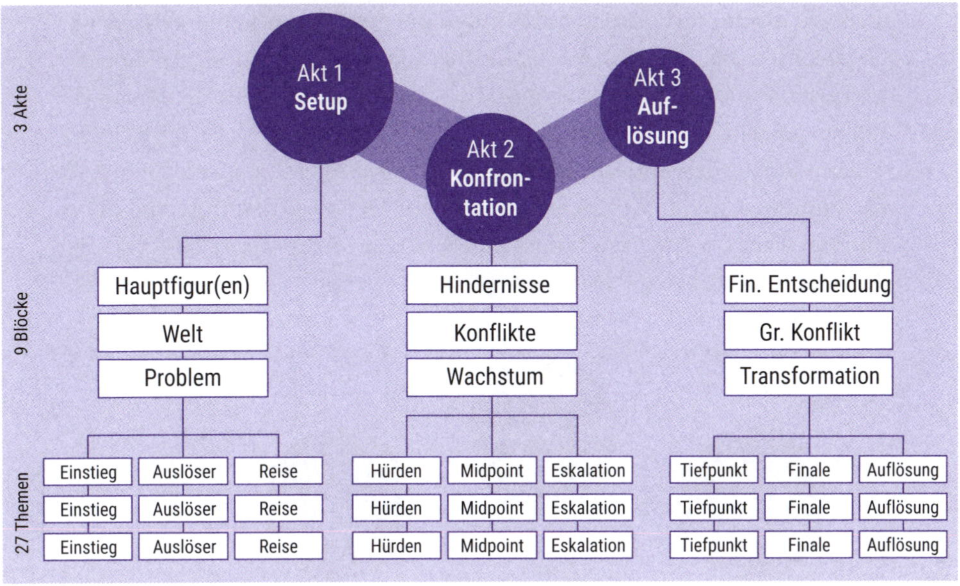

Abbildung 5.7: Überblick über die 3–9–27-Methode

Was du jetzt konkret tun kannst:

Probiere die 3–9–27-Methode für deine Idee oder eine andere Idee aus, auf die du Lust hast.

So unterstützt KI dich in dieser Phase

Lass dir Beispiele für die einzelnen Kapitel in deinem Genre geben (nicht für deine Roman-Idee, sondern allgemein) und entwickle dann davon ausgehend deine eigenen Kapitel.

Eine besondere Plot-Methode (auch) für Nicht-Plotter*innen: die Schneeflockenmethode

Die Schneeflockenmethode ist eigentlich gar kein Plot-Muster, und wenn du dich mit dem Plotten nicht so richtig wohlfühlst, ist sie genau richtig für dich. Du erinnerst dich vielleicht an figurengetriebene und plotgetriebene Geschichten. Nun, die Schneeflockenmethode vereint beides, und du entwickelst parallel die Handlung und die Figuren, bis am Ende dein fertiger Roman dasteht. Du planst die Geschichte also nicht von vorne nach hinten, wie mit den anderen Methoden, sondern du schreibst sie quasi von oben nach unten, weil du mit jedem Schritt mehr Details hinzufügst und dein Buch so wachsen lässt. Du fängst mit dem Ganzen an und arbeitest dich dann immer tiefer in die Details vor.

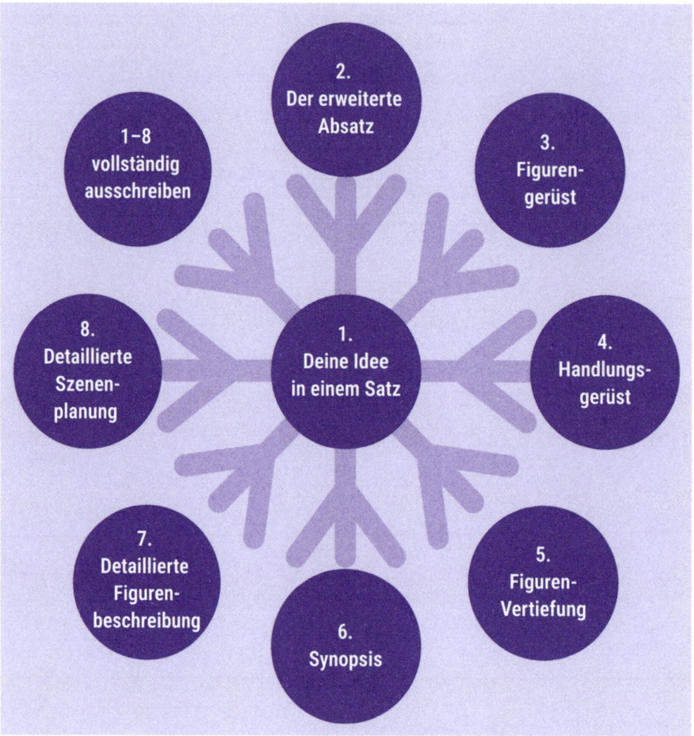

Abbildung 5.8: Die Schneeflockenmethode

Die Methode stammt vom Autor und Physiker Randy Ingermansson, der seine eigenen Bücher auf diese Weise plant und schreibt.

Die Schneeflockenmethode hat ein paar Vorteile: Du planst und bist gleichzeitig kreativ. Du merkst schnell, wenn etwas nicht funktioniert, und schreibst gleichzeitig an deiner Rohfassung. Der Prozess ist genau vorgegeben, sodass du immer genau weißt, was der nächste Schritt ist. Das ist auch eine sehr gute Vorbeugemaßnahme gegen Schreibblockaden. Und weil du deine Geschichte wieder und wieder durchgehst, sparst du bei der Überarbeitung Zeit.

Die Schneeflockenmethode umfasst acht Schritte. Drei der Schritte fokussieren sich auf deine Figuren, die anderen auf den Plot. Mit jedem Schritt wächst dein Roman. Die acht Schritte durchläufst du genau in der vorgegebenen Reihenfolge.

Schritt 1: Der zentrale Satz

Als Erstes schreibst du deine Romanidee in einem einzigen Satz auf. Dieser Satz sollte nicht mehr als 15 Wörter haben, aber wenn du drüber bist, kommt sicher nicht die Schneeflocken-Polizei und verhaftet dich. Dieser eine Satz soll den Hauptkonflikt und die Hauptfigur beschreiben, zum Beispiel: »Ein Hobbit muss einen magischen Ring zerstören, um die Welt zu retten.« Diesen Satz kannst du später auch in deinem Exposé verwenden, du hast damit also schon Vorarbeit geleistet.

Wichtig ist, dass wirklich der Hauptkonflikt enthalten ist. »Zwei Freundinnen verbringen eine tolle Zeit in Portugal« hat keinen Konflikt. »Zwei Freundinnen reisen auf der Suche nach Liebe nach Portugal und erleben allerlei Verwicklungen« ist zu vage. Besser ist eine Formulierung wie »Mila und Lisa reisen nach Portugal, doch ein Streit über einen Mann gefährdet ihre Freundschaft.«

Schritt 2: Der erweiterte Absatz

Im nächsten Schritt formulierst du aus deinem Kernsatz einen Absatz mit fünf Sätzen. Diese fünf Sätze sind genau vorgegeben, was es besonders leicht macht. Das ist der Aufbau:

Satz 1: Die Einführung, die Ausgangssituation

Satz 2: Die erste große Komplikation

Satz 3: Die zweite große Komplikation

Satz 4: Die dritte große Komplikation

Satz 5: Auflösung und Ende

Du hast dann schon einen ausführlicheren Plot, weil du weißt, welche Hürden deine Figuren überwinden müssen.

Dieser Absatz mit den fünf Sätzen ist übrigens super als Elevator Pitch geeignet. Dazu lernst du später noch mehr.

Schritt 3: Das Figurengrundgerüst

Wenn du den ersten Absatz geschrieben hast, wechselst du zu den Figuren. Für Protagonist*in, Antagonist*in und wichtige Nebenfiguren erstellst du ein Grundgerüst mit den wichtigsten Informationen (jeweils ein Satz):

- Name
- Motivation
- Konflikt
- Erkenntnis
- Zusammenfassung

Für alle wichtigen Figuren solltest du diese Punkte kennen. Der Name ist klar. Hier kannst du auch mehrere Namen eintragen, wenn deine Figur zum Beispiel mehrere Spitznamen hat.

Die Motivation beschreibt, was die Figur erreichen muss. Manchmal will sie erreichen, was sie erreichen muss, manchmal nicht, und trotzdem ist es ihre Aufgabe.

Beim Konflikt fragst du: Was steht ihr im Weg? Das können äußere Hindernisse wie fehlende Ressourcen sein, aber auch innere. Vielleicht ist deine Figur blockiert, vielleicht macht sie es sich selbst schwer, den Hauptkonflikt zu lösen. Die Persönlichkeit der Hauptfigur ist in vielen Romanen so angelegt, dass ihr genau die Eigenschaften fehlen, die sie dringend bräuchte. So hat sie während der Geschichte die Möglichkeit, sich weiterzuentwickeln.

Mindestens deine Hauptfigur lernt während deines Romans etwas, aber häufig auch die anderen Figuren. Das ist die Erkenntnis, die du beschreibst. Eine Erkenntnis kann auch eine Veränderung der Figur sein. Romane haben oft mehrere Handlungsstränge (dazu lernst du im nächsten Abschnitt noch mehr). Diese ergeben sich ganz leicht, wenn auch deine Nebenfiguren etwas lernen. Die Erkenntnis dieser anderen Figuren kann inhaltlich zu der der Hauptfigur passen. In »Findet Nemo« lernt Marlin, Nemos Vater, zum Beispiel, wie wichtig es ist, seinem Sohn zu vertrauen und ihn loszulassen. Und Nemo lernt, dass es zum Erwachsenwerden gehört, Verantwortung zu übernehmen – und sich so zu verhalten, dass man ihm vertrauen kann.

Wenn du den Namen, den Konflikt, die Motivation und die Erkenntnis für deine Figuren bestimmt hast, fasst du sie jeweils in einem Satz zusammen. Das gibt dir ein gutes Gespür für die Figuren.

Schritt 4: Die erweiterte Handlung

In Schritt 4 wechselst du wieder zurück zum Plot. Dazu nimmst du die fünf Sätze aus Schritt 2 und entwickelst jeden dieser Sätze zu einem Absatz mit zwei bis drei Sätzen. Du gibst mehr Details hinzu und beschreibst die Ausgangssituation, Konflikte und Auflösung genauer.

Am Ende von Schritt 4 hast du fünf Absätze, was ungefähr eine Seite Text sein sollte. Du hast ein klareres Bild der Handlung und der Wendepunkte deiner Geschichte.

Weil du jetzt schon mehr über deine Figuren weißt, fällt dir dieser Schritt leichter. Du weißt, wie die Figuren denken und fühlen, also weißt du auch, wie sie in bestimmten Situationen entscheiden würden. Diese eine Seite kann später als Zusammenfassung deines Romans dienen, denn die wichtigsten Elemente sind hier schon enthalten.

Schritt 5: Charaktervertiefung

Das Pingpong geht weiter und wir wenden uns wieder deinen Figuren zu. Jetzt gehst du so richtig in die Tiefe, denn schließlich sind die Figuren das, was deinen Roman ausmacht. Für alle Haupt- und wichtigen Nebenfiguren entwickelst du aus deiner Ein-Satz-Beschreibung eine ausführliche Charakterisierung. Auch hierzu bekommst du einige konkrete Anregungen.

Du beginnst mit der Hintergrundgeschichte der Figur. Wo kommt sie her? Was hat sie erlebt? Was waren wichtige Ereignisse in ihrem Leben? Denke dabei gar nicht über die Handlung des Romans nach. Denn vieles von dem, was du jetzt entwickelst, findet am Ende nicht den Weg ins Buch. Du als Autor*in brauchst aber dieses Wissen über die Figur, damit du sie authentisch beschreiben kannst.

Nach der Hintergrundgeschichte beschäftigen dich die Motivation und die Werte der Figur. Was treibt sie an? Was ist ihr wichtig? Worauf würde sie nie verzichten? Welche rote Linie zieht sie, wo sagt sie: Das auf keinen Fall? Du wirst sehen, dass diese Fragen dir sehr helfen werden, ein klareres Bild deiner Figur zu bekommen.

Wir alle haben Stärken und Schwächen, und auch die sollst du von deiner Figur kennen. Was kann sie gut? Was nicht? Was nervt ihr Umfeld total? Zu was wird sie immer gefragt? Diese Stärken und Schwächen werden wichtig, wenn die ersten Hindernisse in der Geschichte auftreten.

Diese Hindernisse bergen Entwicklungspotenzial für deine Figur. Überlege dir also: Wo kann sie sich entwickeln? Was kann sie durch die Geschichte lernen oder erfahren? Dieses Entwicklungspotenzial liegt oft in den Schwächen der Figur.

Ein sehr wichtiger Punkt sind die Beziehungen der Figuren untereinander. Hier kannst du auch ein Beziehungs-Chart malen und genau beschreiben, welche Figuren wie zusammenhängen und wie diese Beziehungen sind. Spannend wird es auch, wenn zwei Figuren ihre Beziehung unterschiedlich einordnen.

Erst zum Schluss kümmerst du dich um das Äußere der Figur und beschreibst, wie sie aussieht.

Am Ende hast du eine Charakterbeschreibung von ungefähr einer Seite pro Figur.

So unterstützt KI dich in dieser Phase

Du kannst dir mit MidJourney, Gemini oder ChatGPT Bilder deiner Figuren erstellen lassen. Das kann sehr inspirierend fürs Schreiben sein. Nutze die Beschreibung deiner Figuren einfach als Prompt. Das Prompting in MidJourney fällt vielen schwerer als das in ChatGPT. Du kannst es leicht ausprobieren, indem du ChatGPT bittest, dir einen Prompt für MidJourney zu erstellen.

Schritt 6: Die Synopsis

Nach diesen Vorarbeiten arbeitest du den Plot nun richtig aus. Dazu erweiterst du jeden Absatz aus Schritt 4 zu mehreren Absätzen. Du entwickelst Subplots, Nebenstränge und narrative Bögen. Du siehst an dieser Stelle schon, wo die Geschichte noch mehr Spannung braucht und welche Wirkungsketten noch nicht gut funktionieren.

Am Ende hast du etwa vier bis fünf Seiten Text und einen sehr gut ausgearbeiteten Plot. Damit könntest du schon loslegen, und viele Autor*innen wechseln an dieser Stelle der Schneeflockenmethode zum Schreiben der Rohfassung. Die letzten beiden Schritte geben dir aber noch mehr Klarheit und Sicherheit für den ersten Entwurf.

Schritt 7: Vollständige Figurenausarbeitung

Du wendest dich nun zum letzten Mal den Figuren zu, und dieses Mal steigst du richtig tief ein. Du durchleuchtest die Hintergrundgeschichten wie ein Ermittler, der alles über seine Verdächtigen herausfinden will. Du findest Antworten auf diese Fragen: Wie sind die Figuren psychologisch zu beschreiben? Welche inneren Konflikte haben sie? Welche Auswirkungen haben ihre Hintergrundgeschichten auf das, was sie heute tun, auf die Art, wie sie Entscheidungen treffen?

Wenn du dich für Psychologie interessierst, kannst du auch psychologische Tests für deine Figuren ausfüllen und sie so näher kennenlernen.

Außerdem entwirfst du in diesem Schritt vollständige Entwicklungsbögen, die genau beschreiben, wie sich die Haupt- und Nebenfiguren im Laufe deiner Geschichte verändern, wie sie wachsen und wo sich ihre Weltansicht verschiebt.

Schritt 8: Die Szenenplanung

Im letzten Schritt nimmst du alles, was du bisher entwickelt hast, und erstellst daraus eine vollständige Szenenplanung. Für jede Szene notierst du die folgenden Informationen:

- **Perspektive**: Aus wessen Sicht wird die Szene erzählt? (Wenn du alles aus derselben Perspektive erzählst, entfällt dieser Punkt.)
- **Ort**: Wo spielt die Szene? Was sollte man über diesen Schauplatz wissen?

- **Zeit**: Wann spielt die Szene? Und wie lange dauert sie in etwa? Hierbei spielt zum Beispiel auch die Tageszeit eine Rolle.
- **Konflikt**: Was ist das große Problem in dieser Szene? Und wessen Problem ist es?
- **Zweck**: Warum ist die Szene für deinen Roman wichtig? Warum kannst du auf keinen Fall auf sie verzichten?
- **Veränderung**: Wer oder was entwickelt oder verändert sich in dieser Szene? Warum?

Die Szenenplanung kannst du in einer Excel-Tabelle aufbauen oder mit Karteikarten. Ich entwickle sie auch gerne in einer Word- oder Papyrus-Datei, weil ich dann direkt im Dokument arbeiten kann, in das ich später meine Rohfassung schreibe.

Mit der fertigen Szenenplanung kannst du die Rohfassung schreiben. Du musst jetzt »nur noch« deinen Plot ausarbeiten und die Szenen mit Leben füllen. Und hast schon die wichtigsten Entscheidungen für deine Geschichte getroffen.

Was du jetzt konkret tun kannst:

Wenn dir die Schneeflockenmethode zusagt, erstelle jetzt deinen Plot mit ihr und arbeite deine Szenenplanung aus.

So unterstützt KI dich in dieser Phase

Du kannst ChatGPT begleitend fragen, ob du die einzelnen Schritte der Schneeflockenmethode richtig umsetzt. Gerade beim ersten Mal ist es hilfreich, »jemanden« an der Seite zu haben.

Mehrere Handlungsstränge planen

Ein Roman besteht normalerweise aus mehr als einem Handlungsstrang. Es gibt die Haupthandlung, die du bis hierhin geplant hast, aber dann gibt es auch Nebenstränge, in denen deine Hauptfiguren sich weiterentwickeln oder in denen deine Nebenfiguren eigene Abenteuer erleben.

Beim Plotten hast du dich zunächst auf den Haupthandlungsstrang konzentriert. Nebenstränge kannst du parallel dazu planen. Dazu denkst du dir nicht irgendein Füllmaterial aus, sondern beantwortest mit deinen Nebenhandlungen die folgenden Fragen:

- Was müssen die Hauptfiguren noch lernen oder erfahren, damit sie am Schluss wirklich die erforderliche Wandlung vollziehen?
- Welche anderen Aspekte deiner Hauptaussage möchtest du beleuchten?
- Was könnte den Hauptkonflikt und die Wandlung der Hauptfigur spiegeln?

Mit diesen Fragen bleibst du bei deiner Hauptaussage und deiner Vision fürs Buch und füllst nicht einfach mit anderen Handlungssträngen auf. So bleibt dein Buch insgesamt rund.

So unterstützt KI dich in dieser Phase

Natürlich kannst du mit den oben genannten Fragen auch die KI um Vorschläge für Nebenhandlungen bitten. Diese kannst du als Inspiration für deine eigenen Ideen verwenden. Meist sind die Vorschläge der KI relativ platt, aber gerade weil sie nicht eingängig sind, fällt einem in Abgrenzung zu ihnen oft etwas Spannendes ein.

Tropes in der Praxis

In Kapitel 2 habe ich dir einen Überblick darüber gegeben, was Tropes sind und welche es (unter anderem) gibt. Ein Trope ist erst mal nur ein Etikett, ein Versprechen an deine Leser*innen, dass sie eine bestimmte Art von

Geschichte bekommen. Dieses Versprechen müssen wir nun in lebendige Szenen übersetzen und in deinen Plot einfließen lassen.

Vom Etikett zur Szene

Wenn auf deinem Buch *Friends to Lovers* steht, ist grundsätzlich klar, was in der Handlung zu erwarten ist. Wie du das Ganze aber umsetzt, hängt von den einzelnen Szenen ab, die du gestaltest. Jeder Trope hat bestimmte Schlüsselszenen, die es braucht, damit es funktioniert. Diese Schlüsselszenen kannst du an ganz bestimmten Stellen in deinen Plot einweben.

Beispielhaft gehe ich das mit drei Tropes durch.

Fish out of Water

Fish out of Water zeigt eine Figur, die in eine für sie fremde Welt eintaucht und sich dort allein behaupten muss. Das kann das Mädchen vom Land in der großen Stadt, die junge Studierende im ersten Semester oder der Alien auf der Erde sein. Diese Fremdartigkeit müssen wir zeigen, und wir brauchen eine Entwicklung der Figur. Deswegen brauchst du auf jeden Fall die folgenden Szenen.

Ankunft: Deine Figur betritt die neue Welt, und wir spüren gemeinsam mit ihr den Kontrast zu allem, was sie bisher kannte. Diese Szene muss möglichst konkret zeigen, was sich für deine Figur ändert. Vielleicht wartet das Mädchen vom Land an der Ampel, dass es grün wird, und alle anderen gehen einfach an ihr vorbei, weil gerade kein Auto kommt. Sie wird angerempelt und jemand beschimpft sie, weil sie nicht sofort aus dem Weg geht.

Peinlichkeit: Die ersten Eindrücke der fremden Welt werden noch vertieft, wenn deine Figur etwas falsch macht. Sie kennt die Regeln der neuen Welt nicht und verhält sich einfach so, wie sie es gewohnt ist. Vielleicht nutzt sie ein falsches Werkzeug, versteht etwas nicht, trägt die falschen Klamotten oder verwendet Begriffe falsch. Das führt unweigerlich zu einer peinlichen Situation, die sowohl witzig ist, als auch Sympathien für deine Figur weckt. Und diese Szene zeigt ganz klar: Sie gehört hier nicht dazu.

Kompetenz: Am Ende der Entwicklung deiner Figur steht das Erlernen der Regeln der neuen Welt. Irgendwann zeigt sie nämlich, dass sie mehr kann als alle dachten. Das kann auch bedeuten, dass sie Fähigkeiten aus ihrer alten Welt mitbringt, die plötzlich nützlich sind. Vielleicht lernt sie auch schneller als erwartet. Dadurch zeigt die Figur, dass sie nicht einfach akzeptiert, nicht dazuzugehören, sondern dass sie aktiv handelt und ihr Schicksal in die eigenen Hände nimmt.

Entscheidung: Zum Schluss muss deine Figur wählen: Will sie zurück in ihre alte Welt oder bleibt sie in der neuen?

Szene	**3-Akt-Struktur**	**Heldenreise**	**3-9-27-Methode**
Ankunft	Einleitung (1. Akt)	Station 5: Überschreiten der ersten Schwelle	Block 3: Entscheidung
Peinlichkeit	Einleitung/Beginn Hauptteil (1. oder 2. Akt)	Station 6: Bewährungsproben, Verbündete, Feinde	Block 4: Erste Hürden
Kompetenz	Hauptteil/Ende Hauptteil (2. Akt)	Station 8: Die entscheidende Prüfung oder Station 9: Die Belohnung	Block 5: Midpoint oder Block 8: Finale
Entscheidung	Schluss (3. Akt)	Station 12: Rückkehr	Block 9: Auflösung/neuer Status quo

Friends to Lovers

Aus besten Freund*innen wird ein Paar. Emotionen gibt's von Anfang an, vor allem Vertrauen und Verbundenheit. Die Gefühle ändern sich, was am Ende die Freundschaft kosten kann. Diese Szenen brauchst du:

Freundschaft: Wir wollen deine Figuren kennenlernen, bevor sie sich zueinander hingezogen fühlen. Denn erst, wenn wir die Freundschaft erleben, können wir später nachvollziehen, was auf dem Spiel steht. Du könntest zum Beispiel zeigen, wie deine eine Hauptfigur die andere tröstet, nachdem es (mal wieder) mit einer Beziehung nicht geklappt hat.

Umdenken: Eine weitere wichtige Szene zeigt, wie eine der Figuren die anderen plötzlich mit anderen Augen sieht. Das ist ein Schlüsselmoment.

Vielleicht hat deine Figur festgestellt, dass ihr geliebter Hund bisher keinen ihrer Lover akzeptiert hat. Und dann sieht sie, wie der Hund sich ganz selbstverständlich auf den Schoß ihres besten Freundes setzt und sich kraulen lässt.

Angst: Das größte Hindernis bei *Friends to Lovers* ist die Angst, die Freundschaft zu verlieren. Du brauchst mindestens eine Szene, in der die Hauptfigur mit sich ringt und sich sorgt, die Freundschaft zu zerstören, wenn sie ihre Gefühle gesteht. Vielleicht zeigst du, wie deine Hauptfigur einen Brief an ihren besten Freund schreibt und ihn dann wieder zerreißt, als ihr Blick auf ein Bild fällt, das die beiden im Kindergarten beim Spielen zeigt: Sie will die gemeinsamen Jahre einfach nicht riskieren.

Geständnis: Damit aus den Friends Lovers werden können, muss es ein Geständnis geben. Das ist üblicherweise hochemotional, denn die Freundschaft könnte ja daran zerbrechen. Vielleicht setzt deine Hauptfigur den zerrissenen Brief irgendwann wieder zusammen und lässt ihn auf dem Tisch liegen, damit ihr Freund ihn sieht. Und wartet dann angespannt, bis er ihn gelesen hat.

Szene	3-Akt-Struktur	Heldenreise	3–9–27-Methode
Freundschaft	Einleitung (1. Akt)	Station 1: Die gewohnte Welt	Block 1: Einstieg
Umdenken	Einleitung/Beginn Hauptteil (1. oder 2. Akt)	Station 2: Der Ruf des Abenteuers	Block 2: Auslöser
Angst	Hauptteil (2. Akt)	Station 3: Weigerung und Station 6: Bewährungsproben	Block 4–6: Erste Hürden bis Eskalation
Geständnis	Ende Hauptteil/ Schluss (2. oder 3. Akt)	Station 8: Die entscheidende Prüfung	Block 7–8: Tiefpunkt/Finale

Fake Dating

Im Trope *Fake Dating* geben zwei Figuren vor, ein Paar zu sein. Aus diesen gespielten Gefühlen werden irgendwann echte. Das sind die typischen Szenen, die du einbauen solltest.

Vereinbarung: Du zeigst, warum deine Figuren sich entschließen, so zu tun, als wären sie ein Paar. Vielleicht hatte deine Hauptfigur in der Schule eine schwere Zeit. Nun steht ein Klassentreffen an. Sie hat seitdem eigentlich alles erreicht: toller Job, schöne Wohnung, ein verlässlicher Freundeskreis. Nur den Mann fürs Leben hat sie noch nicht gefunden. Da ihr früherer Schwarm, der sie für ihre Zuneigung gemobbt hat, auf dem Klassentreffen sein wird, bittet sie ihren besten Freund, sie zu begleiten.

Performance: In einer weiteren wichtigen Szene spielen deine Figuren die Beziehung vor Publikum vor. Oft zweifelt jemand und muss überzeugt werden. Diese Szene kann witzig und spannend sein. Vielleicht erkennt eine der ehemaligen Klassenkameradinnen den Fake-Freund von einer Dating-App und die beiden müssen improvisieren und einen Zwillingsbruder erfinden.

Fast echt: Während die beiden in ihrer Performance sicherer und entspannter werden, ergibt sich ein Moment, der sich nicht mehr gespielt anfühlt. Diese Szene ist der Wendepunkt der Geschichte, wo aus Fake Liebe wird. Deine beiden Hauptfiguren tanzen auf dem Klassentreffen eng miteinander und verschränken dabei ihre Hände. Der Druck wird ganz langsam immer inniger und zärtlicher.

Auffliegen: Die Wahrheit kommt natürlich irgendwann ans Licht. Entweder findet jemand heraus, was Sache ist, oder eine der Figuren gesteht. Auch das ist ein weiterer Wendepunkt. Vielleicht unterhalten sich deine beiden Hauptfiguren darüber, wie gut alles geklappt hat, und die Dating-App-Klassenkameradin hört heimlich zu.

Szene	3-Akt-Struktur	Heldenreise	3-9–27-Methode
Vereinbarung	Einleitung (1. Akt)	Station 4: Begegnung mit dem Mentor/ Station 5: Überschreiten der ersten Schwelle	Block 2–3: Auslöser/Entscheidung

Szene	3-Akt-Struktur	Heldenreise	3–9–27-Methode
Performance	Beginn Hauptteil (2. Akt)	Station 6: Bewährungsproben, Verbündete, Feindschaften	Block 4: Erste Hürden
Fast echt	Mitte Hauptteil (2. Akt)	Station 7: Vordringen zur tiefsten Höhle	Block 5: Midpoint
Auffliegen	Ende Hauptteil / Beginn Schluss (2. oder 3. Akt)	Station 8: Die entscheidende Prüfung	Block 7: Tiefpunkt

So unterstützt KI dich in dieser Phase

Diese drei Tropes können dir als Beispiel dienen, um andere selbst zu analysieren. Natürlich kannst du auch KI dazu nutzen. Dazu beschreibst du zunächst den Trope, den du dir ausgesucht hast, und fragst dann, welche Szenen in deinem Roman unbedingt vorkommen sollten, damit der Trope funktioniert. An dieser Stelle solltest du die KI vorher nicht mit deinem Plot füttern, denn du willst ja keine konkret ausgearbeiteten Szenen, sondern typische Momente, die du dann selbst kreativ füllen kannst.

Was du jetzt konkret tun kannst:

Erstelle für den Trope deiner Wahl eine Liste mit Schlüsselszenen, die unbedingt vorkommen sollten. Fülle diese Szenen dann mit Leben.

Bekannte Tropes neu erzählen

Du darfst Tropes auch einfach als Inspiration nehmen und sie selbst neu interpretieren. Du musst deine Geschichte nicht in sie hineinpressen.

Manche Tropes, zum Beispiel *Fish out of Water*, eignen sich dafür, ganz unterschiedliche Settings zu verwenden. Hier kannst du sehr kreativ werden und zum Beispiel einen verdeckten Ermittler als Alleinunterhalter auf ein Kreuzfahrtschiff schicken.

Ein Perspektivwechsel kann Tropes auch neues Leben einhauchen. Vielleicht erzählst du *Friends to Lovers* aus der Perspektive der Figur, die sich erst später verliebt.

Besonders gut geeignet für Variationen sind auch Trope-Kombinationen. Bei *Friends to Lovers* und *Only One Bed* hast du gleich den Rahmen, in dem die Freund*innen sich zu einem Paar entwickeln. Und im Kreuzfahrtbeispiel kannst du noch *Secret Identity* aufnehmen.

Zu viele Tropes solltest du nicht miteinander kombinieren, damit dein Plot nicht völlig undurchsichtig und die Geschichte nicht verwässert wird.

Ein Trope sollte dein Haupttrope sein. An dessen emotionalem Kern kannst du dich orientieren. Solange aus den Freund*innen am Ende (fast) ein Paar wird, kannst du beinahe alles hinzufügen oder weglassen.

Klischees vermeiden

Tropes können schnell zum Klischee werden, wenn du nur die Oberfläche kopierst, statt aus dem emotionalen Kern des Tropes eine eigene Geschichte zu entwickeln. Wenn jede Entwicklung vorhersehbar ist, wirkt dein Roman wie in eine Schablone gepresst – und damit langweilig.

Oft sind die ersten Ideen, die uns einfallen, leider Klischees. Einfach, weil wir sie so oft gesehen oder gelesen haben. Unser Gehirn macht es sich gerne auch mal leicht und liefert dann die Ideen, die schnell greifbar sind. Die verwirfst du am besten erst mal und gehst stattdessen auf die Suche nach ungewöhnlichen Ideen.

Ich lasse mir gerade für den Plot und die Ausarbeitung der Szenen gerne Zeit. Du kannst deine Ideen in einem Dokument sammeln und immer wieder ergänzen oder sie mit Post-its an eine Wand kleben, an der du häufig vorbeikommst. Je länger du deinen Ideen gibst, um zu wachsen und sich mit anderen Elementen zu verbinden, desto kreativer werden sie.

So unterstützt KI dich in dieser Phase

Wenn du deine Szenenplanung anhand des ausgewählten Tropes fertiggestellt hast, kannst du ChatGPT oder eine andere Text-KI bitten, das Ganze zu challengen. Hier ein paar Prompt-Ideen dafür.

Ich schreibe eine Geschichte mit diesem Trope: [ ]. Das ist meine Szenenplanung [ ]. Habe ich den Trope sinnvoll umgesetzt? Ist das Kernversprechen erfüllt?

Alternativ kannst du auch fragen:

Welche Schlüsselszenen fehlen in meiner Geschichte mit dem Trope [ ], damit sie funktioniert?

Hier gilt wie immer: Du nutzt die KI, um Schwachstellen aufzuzeigen. »Reparieren« wirst du deine Geschichte dann selbst, das kannst du nämlich besser als KI.

Dein Elevator Pitch und Mini-Exposé

Manche formellen Strukturen haben sich in der Buchbranche (und auch in anderen kreativen Branchen) durchgesetzt. Es wird dir helfen, wenn du sie selbst anwenden kannst.

Deinen Elevator Pitch schreiben

Stell dir vor, du triffst im Aufzug deine Lieblingsautorin und ihre Lektorin. Die beiden sind nett und können außerdem nicht weg – ihr seid ja im Aufzug. Und du hast nun die Gelegenheit, ihnen deine Buch-Idee vorzustellen. Das wäre doch großartig, oder?

Damit du in einer solchen Situation nicht vor Nervosität kein Wort herausbekommst, bereitest du dich darauf vor (auch wenn es zugegebenermaßen nicht besonders wahrscheinlich ist, dass das wirklich so passiert). Der Elevator Pitch, den du vorbereitest, hat aber auch eine andere Funktion: Er hilft dir dabei, deine Idee auf den Punkt zu bringen. Und wenn es so weit ist, anderen kurz und knackig davon zu erzählen.

Jetzt, wo du deinen Plot kennst, ist es an der Zeit, einen solchen Elevator Pitch vorzubereiten, also eine Zusammenfassung deines Buchs in wenigen Sätzen – die du locker während einer Aufzugfahrt unterbringen könntest.

Du kannst diese Fragen als Leitlinien nutzen:

- Wer ist deine Hauptfigur? Name, Beruf, Alter, prägnante Eigenschaft
- Was ist ihr Ziel oder ihr Problem? »... träumt davon, ...« oder »... kämpft mit ...«?
- Was steht auf dem Spiel? Was erschwert das Ziel? »Doch als ...« oder »Bis ... geschieht ...«
- Warum ist das relevant, anders, neu oder emotional besonders? »Jetzt muss sie ...« oder »... und riskiert dabei alles, was sie liebt«.

Mit dieser Vorlage kannst du dann deinen Elevator Pitch formulieren:

*[Name] ist ein*e [Alter/Beruf/Eigenschaft] mit einem Problem: [zentrales Ziel oder innerer Konflikt]. Als [auslösendes Ereignis] muss er*sie [zentrale Herausforderung oder Entscheidung] und riskiert dabei [Einsatz/Konsequenz].*

Was du jetzt konkret tun kannst:

Beantworte die vier Leitfragen und formuliere daraus den Elevator Pitch für deinen Roman.

So unterstützt KI dich in dieser Phase

Du kannst die Antworten auf diese Leitfragen auch in ChatGPT eingeben und es bitten, dir einen Elevator Pitch für deinen Roman zu formulieren.

Viele Autor*innen tun sich schwer damit, einen Elevator Pitch für ihren Roman zu schreiben, weil sie der festen Überzeugung sind, dass ihre Handlung zu komplex für wenige Zeilen ist. Natürlich wird ein Absatz deiner Roman-Idee nicht gerecht, und du wirst Nebenstränge der Handlung gar nicht einfließen lassen können. Der Elevator Pitch ist aber auch keine komplette Zusammenfassung (die kannst du im Mini-Exposé schreiben), sondern soll eher einem Nordstern gleichen, der allen, die daran interessiert sind, einen ersten Eindruck von deinem Roman verschafft.

Zur Inspiration kannst du dir die Klappentexte deiner Lieblingsbücher anschauen. Das sind zwar keine Elevator Pitches – das Ende fehlt hier, im Elevator Pitch würdest du es aufnehmen –, aber du kannst hier trotzdem sehen, wie kurz man eine komplexe Handlung in wenigen Zeilen zusammenfassen kann.

Ein Exposé, auch wenn du keinen Verlag suchst

Meine ersten Bücher habe ich einfach munter angefangen. Ich habe mir vorher nicht viele Gedanken darüber gemacht, wie ich sie aufbaue oder wohin das Ganze führen soll.

Meine ersten Bücher liegen heute noch unbeendet in der Schublade.

Mittlerweile starte ich jedes Buch mit einem Exposé, selbst dann, wenn ich nicht vorhabe, es über einen Verlag zu veröffentlichen. Ein Exposé zu schreiben hilft mir dabei, meine Gedanken zu sortieren, und steigert außerdem meine Vorfreude auf das Buch: Wenn das Konzept vor mir liegt, fühlt sich das ganze Buch machbar an.

Deswegen empfehle ich auch dir, ein Mini-Exposé zum Start zusammenzustellen. Dein Mini-Exposé kann sich an den Vorgaben für Verlags-Exposés orientieren, du kannst dich aber einfach auf die Elemente konzentrieren, die dich weiterbringen. Das sind vor allem die inhaltlichen.

Üblicherweise ist ein Exposé so aufgebaut:

- **Grunddaten**
  - dein (Autor*innen-)Name
  - Titel und ggf. Untertitel des Romans
  - Genre und Sub-Genre

- Zielgruppe
- ggf. ähnliche Bücher, um die Zielgruppe besser einordnen zu können

◆ **Inhalt**

- Kurzinhalt (dafür kannst du deinen Elevator Pitch nutzen)
- Wichtige Eckdaten: Zeit, Ort, Hauptfiguren, Besonderheiten der Handlung
- längere inhaltliche Zusammenfassung, also dein in sachlichem Stil ausformulierter Plot

◆ **Angaben zum Markt (das ist für Verlage besonders wichtig, du kannst es am Anfang für dich aber auch weglassen)**

- Welche Marketingkanäle hast du selbst? Wie kannst du dein Buch bewerben?
- Wie schätzt du die Verkäufe ähnlicher Bücher ein? Welchen Markt siehst du für deinen Roman?

Grunddaten und Inhalt sind normalerweise nicht länger als 2–4 DIN-A4-Seiten. Der Marketing-Part kann so lang sein, wie er sein muss: Je mehr Informationen du gibst, desto spannender ist er für alle, die das Buch später verkaufen wollen (also auch für dich).

Was du jetzt konkret tun kannst:

Erstelle das Mini-Exposé für dein Buch. Nimm dir auch ein bisschen Zeit, um den Markt zu recherchieren. Das gibt dir ein gutes Gefühl dafür, was du später für dein Buch erwarten kannst. Und es motiviert dich vielleicht auch, jetzt schon anzufangen, deine Community auf- oder auszubauen, und das ist immer eine gute Idee. Drucke dir das Mini-Exposé am besten aus. So hast du immer eine kleine Erinnerung daran, wie du dir das Buch zum Start vorgestellt hast.

So unterstützt KI dich in dieser Phase

ChatGPT kann dir dabei helfen, dein Mini-Exposé zu erstellen. Nutze dafür den folgenden Prompt:

Ich möchte ein Mini-Exposé für mein Roman-Projekt schreiben. Bitte stelle mir Fragen, die mich durch den Prozess begleiten, damit ich nichts Wichtiges vergesse.

Für die Marktrecherche kannst du diese Anweisung verwenden:

Ich möchte nun den relevanten Markt für das Buch abschätzen, um eine Idee über mögliche Verkaufszahlen zu erhalten. Bitte stelle mir zuerst alle Fragen, die dir bei der Bewältigung der Aufgabe helfen können. Errechne dann das Potenzial für mein Buch und erkläre mir auch die Annahmen, die du getroffen hast.

Die Ergebnisse dieser Berechnung musst du natürlich wie immer gegenprüfen, aber sie geben dir eine gute Ausgangsbasis.

Fantasy-Welten erschaffen und in sie eintauchen: Interview mit Autorin Lily Konrad

Lily Konrad ist Autorin aus Butzbach bei Frankfurt und schreibt Beziehungsromane und Urban Fantasy.

Yvonne: *Wie bist du zum Schreiben gekommen?*

Lily: Ich habe mir schon als ganz kleines Kind, als ich noch gar nicht schreiben konnte, Geschichten ausgedacht. Ich sage immer, das war die Schuld meines Großvaters. Ich habe die ersten Jahre meines Lebens bei meinen Großeltern verbracht und bin immer morgens zu meinem Großvater ins Schlafzimmer gekommen und habe ihn damit geweckt, dass er mir doch bitte die Geschichte von Kasperle und dem kleinen Krokodil erzählen sollte. Das hat er dann auch brav eine ganze Zeit lang gemacht. Irgendwann hat es ihm wohl gereicht und er hat gesagt: »Nein, jetzt erzähl du mal.« Da habe ich angefangen, mir Geschichten auszudenken, erst ein bisschen abgewandelt, und plötzlich war es dann eine ganz andere Geschichte. Sobald ich schreiben konnte, habe ich auch angefangen, die Geschichten aufzuschreiben.

Yvonne: *Mittlerweile schreibst du Romane. Jetzt ist es nicht mehr dieses Erzählen beim Großvater morgens im Bett, sondern das Erzählen für ein Publikum, das du gar nicht kennst. Wie gehst du da vor? Schreibst du einfach drauflos oder planst du das richtig?*

Lily: Für mich ist das kein Widerspruch. Ich bin eine planvolle Drauflosschreiberin. Es steht und fällt für mich alles mit den handelnden Personen, mit den Figuren. Die lerne ich quasi kennen, und das bedarf einer sehr, sehr langen Vorbereitungsphase. Die Protagonistin der Reihe, die ich als Nächstes schreiben werde – ich schließe gerade eine Reihe ab und fange dann mit einer neuen an –, kenne ich zum Beispiel schon seit drei Jahren. Das bedeutet, dass ich sie ganz genau verstehe, einschätzen kann, weiß, wie sie handelt, wie sie denkt, wie sie fühlt und wer für sie wichtig ist. Es gibt ja neben der zentralen Person noch viele andere, gerade in einer Fantasy-Geschichte. Die Hauptpersonen kenne ich alle gleich gründlich, setze die dann in eine Szene und schaue, was passiert. Allerdings weiß ich immer schon, bevor ich anfange zu schreiben, wie die Geschichte ausgeht. Das sind die zwei Bestandteile, die auf jeden Fall feststehen müssen: die Figuren und das Ende der Geschichte. *Begin with the end in mind.*

Yvonne: *Und wie lernst du die Figuren kennen? Hast du da einen bestimmten Prozess entwickelt?*

Lily: Das kann ich gar nicht richtig erklären, weil ich das im Prinzip nicht in der Hand habe. Das ist wie eine Begegnung auf der Straße: Manche Menschen findest du interessant, andere nicht. Bei einigen entsteht eine Freundschaft, an anderen gehst du einfach vorbei. So ist das für mich mit Romanfiguren auch. Sie sind sehr real für mich, sie ziehen quasi bei mir ein. Ich treffe sie irgendwo und finde sie so interessant, dass ich sage: Ihre Geschichte würde ich gerne aufschreiben. Dann beschäftige ich mich immer wieder mit ihnen. Natürlich gibt es bestimmte Fragen, die ich ihnen stellen möchte: Wie sehen sie aus? Wie alt sind sie? Was haben sie bisher in ihrem Leben gemacht? Und ich versuche herauszufinden, was ihre Vorstellungen, Träume, Wünsche, Ängste und Pläne sind.

Yvonne: *Ein bisschen wie eine Freundschaft, die sich entwickelt. Je näher man sich kommt, desto mehr beschäftigt man sich mit diesen existenziellen Fragen.*

Lily: Genau.

Yvonne: *Jetzt hast du auf der einen Seite die Figuren und auf der anderen die Welt, in die du sie setzt. Wie gehst du vor, wenn du deine Welt erschaffst? Und wie behältst du den Überblick?*

Lily: Die erste Frage ist natürlich: Was ist in dieser Fantasiewelt anders als bei uns? Unsere Welt kenne ich, weiß, wie sie aussieht und funktioniert. Ich frage mich: Was ist dort anders? Ich habe bisher erst eine Fantasiewelt entdeckt – ich behaupte nicht, dass ich sie geschaffen habe, ich würde eher sagen, ich habe sie entdeckt. Jetzt bin ich bei der zweiten, und da habe ich einiges dazugelernt. Beim ersten Mal dachte ich: Das hast du alles im Kopf, das kannst du dir merken. Und dann musste ich immer wieder in den ersten Bänden nachschlagen. Deswegen habe ich jetzt eine Struktur entwickelt.

Ich liebe Excel und arbeite viel damit, erfasse also möglichst viel in Tabellen. Zuerst stelle ich mir die Frage: Wie sieht die Welt aus? Auf Sisong, meiner bisherigen Fantasy-Welt, gibt es zum Beispiel sieben Kontinente, jeder ist ein bisschen anders – Landschaft, Klima, Vegetation, jeder hat ein bestimmtes Wächter-Tier, die Leute dort haben ihre Eigenheiten. Dann geht es um die Wesen, die dort leben: Wie sehen sie aus? Was haben sie für Eigenarten? Wie ist die Führungsstruktur, die Politik? Und wie lebt es sich da? Und schließlich: die Regeln. Was haben die Leute für Regeln, was ist bei ihnen anders als bei uns, haben sie besondere Fähigkeiten, was ist ihr Glaube? Das sind im Prinzip vier Tabellen: Kontinente, Völker, Politik und Regeln.

Yvonne: *Das klingt komplex. Man erschafft – oder entdeckt – ja wirklich eine ganze Welt. Ist das für dich auch etwas, was den Reiz von Fantasy ausmacht? Vieles davon sieht man im fertigen Buch vielleicht nur zu zehn Prozent.*

Lily: Ich möchte es vergleichen mit meiner anderen liebsten Freizeitbeschäftigung, dem Reisen. Ich reise viel und weit und finde es toll, andere Länder, andere Menschen, andere Sitten und Gebräuche, andere Speisen kennenzulernen. Und genauso war es mit meiner Fantasiewelt. Meine Fantasiewesen können sich zum Beispiel teleportieren – und das ist etwas, worum ich sie glühend beneide. Einfach mal abends irgendwo am Meer spazieren gehen, das wäre schon ganz schön. Die Entdeckung dieser Welt war für mich eine Reise.

Yvonne: *Neben diesem Kreativen gehört zum Buch auch einfach Arbeit. Wie bringst du das zusammen? Wie organisierst du das?*

Lily: Das Schreiben an sich ist für mich keine Arbeit, das mache ich sehr gerne. Ich habe gerade in Social Media gepostet, dass ich es nicht verstehen kann, wenn Autorinnen und Autoren posten: »Ich habe das Wort *Ende* geschrieben und ich bin so glücklich.« Für mich ist das zum einen ein kleiner Abschied – gerade jetzt mit dem letzten Band der Reihe bin ich ein bisschen traurig, dass ich diese Wesen jetzt mehr oder weniger sich selbst überlasse. Zum anderen weiß ich genau: Wenn der Text zu Ende geschrieben ist, dann fängt die eigentliche Arbeit an. Ich überarbeite schon während des Schreibens. Wenn ich anfange zu schreiben, überarbeite ich erst mal das, was ich am Vortag geschrieben habe, und mache dann weiter. So bin ich wieder im Flow. Und dann kommt die große Überarbeitung, wenn der Text fertig ist.

Dann geht es ins Lektorat. Ich habe eine Lektorin, mit der ich schon mehrere Jahre zusammenarbeite. Wenn der Text aus dem Lektorat zurückkommt, muss ich immer erst mal schlucken, weil sie halt immer noch einiges findet. Besonders wenn sie meint, eine Szene könne ich streichen, die bringe nichts – meine schöne Szene! Deswegen dauert das Einarbeiten des Erstlektorats immer ein bisschen. Dann geht es noch mal zurück ins Zweitlektorat, da wird die Sache schon einfacher, dann sind wir wieder auf einer Wellenlänge. Dann kommt das Korrektorat, dann der Buchsatz, und dann geht das Buch in Druck. Für den letzten Band meiner Reihe habe ich mir den 13. März als Veröffentlichungsdatum gesetzt, weil ich das gerne zur Leipziger Buchmesse in der Hand haben möchte.

Yvonne: *Wie lange hat denn dieser ganze Prozess bei deinem letzten Buch gedauert? Von dem Punkt, an dem du die Figuren genug kennengelernt hast und dich an den Rechner setzt, bis zum 13. März, wenn das Buch rauskommt?*

Lily: Fast ein Jahr. Dieses Buch hatte noch die Schwierigkeit, dass es das Letzte in der Reihe ist. Alle Fäden müssen irgendwie zusammenkommen, es dürfen keine losen Enden bleiben, und im Prinzip muss jede Entwicklung, die angedeutet war, noch einmal gewürdigt werden. Das war keine ganz einfache Aufgabe. Ich habe das Buch angefangen, hatte ungefähr 50.000 Wörter, und habe dann gemerkt: So funktioniert das nicht. Also habe ich noch mal alles auseinandergenommen und von vorne angefangen. Fertig geschrieben hatte ich das Buch Ende November letzten Jahres. Dann Lektorat, Korrektorat – dazwischen war natürlich auch noch Weihnachten –, dann der Buchsatz, und jetzt ist das Buch bei der Druckerei. Es muss ja auch ungefähr vierzehn Tage vor dem Veröffentlichungsdatum beim Vertrieb sein, damit es rechtzeitig beim Buchhandel eingestellt wird.

Yvonne: *Woher weißt du, dass dein Buch fertig ist? Dass du es ans Lektorat geben kannst?*

Lily: Dazu zählen zwei Momente. Der eine ist, wenn ich weiß: Jetzt ist die Geschichte zu Ende erzählt, jetzt ist sie rund. Das kann ich nicht an etwas Bestimmtem festmachen, es ist einfach ein Gefühl. Ich habe in jedem der sechs Bände eine andere Hauptfigur, und für mich sollte es immer mit dieser Person enden, sodass man weiß, was aus ihr wird. Der andere Punkt ist: Wann ist es mit der Überarbeitung genug? Da zitiere ich gern meinen Autorenkollegen Christian Krumm, der gesagt hat: »Wenn es dir völlig egal ist, was die Leute da draußen von deinem Buch halten, dann kannst du es veröffentlichen.« Irgendwann hat man einfach die Nase voll von Überarbeitungen – hier noch eine Erklärung, da noch mal die Gefühle genauer beschreiben. Und dann denke ich: Für mich ist die Geschichte jetzt so in Ordnung, und jetzt soll sie bitte in die Welt.

Yvonne: *Du schreibst ja jetzt schon eine Weile. Gibt es irgendetwas, von dem du heute sagst, das hättest du früher beim Schreiben gerne anders gemacht? Etwas, das dir viel Zeit erspart hätte?*

Lily: Ich bin gerade dabei, meine ersten Bücher zu überarbeiten, einfach weil ich vieles noch nicht wusste, als ich angefangen habe. Ich habe zum Beispiel nicht auf Perspektiven geachtet. Ich kann heute einfach besser schreiben, das ist ja kein Wunder. Ein Fehler war, dass ich an Fantasy herangegangen bin wie an Romane, die in unserer Realität spielen. Ich habe mir keine Struktur geschaffen für die Welten, für die einzelnen Figuren – und dann ganz viel Zeit damit verloren, in den Vorbänden nachzuschlagen. Was hatte die Figur noch mal für eine Haarfarbe? Stand dieser Tisch jetzt in der Küche oder im Wohnzimmer? In dem Moment, in dem ich es geschrieben habe, hatte ich es genau vor Augen. Aber zwei, drei Bände weiter eben nicht mehr. Und dann kommt die gleiche Figur oder das gleiche Zimmer wieder vor und soll bitte nicht plötzlich ganz anders aussehen.

Yvonne: *Wenn du jetzt jemandem, der gerade anfängt oder überlegt, ob da ein Roman in ihm steckt, einen Tipp geben könntest – welcher wäre das?*

Lily: Es gab in letzter Zeit große Plakate, ich glaube, von der Schule des Schreibens. Da stand drauf: »Schreib dein Buch.« Und das würde ich mit etwas anderer Betonung als Tipp weitergeben: Schreib DEIN Buch. Kümmere dich nicht darum, was dir andere sagen, was man gerade schreibt, was gerade gut geht, was die Leute lesen wollen. Man wird sowieso nie ein Buch schreiben können, das allen gefällt. Irgendjemand wird es immer gut finden und irgendjemand wird sagen: Ist so gar nicht mein Fall. Aber *dein* Buch, die Geschichte, die in dir steckt – die kannst nur du schreiben. Deswegen solltest du genau das tun. Allerdings: Wenn du sie geschrieben hast, such dir eine erfahrene und gute Lektorin oder einen Lektor und hör auf sie oder ihn.

Kapitel 6

Schritt 3: Jetzt geht's ans Schreiben

In diesem Kapitel bekommst du praktische Tipps für die Schreibphase, fürs Dranbleiben, den Aufbau deines Romans und für bessere Texte.

Schreiben im Fluss

Wir haben doch alle dieses Bild vor Augen, wenn wir an schreibende Menschen denken: hochkonzentriert, über die Tastatur (oder das Notizbuch) gebeugt, und die Worte fließen wie im Rausch aufs Papier.

Und wenn wir selbst dann loslegen wollen, müssen wir uns jedes einzelne Wort abringen, nichts fließt, und schon gar nicht wie im Rausch.

Zumindest ging es mir am Anfang so. Bevor wir also in konkrete Schreibtechniken eintauchen, möchte ich dir zunächst einen ganz wunderbaren Zustand vorstellen, der dich ab jetzt hoffentlich immer begleiten wird.

So kommst du in den Schreibflow

Manchmal, wenn ich gerade an einem Text schreibe, der mir so richtig am Herzen liegt und in dem ich total aufgehe, passiert Folgendes: Ich vergesse alles um mich herum, bin wie eins mit meinem Text und lasse die Wörter einfach so fließen. Es ist dann gar nicht so selten, dass ich 1500 oder sogar 2000 Wörter in nur einer Stunde schreibe. Und anders, als du das jetzt vielleicht erwarten würdest, muss ich den Text am Ende kaum überarbeiten.

Vielleicht kennst du solche Situationen auch: eine Aufgabe, volle Konzentration und anschließend richtig happy sein mit dem Ergebnis.

Der Zustand, in dem wir so arbeiten, heißt Flow. Mihaly Csikszentmihalyi hat ihn untersucht. Er selbst wuchs nach dem Zweiten Weltkrieg auf, seine Familie war von Ungarn nach Italien geflohen. Sein Leben war nicht besonders schön. Und trotzdem erlebte er diese Glücksmomente – immer dann, wenn er in eine Aufgabe eintauchen oder hochkonzentriert spielen konnte. Später beobachtete er Menschen bei der Arbeit, und zwar vor allem die, die hochkonzentriert arbeiten mussten. Und er nahm immer wieder wahr, dass alle, die besonders erfolgreich mit ihrer Arbeit waren, regelmäßig in diesen besonderen Zustand eintauchten.

Was du jetzt konkret tun kannst:

Überlege mal, ob und wann du im Flow geschrieben oder etwas anderes getan hast. Wie hat sich das angefühlt? Welche Ergebnisse hattest du am Ende? Unter welchen Bedingungen hast du gearbeitet? Schau dir die Situation genau an und erinnere dich, was vorher passiert ist, wie du dich beim Start deiner Arbeit gefühlt hast, wie währenddessen und danach. Wo hast du gearbeitet? Was war an diesem Tag besonders und was war so wie immer? Die Antworten auf diese Fragen können dir später dabei helfen, gezielt in diesen Zustand zu kommen.

Im Flow zu arbeiten ist absolut befriedigend. Wir haben das Gefühl, dass unsere Arbeit einfach durch uns hindurchfließt, dass wir nichts groß entscheiden oder hinterfragen müssen, sondern dass alles von Anfang an klar und richtig ist. Wir kommen zügig voran, weil wir nicht ständig alles umwerfen, und sind am Ende mit unserem Text mehr als zufrieden, weil wir intuitiv alles gegeben haben. Flow liefert gute Ergebnisse und macht glücklich.

Wäre es nicht toll, wenn wir diesen Zustand aktiv herbeiführen könnten, statt darauf zu warten, dass er uns zufällig trifft?

Ein Glück, dass Csikszentmihalyi genau dieselbe Frage hatte und das für uns schon herausgefunden hat. Auch wenn der Flow sich nicht einfach so einschalten lässt, gibt es doch Bedingungen, die ihn erleichtern (und die wir unter Kontrolle haben). Und: Je öfter du trainierst, bewusst in den Flow zu kommen, desto leichter wird es dir fallen.

Es gibt die folgenden sechs Kriterien, die Flow erleichtern und die du selbst beeinflussen kannst.

Kriterium 1: Ein klares Ziel

Wenn ich mich an meinen Computer setze und mir vornehme, heute ein gutes Stück weiterzuschreiben, halte ich meist schnell mein Smartphone in der Hand und scrolle durch Instagram. Denn »ein gutes Stück« ist zwar ein Ziel, aber es ist überhaupt nicht klar. Wahrscheinlich verstehst du darunter etwas anderes als ich, und ich selbst würde heute wahrscheinlich etwas anderes mit dem Ausdruck meinen als morgen.

Auf ein solches Ziel hinzuarbeiten ist auch nicht besonders attraktiv. Denn wann habe ich es erreicht? Eigentlich nie wirklich. Wenn die Definition so unklar ist, können selbst 10.000 Wörter zu wenig sein.

Unklare Ziele sind demotivierend, weil wir nie ein Erfolgserlebnis damit erreichen können. Aber Erfolgserlebnisse sind wichtig, um dranzubleiben. Deswegen setze dich doch beim nächsten Mal mit einem ganz konkreten Wortziel hin. Das kannst du anschließend überprüfen und von der To-do-Liste streichen.

Kriterium 2: Klar abgesteckte Zeiträume

Es ist so viel einfacher, sich zu konzentrieren, wenn wir vorher genau wissen, wie viel Zeit wir dafür haben. Wenn du weißt, dass du die nächste Stunde komplett fürs Schreiben zur Verfügung hast, kannst du deine Teilaufgaben sinnvoll einteilen und dich fallen lassen, weil du weißt, dass nicht gleich das nächste Ziel ansteht. Eine konkrete Zeitdauer hat außerdem den Vorteil, dass wir sie – anders als das Wortziel – sehr gut kontrollieren können. Und alles, was unter unserer Kontrolle ist, bestärkt den Flow ebenfalls – siehe das nächste Kriterium.

Kriterium 3: Einfluss auf das Ergebnis

Als Studentin habe ich in den Ferien in einer Fabrik gearbeitet. Ich stapelte Öldosen auf Paletten, was so ziemlich das Langweiligste ist, was man sich vorstellen kann, vor allem, wenn man die ganze Zeit mit Blick auf die Uhr am Band steht. Meinen Takt gab eine Maschine vor. Alle 10 Sekunden wurde eine Kiste mit 14 Dosen vor mir aufs Band gefahren, die ich dann nahm und einmal kopfüber auf der Palette platzierte. Ich war quasi das lebendige Verbindungselement zwischen Maschine und Transport, und meine Kontrolle über das Ergebnis war sehr gering. Wenn die Maschine ausfiel, gab's keine Dosen, und ich konnte nichts tun. Wenn ich schneller arbeitete, hatte das keinerlei Auswirkung. Die perfekte Arbeit, um nicht in den Flow zu kommen.

Beim Schreiben ist es zum Glück anders. Hier haben wir volle Kontrolle über das Ergebnis. Das erzeugt Selbstwirksamkeit, die ebenfalls auf das Flow-Gefühl einzahlt.

Kriterium 4: Sinnvolle Aufgabenschwierigkeit

Anspruchsvoll und gleichzeitig machbar: Das ist die ideale Flow-Aufgabe. Zu einfache Aufgaben sorgen dafür, dass unsere Gedanken abschweifen und wir uns nicht so konzentrieren, wie wir es könnten. Und wenn's zu schwierig wird, haben wir schon vor dem Start das Gefühl, nichts erreichen zu können. Nimm dir also bei deiner ersten Schreibsession nicht gleich vor, 2000 Wörter in 30 Minuten zu schreiben, sondern einfach nur 30 Minuten dranzubleiben, ohne zwischendurch Tee, Socken oder das Handy zu holen. Das ist machbar und auch eine kleine Herausforderung.

Kriterium 5: Direktes Feedback

Nein, keine Sorge, du musst deine Texte nicht sofort jemandem zeigen, nachdem du sie geschrieben hast. »Direktes Feedback« bedeutet hier, dass deine Aufgabe dir Feedback gibt, ob du sie gelöst hast oder nicht. Das ist zum Beispiel bei reinen Denkaufgaben ein Problem: Wenn ich meine Gedanken nicht festhalte, ist es schwierig für mich, festzustellen, ob ich auf dem Weg zur Lösung wirklich vorangekommen bin. Wortziele bieten dieses direkte Feedback: Du kannst jederzeit in deiner Datei schauen, wie viele Wörter du in der aktuellen Session geschrieben hast. Und wenn du mit einem Schreibtracker arbeitest, bekommst du am Ende sogar einen Vergleich und kannst in Zukunft noch besser planen. Womit du deine Aufgabe wieder machbarer oder anspruchsvoller gestalten kannst.

Kriterium 6: Möglichst wenig Ablenkung

Kriterium 6 ist eigentlich selbstverständlich: Wer hochkonzentriert arbeiten möchte, darf sich nicht ablenken lassen. Kein Telefon, kein Social Media, keine Katze. Das ist manchmal ganz schön schwierig, gerade wenn wir zu Hause in unserer gewohnten Umgebung schreiben. Denn da läuft das Leben ja einfach weiter, ob wir uns davon ablenken lassen oder nicht.

Einfacher wird's, wenn wir

- klare Vereinbarungen mit unseren Mitmenschen und uns selbst treffen,
- überschaubare Zeiteinheiten einplanen (danach können wir uns ja wieder ablenken lassen),
- uns Rituale überlegen, die für uns und andere zeigen, dass jetzt unsere ablenkungsfreie Zeit beginnt.

Und Übung hilft natürlich auch. Je öfter wir ungestört arbeiten, desto eher gewöhnen wir und unsere Mitmenschen uns daran und desto leichter wird es mit der Zeit.

Toll, jetzt hast du jede Menge Tipps, aber weißt noch nicht, wie du das alles umsetzen sollst. Dafür gebe ich dir auch eine kleine Handreichung: die Pomodoro-Technik. Diese Methode vereint nämlich die meisten der Flow-Kriterien und ist deswegen sehr gut dafür geeignet, schneller und effizienter zu schreiben. Und ja, sie heißt übersetzt »Tomaten-Technik«. Für die Methode ist es wichtig, Zeiten zu stoppen. Francesco Cirillo, der sich die Technik ausgedacht hat, benutzte dafür eine Küchenuhr in Form einer Tomate und benannte dann gleich seine ganze Erfindung so.

Die Pomodoro-Technik ist schnell erklärt: Bevor du loslegst, nimmst du dir einen Zettel und schreibst dir auf, was du dir für die heutige Schreibsession vornimmst. Du notierst das aber nicht einfach als Liste, sondern teilst es in 25-minütige Blöcke ein. In Block 1 willst du vielleicht noch einmal die Dialogszene vom Vortag überarbeiten, in Block 2 dann 300 Wörter des neuen Kapitels schreiben. Ein solcher Block heißt praktischerweise auch Pomodoro, und du kannst so viele Blöcke planen, wie du möchtest. Für den Anfang empfehle ich maximal vier.

Wenn du deine Pomodoro-Planung abgeschlossen hast, stellst du deine Uhr auf 25 Minuten und arbeitest das erste To-do auf der Liste ab. Wenn die Uhr klingelt, hörst du auf, egal, ob du fertig bist oder nicht. Jetzt machst du fünf Minuten Pause, und zwar richtig Pause mit Aufstehen, Fenster öffnen, Tee holen. Und wieder mit der Stoppuhr. Anschließend arbeitest du 25 Minuten lang weiter. Solltest du dein erstes To-do noch nicht abgeschlossen haben, machst du natürlich damit weiter, ansonsten gehst du zum nächsten über.

Nach vier Blöcken machst du eine längere Pause, mindestens eine halbe Stunde, die du auch nicht am Schreibtisch verbringen solltest.

25 Minuten eignen sich super, weil du in der Zeit abtauchen kannst, der Zeitraum aber auch kurz genug ist, um sich aus allem herausziehen zu können – in den 5-Minuten-Pausen bist du dann ja wieder erreichbar. Durch die To-dos, die du vorher aufschreibst, bekommst du Kontrolle und auch ein besseres Gefühl dafür, wie lang du wirklich für einzelne Aufgaben brauchst.

Was du jetzt konkret tun kannst:
Probiere die Pomodoro-Technik aus und schreibe mindestens zwei Blöcke lang damit. Überlege anschließend, was daran gut geklappt hat und was noch besser laufen darf.

Was, wenn doch eine Schreibblockade kommt?

Auch wenn du dir den Flow-Zustand antrainiert hast, du Pomodoro-Meister*in bist und so oft wie möglich für ideale Bedingungen sorgst, kannst du natürlich eine Schreibblockade erleben. Schreibblockaden entstehen nicht, weil wir irgendetwas falsch machen, sondern weil wir mit unserem Schreiben an einen Punkt kommen, den wir nicht ohne Weiteres überwinden können. Es gibt Texte, an denen werkele ich ewig herum, obwohl ich genau weiß, was ich schreiben möchte. Irgendetwas in mir sperrt sich aber dagegen. Und ohne dieses »irgendetwas« näher anzuschauen, verschwindet auch die Blockade nicht.

Schreibblockaden äußern sich meiner Erfahrung nach oft ganz anders, als wir sie uns vorstellen. Meist sitzen wir nicht grübelnd vor dem Rechner oder zerreißen den 17. Entwurf. Stattdessen putzen wir die Fenster, stürzen uns mit Begeisterung ins nächste Projekt, überarbeiten eine eigentlich längst abgeschlossene Szene wieder und wieder oder denken, dass wir keine Zeit fürs Schreiben haben. Auf diese Weise halten wir uns davon ab, uns mit unserem eigentlichen Schreibproblem zu beschäftigen.

So individuell wie Schreibblockaden sind auch die Strategien, die dagegen funktionieren. Ich habe hier vier Tipps für dich zusammengestellt, die dir darüber hinweghelfen können.

Tipp 1: Etwas ändern

Du kennst vielleicht den Spruch, den angeblich Albert Einstein gesagt haben soll: »Die Definition von Wahnsinn ist, immer wieder das Gleiche zu tun und andere Ergebnisse zu erwarten.« Es ist nicht klar, ob er das wirklich gesagt hat, aber der Satz hat trotzdem seine Berechtigung: Wir können nicht davon ausgehen, dass sich etwas ändert, wenn wir nichts ändern. Wenn du also eine Schreibblockade hast, ist Ändern ein guter erster Schritt. Dabei ist fast schon egal, was du konkret änderst, weil du vorher sowieso nicht weißt, welche Änderung den Knoten zum Platzen bringt. Deswegen probiere ruhig mehrere Dinge aus. Zum Beispiel:

- Lass das aktuelle Kapitel liegen und schreib ein anderes.
- Schreib zu einer anderen Uhrzeit.
- Nutze ein anderes Tool – zum Beispiel Stift statt Laptop.
- Suche dir einen anderen Platz zum Schreiben aus.
- Schreibe in der Gruppe statt allein.

Solche kleinen Veränderungen bringen eine neue Perspektive mit sich, und manchmal ist genau die es, die die Schreibblockade beendet.

Tipp 2: Zeit zum Nachdenken reduzieren

Ein wirklich gutes Mittel gegen eine Schreibblockade ist eine sich nähernde Deadline. Wenn es keine Möglichkeit gibt, sich zu blockieren, weil der Text einfach fertig werden muss, fließt der Text bei mir. Das liegt auch daran, dass ich sehr erfahren im Schreiben bin und das Schreiben wie einen Beruf betreibe (was es ja auch ist). In meinem früheren Job als Analystin hätte ich auch nicht sagen können: »Sorry, ich habe gerade eine Zahlen-Blockade, ich kann gerade nichts analysieren.« Selbst wenn es kniffelig wurde (ja, das gibt es auch in Excel), habe ich mich durchgebissen und weitergemacht.

Oft zerdenken wir die Dinge, weil wir uns die Zeit dafür geben. Wenn die Zeit nicht da ist, müssen wir umsetzen, statt ständig zu denken, und durch die Umsetzung entsteht Text, Fortschritt, ein Erfolgserlebnis. Damit kommen wir in einen Kreislauf, der uns das Schreiben leichter macht.

Stell dir bei deiner nächsten Schreibblockade doch mal eine Stoppuhr auf zehn Minuten und schreib, so schnell du kannst. Es ist ganz egal, wenn du noch nicht sofort zufrieden damit bist, denn niemand außer dir wird den Text sehen. Wichtig ist nur, dass etwas aufs Blatt kommt. Das kannst du dann in Ruhe später überarbeiten.

Tipp 3: Dich selbst kennenlernen

Der wichtigste Tipp gegen Schreibblockaden (und in vielen Lebenslagen) lautet: Lerne dich selbst kennen. Beobachte dich, reflektiere, wann und in welchen Situationen du dich festschreibst und wie du dich wieder aus deiner Blockade befreist. Wir alle stocken an unterschiedlichen Punkten und wir haben unterschiedliche Strategien, die uns helfen können, dort wieder herauszukommen.

Was du jetzt konkret tun kannst:

Denke an Situationen, in denen du eine Aufgabe oder ein Projekt trotz anfänglicher Widerstände abgeschlossen hast. Was hat dir dabei geholfen? Wie bist du mit Hindernissen umgegangen? Und wie kannst du das aufs Schreiben übertragen?

Tipp 4: KI als Schreibcoach nutzen

Wenn du in einer Schreibblockade feststeckst, kannst du dir auch von ChatGPT oder der Text-KI deiner Wahl helfen lassen. Im Grunde nutzt du die KI, um Tipp 3 umzusetzen, also um deine Blockade besser zu verstehen und sie somit zu überwinden.

So unterstützt KI dich in dieser Phase

Nutze am besten die Diktierfunktion von ChatGPT und beschreibe möglichst genau, wo du gerade feststeckst und wie sich das anfühlt. Ergänze dann als Prompt:

Ich möchte, dass du mir dabei hilfst, diese Schreibblockade zu überwinden. Bitte stelle mir Fragen, um mir bestmöglich dabei zu helfen.

Diese Fragen beantwortest du dann. Du wirst staunen, wie sehr dieses geführte Beantworten dir dabei hilft, zu verstehen, woran es gerade hakt. Und alles, was wir verstehen, können wir besser bearbeiten.

Test: Welcher Schreibblockaden-Typ bist du?

Lies dir die folgenden Fragen durch und kreuze jeweils die Antworten an, die am ehesten zu dir passen.

Du hast endlich Zeit zu schreiben und setzt dich vor den Rechner. Nach 20 Minuten stellst du fest, dass du nichts geschrieben hast. Was hast du stattdessen getan?

A) Ich habe den ersten Satz geschrieben, ihn wieder gelöscht, ihn wieder hingeschrieben ..., und das 20 Minuten lang.

B) Ich konnte mich zwischen den vielen Ideen, die mir im Kopf herumgingen, nicht entscheiden.

C) Ich habe darüber nachgedacht, dass das sowieso niemand lesen will.

D) Ich habe all meine Mails beantwortet, 10 Minuten auf TikTok gescrollt, mir Socken und einen Tee geholt.

E) Ich war zu müde, um mich zu konzentrieren.

Was findest du, wenn du in deine Manuskript-Schublade schaust?

A) Nicht so richtig viel. Aber wenn ich das hinzurechnen würde, was ich schon alles gelöscht habe, wäre es ein riesiger Turm.

B) Da sind jede Menge tolle angefangene Projekte drin. Ich hätte große Lust, die alle zu beenden, aber momentan habe ich eine andere Idee.

C) Da ist ein fast fertiges Manuskript. Aber es ist noch lange nicht gut genug für die Veröffentlichung.

D) Eine Schublade? Ich habe jede Menge Stellen, an denen meine Texte lagern. Da müsste ich erst mal suchen.

E) Um ehrlich zu sein, hatte ich in der letzten Zeit einfach nicht viele gute Tage, an denen ich vorangekommen bin, deswegen liegt da gar nicht viel.

Welchen Gedanken über deine Buch-Idee erzählst du niemandem?

A) Wahrscheinlich wird das das einzige Buch sein, das ich je schreibe. Deswegen muss es richtig gut werden, sonst lohnt es sich nicht.

B) Ich sehe schon die vielen Bücher vor mir, die ich alle schreiben will. Ich weiß nur nicht, wo ich anfangen soll.

C) Ich habe so viele tolle Bücher gelesen und weiß, dass ich das ohnehin nicht so gut kann.

D) Dieser Test ist langweilig, ich lese mal im nächsten Kapitel weiter.

E) Ich frage mich wirklich, wo andere die Energie hernehmen, ein ganzes Buch zu schreiben und zu veröffentlichen.

Du schreibst eine Szene und bekommst sie irgendwie nicht so hin, wie du es dir vorgestellt hast. Wie gehst du damit um?

A) Ich schreibe sie immer weiter um, bis ich endlich zufrieden bin. Es kann sein, dass das nie passiert, dann gebe ich auf.

B) Ich nehme mir eine andere Szene vor. Wenn es mit der auch nicht klappt, habe ich noch jede Menge anderer Buch-Ideen in der Schublade.

C) Ich nehme das als Beweis dafür, dass ich einfach nicht das Talent zum Schreiben habe.

D) Ich mache eine Pause und scrolle ein bisschen auf Instagram, um mir Inspiration zu holen.

E) Ich schiebe mein Projekt auf morgen, weil ich da wahrscheinlich fitter bin und einen klareren Kopf für die Szene habe.

Welche Sätze klingen nach dir?

A) »Entweder richtig oder gar nicht. Dazwischen gibt es nichts.«

B) »Ich habe viel mehr Ideen als Zeit. Es ist schade, dass ich nicht alle umsetzen kann.«

C) »Es gibt schon viele solcher Bücher. Meins braucht doch niemand.«

D) »So, gleich fange ich an zu schreiben ... Huch, schon 21 Uhr? Das wird dann heute nichts mehr.«

E) »Wenn ich so müde bin, fehlt mir einfach die Kreativität. Das klappt viel besser, wenn ich ausgeschlafen bin.«

Du triffst mich und ich gebe dir einen Schreibtipp. Was machst du mit diesem Tipp?

A) Ich integriere ihn in das von mir selbst gebaute System aus Schreibtipps. Damit werde ich die perfekte Anleitung für meinen Roman erstellen.

B) Super, den nehme ich gerne und werde ihn gleich ausprobieren. Dafür werfe ich auch gerne die anderen Sachen über Bord, die ich bisher ausprobiert habe.

C) Ich denke, dass das bei mir sowieso nicht funktioniert.

D) Ich bin begeistert und schreibe ihn auf einen Zettel, den ich erst sechs Monate später wiederfinde.

E) Der Tipp klingt gut, aber ich weiß, dass ich weder Zeit noch Ruhe haben werde, ihn auszuprobieren.

Bei unserem Treffen gebe ich dir keinen Schreibtipp, sondern einen Zauberstab, den du einmal nutzen kannst. Was zauberst du dir herbei?

A) Ich zaubere mir die Erlaubnis herbei, einen richtig schlechten Roman-Entwurf zu schreiben. Es dürfte einfach egal sein, wie gut er ist.

B) Ich zaubere eine klare Schritt-für-Schritt-Anleitung, in der ich mir immer das herauspicken und abarbeiten kann, was mich gerade anspricht.

C) Ich zaubere mir eine*n Cheerleader*in für meinen Roman, um mich davon zu überzeugen, dass meine Idee gut ist.

D) Ich zaubere mir 30 Minuten Ruhe in meinem Gehirn, damit ich klar denken und mein Buch weiter voranbringen kann.

E) Ich zaubere mir eine ganze Woche mit durchgeschlafenen Nächten und jemanden, der meine To-do-Liste für mich abarbeitet.

Alle Fragen beantwortet? Dann zähle jetzt aus, welchen Buchstaben du am häufigsten angekreuzt hast. Dieser kennzeichnet deine Haupt-Schreibblockade. Wenn es bei den Antworten bei dir Kopf an Kopf ausgegangen ist, blockierst du dich auf mehrere Arten. Wir können auch im Blockieren kreativ sein. Am Ende verrate ich dir auch meine beiden Schreibblockaden-Typen.

Überwiegend A – die Perfektionistin

Deine größte Hürde ist dein Wunsch, es richtig, richtig gut zu machen. Das geht bei kleineren Projekten, aber dein Roman entsteht nicht im ersten Entwurf, sondern in vielen Schleifen. Der erste Entwurf ist immer Mist. Nutze deinen Perfektionismus, um den perfekt schlechten ersten Draft zu schreiben. Setze dir den Anspruch, dass das niemand anderes so schnell und so schlecht wie du hinbekommt. Danach kannst du dich im Überarbeiten austoben.

Überwiegend B – die Verzettlerin

Als kreativer Mensch brauchst du Ideen. Aber du musst auch mindestens eine bis zum Ende verfolgen, damit du wirklich etwas erschaffst. Zu viele Optionen führen dazu, dass du auf der Stelle trittst. Deine wichtigste Hürde: Du musst eine Idee auswählen und dabei bleiben. Das heißt nicht, dass du dich gegen alle anderen entscheidest. Parke sie gut sichtbar in einem Backlog, dann weißt du, dass sie nicht verloren sind.

Überwiegend C – die Selbstkritische

Da sitzt noch immer dein überkritischer Deutschlehrer in deinem Kopf und gibt dir die ganze Zeit ungefragt Tipps. Der innere Kritiker, der bei dir besonders laut ist, will uns eigentlich nur schützen: vor Kritik anderer Menschen, vor Scham, davor, dass unser Traum am Ende nicht in Erfüllung geht. Bedanke dich bei ihm und gib ihm eine wohlverdiente Pause. Er darf während des Schreibprozesses Energie tanken, damit er in der Überarbeitung die Führung übernehmen kann.

Überwiegend D – die Ablenkbare

Du nimmst dir fest vor, zu schreiben, aber dann blinkt irgendwo etwas, und du bist weg. Es fällt dir schwer, dich zu konzentrieren, weil es so viele andere Dinge gibt, die gerade wichtig, dringend oder einfach nur interessant sind. Schaffe dir einen möglichst ablenkungsfreien Raum, ohne Geräusche, visuelle Reize und die Möglichkeit, ins Internet zu gehen. Weißes Rauschen kann auch gut helfen, dich besser zu fokussieren. Auch Deadlines können dir gut helfen.

Überwiegend E – die Erschöpfte

Das Leben hört nicht einfach auf zu passieren, nur weil wir uns gerade überlegt haben, ein Buch zu schreiben. Und dein Leben passiert gerade sehr intensiv, sodass du nicht viel Energie für dein Buch hast. Deine beste Chance, diese Energie zu bekommen, ist die Unterstützung durch andere. Frag in deinem Umfeld, wer dir Aufgaben abnehmen kann, damit du wieder zu Kräften kommst und dann auch wieder mit dem Schreiben loslegen kannst.

Ich bin übrigens eine Mischung aus D und B. Und Deadlines wirken bei mir Wunder.

Kapitel und Szenen

»Nur noch das Kapitel zu Ende lesen!« Diesen Gedanken kennst du vielleicht. Er hat bei mir schon mal dazu geführt, dass ich den Bahnhof verpasst habe, an dem ich hätte aussteigen müssen. Denn Kapitel sind so aufgebaut, dass sie zusammen eine kleine Sinn- und vor allem Spannungseinheit ergeben, bei denen wir das Gefühl haben, dass wir sie nicht einfach unterbrechen können. Kapitel und Szenen sind die »Organisationsstruktur« deines Romans: Sie helfen dir, deine Geschichte sinnvoll zu planen und spannend zu erzählen. Und sie helfen deinen Leser*innen dabei, sich im Buch zu orientieren.

Was ist ein Kapitel?

Obwohl wir alle wissen, was ein Kapitel ist, fällt es den meisten spontan schwer, eine Definition dafür zu finden. Denn so klar abgegrenzt ist das gar nicht: Ein Kapitel ist einfach ein größerer Abschnitt innerhalb eines längeren Buchs. Der Gedanke dahinter ist, dass die meisten Menschen einen Roman nicht in einem Rutsch lesen können und es leichter wird, wenn die Geschichte in einzelne Abschnitte unterteilt ist.

In manchen Romanen haben Kapitel Überschriften, in anderen sind sie nummeriert, und manchmal sind sie einfach durch den Buchsatz gekennzeichnet, zum Beispiel durch einen besonders formatierten ersten Absatz. Kapitel bestehen aus einer oder mehreren Szenen (was das genau ist, erfährst du im nächsten Abschnitt) und haben einen thematischen Fokus und einen eigenen Spannungsaufbau. Den Inhalt eines Kapitels können wir meist kurz beschreibend zusammenfassen, zum Beispiel »das Kapitel, in dem Mia ihre lange verschollene Freundin wiedertrifft«.

Ich selbst plane meinen Plot auf Kapitel-Ebene, sodass ich 30 oder 40 einzelne Stationen habe, über die sich die Geschichte entwickelt. Zwischen den einzelnen Kapiteln kannst du die Perspektive wechseln oder zwischen verschiedenen Handlungssträngen deines Romans springen.

Als Richtlinie für die Kapitellänge kannst du davon ausgehen, dass man es in einem Rutsch lesen können sollte. Innerhalb dieser zugegebenermaßen sehr groben Leitplanken kannst du kurze oder lange Kapitel schreiben. Orientiere dich dabei am besten an deinem gewählten Genre, damit du die Erwartungen deiner Leser*innen triffst. Im New-Adult-Roman sind die Kapitel oft kürzer (1500–3000 Wörter), während die Bandbreite in Romantasy-Büchern etwas breiter ist (2000–4000 Wörter).

Ein Kapitel hat einen klaren Aufbau: Anfang, Mittelteil und Ende.

Der Anfang verortet die Leser*innen. Er macht deutlich, wann und wo das Kapitel spielt und welche Figuren eine Rolle spielen. Außerdem setzt er den emotionalen oder dramatischen Ton des Kapitels. Im Mittelteil entwickelt sich die Handlung. Konflikte entstehen oder verschärfen sich, Entscheidungen werden vorbereitet, Beziehungen verändern sich. Hier steht die Bewegung der Geschichte im Mittelpunkt. Am Ende schließt das Kapitel entweder mit einer Überleitung zum nächsten Abschnitt oder mit einem Cliffhanger – also einem offenen, besonders spannenden Moment, der zum Weiterlesen motiviert.

Um deine Kapitel gezielt zu planen, kannst du zusätzlich mit folgendem Muster arbeiten: Jedes Kapitel hat eine Hauptfigur im Fokus. Das kann durchgehend dieselbe Figur sein oder (wenn du die Perspektive wechselst) von Kapitel zu Kapitel eine andere. Diese Hauptfigur verfolgt im Kapitel ein konkretes Ziel. Häufig ist das ein Unterziel auf dem Weg zu ihrem großen Ziel, das sie über den gesamten Roman hinweg antreibt.

Dieses Ziel kann die Figur nicht sofort oder problemlos erreichen, denn es gibt Hindernisse: äußere Konflikte, innere Zweifel, andere Figuren oder das System, in dem sie sich bewegt.

Das Kapitel endet in dem Moment, in dem die Figur ihr Ziel erreicht, verfehlt oder sich ein neues setzt. Oft entstehen genau daraus neue Probleme oder größere Hürden, die die Handlung weiter vorantreiben.

Im ersten Kapitel von *Flammengeküsst* (Rebecca Yarros) erleben wir Violet auf ihrem Weg zum Basgiath War College. Ihr Ziel für diesen Tag ist es, heil im College anzukommen, denn der Weg dorthin führt über einen schmalen Viadukt – ihre erste Prüfung. Ihre Hürden: Sie ist körperlich unterlegen und nicht für den Reiterquadranten ausgebildet, da sie eigentlich Geschichtsschreiberin werden sollte. Zum Glück gibt ihre ältere und im Reiterquadranten erfahrene Schwester Mira ihr Tipps mit auf den Weg. Das Kapitel endet, als Violet erkennt, dass diese Tipps sie nur begrenzt schützen werden. Der Viadukt ist gefährlicher als gedacht, und selbst ihre Mitkadett*innen stellen eine potenzielle Bedrohung dar.

Was ist eine Szene?

Eine Szene ist die kleinste erzählerische Einheit und außerdem eine Einheit von Raum und Zeit. Eine Szene spielt immer zur selben Zeit am selben Ort. Sobald deine Figuren den Ort wechseln oder eine Stunde vergeht, ohne dass du die Geschehnisse schilderst, beginnt eine neue Szene. Du kannst sie dir vorstellen wie in sich geschlossene Situationen, die du erzählst, damit deine Leser*innen sie gedanklich zu einer Geschichte verbinden können.

Auch Szenen haben Anfang, Mittelteil und Schluss, genau wie die Kapitel. Eine Szene kann aus Dialog, Handlung oder Beschreibungen bestehen.

Die Szene in *Flammengeküsst*, in der Mira Violet auf den Viadukt und ihre erste Zeit im War College vorbereitet, enthält hauptsächlich Dialog. In diesem Dialog erfahren wir als Leser*innen viel über die Hauptfiguren und das Setting des Romans (man nennt das »Expositionsdialog«), aber eher beiläufig, weil parallel dazu nämlich auch einiges geschieht: Violet bereitet sich auf die Prüfung vor und die Schwestern nehmen voneinander Abschied. Die Szene endet, als sie sich auf den Weg machen, nachdem Mira Violet noch einen wichtigen Ratschlag gegeben hat. Diese Szene geht – wie viele Szenen – fast unbemerkt in die nächste über. Aus Sicht deiner Leser*innen muss es hier auch gar keine Unterbrechung geben. Du selbst weißt aber, dass du dich nun mit deinen Figuren an den nächsten Schauplatz begibst.

Normalerweise haben Kapitel ein bis drei Szenen, aber das ist nur ein Richtwert: Inhalt geht hier immer vor, und wenn du vier Szenen brauchst, um dein Kapitel zu erzählen, brauchst du eben vier.

Was du jetzt konkret tun kannst:

Schnapp dir deine Plot-Planung und gehe sie noch einmal in Ruhe durch. Hast du deine Kapitel schon geplant oder kannst du sie aus deinem Plot ableiten? Wie sieht es mit den unterschiedlichen Szenen aus? Hast du für sie schon einen Plan? Konkretisiere deinen Plot, bevor du im nächsten Schritt ans Schreiben gehst.

Erzählregeln

»Erzählregeln« hört sich gar nicht sexy an, oder? Eher wie eine Einschränkung deiner Kreativität.

Genau das sollen sie nicht sein: Regeln helfen dir, zu verstehen, was gutes Erzählen ausmacht und wie du deine Geschichte spannender, emotionaler, fesselnder schreibst. Dabei sollst du dich und deinen Text nicht in die Regeln pressen, sondern sie wie einen Werkzeugkasten nutzen, aus dem du dir das herausnimmst, was gerade für dich nützlich und sinnvoll ist. Oder anders: Stell sie dir wie einen Kreisverkehr vor, in den du dich einfädelst, wann es für dich passt, und nicht wie eine Ampel, die dir genau vorgibt, wann du fahren und wann du stehenbleiben sollst.

Erzählregeln können dir dabei helfen, Entscheidungen zu treffen und so besser zu schreiben. Und genau dafür sind sie da: dass du es dir leichter machst, bestimmte Entscheidungen im Erzählen zu treffen – aufgrund bewährter Regeln, die in gelungenen Texten umgesetzt sind. Es sind Grundprinzipien, die dabei helfen, deine Geschichte wirkungsvoll zu erzählen. Das tun sie nicht, weil irgendjemand die Regel willkürlich festgelegt hat, sondern weil wir als Menschen auf eine bestimmte Art und Weise Informationen aufnehmen und Sprache wahrnehmen. Die Erzählregeln berücksichtigen das. Sie geben dir als Autor*in Orientierung, und sie decken sich mit den Erwartungen von Lesenden.

Wenn du die Regeln kennst, kannst du sie natürlich auch bewusst brechen. Das kann sehr wirkungsvoll sein und hat einen anderen Effekt, als wenn du sie unbewusst oder aus Versehen brichst. Also: Selbst wenn du gar keine Lust hast, dich an irgendwelche Regeln zu halten, solltest du sie dennoch kennen.

Viele der gängigen Erzählregeln kennst du, wenn du schon mal ein YouTube-Video oder ein TikTok zum Thema Schreiben angeschaut hast. Sie sind so bekannt und gängig, dass sie einem überall begegnen. Es schadet trotzdem nicht, sie noch einmal durchzulesen. Ich habe dir die wichtigsten hier zusammengestellt.

Regel 1: Jede Geschichte braucht Konflikt

»Konflikt« hört sich immer nach großem Streit oder sogar nach Kampf an, und viele Autor*innen scheuen den Begriff, weil ihre Geschichten positiv und leicht sein sollen. Das Verb »confligere« heißt zwar »kämpfen«, aber auch »zusammentreffen«, und in einem Konflikt treffen zwei unterschiedliche, oft unvereinbare Wünsche oder Ziele aufeinander. Ein Konflikt kann sein, dass der beste Freund sich in jemanden verliebt, den die Hauptfigur nicht mag. Davon geht die Welt nicht unter und es explodiert auch nichts. Trotzdem ist plötzlich eine Hürde da, die das Leben der Figuren verändert. Wenn wir eine Geschichte lesen, wollen wir wissen, ob die Figuren die Herausforderungen meistern können, die du ihnen auf den Weg gibst, also: ob sie die Konflikte lösen können. Dabei ist egal, wie »groß« der Konflikt ist: Wenn er eine Hürde für deine Figur darstellt, ist er groß genug.

Regel 2: Geschichten bestehen aus Aktion und Reaktion

Warum hat das Huhn die Straße überquert? Keine Ahnung, aber irgendeinen Grund wird es gegeben haben, sonst hätte es das nicht getan. Dieser alte Anti-Witz zeigt, wie sehr wir Menschen in Ursache und Wirkung denken: Wir können gar nicht anders, als überall einen Grund zu suchen, selbst wenn einfach nur ein Huhn die Straßenseite wechselt. So erkennen wir Zusammenhänge und sehen einen Sinn in der Welt.

Das ist auch für dich und deinen Roman wichtig. Denn alle Ereignisse in deiner Geschichte sind miteinander verbunden, und zwar durch Ursache und Wirkung. Die einzelnen Elemente stehen nicht unverbunden nebeneinander, sondern es gibt immer eine Kette aus Aktion und Reaktion, die ganz logisch vom Anfang zum Ende des Buchs führt. Eine Geschichte, bei der diese Kette nachvollziehbar ist, wirkt rund und schlüssig erzählt.

Regel 3: Show, don't tell

Zeigen, nicht sagen – diese Regel hast du sicher schon gehört. Sie hat ihren Ursprung in einem Zitat von Anton Tschechow: »Don't tell me the moon is shining; show me the glint of light on broken glass.« (»Sag mir nicht, dass der Mond scheint; zeige mir den Lichtreflex auf zerbrochenem Glas.«) Gerade Emotionen lassen sich wunderbar zeigen – und werden leider viel zu oft ausgesprochen. Das ist schade, weil wir dann als Leser*innen nicht genauso mitfiebern können. Denn wenn du Gefühle bei deinen Figuren zeigst, statt sie zu benennen, sprichst du damit andere Bereiche im Gehirn deines Publikums an und erreichst sie viel direkter. Statt einfach den sprachlichen Teil des Gehirns zu adressieren (zum Beispiel das Broca-Areal), mit dem wir Informationen wahrnehmen, zielst du auf den bildhaften, in dem wir Emotionen auch selbst erleben. In Lesestudien mit MRI-Scans wurde gezeigt, dass solche gezeigten Emotionen beim Lesen Cortex und Amygdala aktivieren – wir erleben das Gelesene also aktiv mit.

Die einfachste Möglichkeit, Gefühle zu zeigen, statt zu benennen, ist die Körpersprache. Vielleicht stellen sich bei deiner Hauptfigur die Härchen an den Armen auf. Oder dein Love Interest verschluckt sich plötzlich und muss husten, als deine Hauptfigur ihn direkt anspricht. Wenn du Situationen auf diese Weise beschreibst, lässt du deine Leser*innen eintauchen und mitfühlen, und genau das wird sie dazu bringen, dein Buch unbedingt zu Ende lesen zu wollen.

Dass du gerade kein »Show, don't tell« nutzt, erkennst du zum Beispiel an Filterwörtern. Das sind oft Wörter der Wahrnehmung (sehen, denken, fühlen), die auf den ersten Blick so scheinen, als wäre man ganz nah bei der Figur, in Wahrheit filtern sie aber das Erleben. Wenn ich schreibe: »Sie hörte den Regen aufs Dach prasseln«, ist meine Autor*innen-Kamera auf meine Figur gerichtet und darauf, wie sie den Regen hört. Schreibe ich stattdessen »Der Regen prasselte aufs Dach«, ist der Regen im Fokus. Deine Leser*innen hören dann selbst zu und sind ein Teil der Geschichte.

Regel 4: Jede Szene dient einem Zweck

Manchmal haben wir eine besonders schöne Szene vor Augen, in der wir die Figuren genau so zeigen, wie wir sie uns vorstellen. Alles stimmt: Setting, ein tiefer Dialog und sprachlich einfach top. Trotzdem kann es sein, dass du genau diese Szene später streichen musst. Nämlich dann, wenn sie nichts zur Geschichte beiträgt. Auch hier gibt es ein schönes Zitat von Tschechow: »Wenn du im ersten Akt eine Pistole an die Wand gehängt hast, dann soll sie im nächsten abgefeuert werden. Ansonsten hänge sie nicht dorthin.«

Wir alle haben Leseerfahrung und damit auch Erwartungen an Romane und Geschichten. Die Erfahrung sagt uns, dass nur Erzählenswertes erzählt wird und wir damit rechnen können, dass alles irgendwann Sinn ergibt. Wenn Szenen »nur so da« sind, verwirren wir unsere Leser*innen damit, weil sie erwarten, dass sich daraus noch mehr ergeben wird.

Regel 5: Weniger ist mehr

Du darfst deinen Leser*innen ruhig etwas zutrauen und musst nicht alles erklären. Wenn schon, solltest du es sowieso zeigen, du kennst ja Regel 3. Es gibt einen weiteren Grund, warum wir nicht alles erklären müssen: Wenn wir die Zusammenhänge zu sehr erklären, machen wir unser Publikum zu Zuschauer*innen. Wenn wir dagegen manches ungesagt lassen, werden sie zu einem Teil der Geschichte. Wir geben ihnen eine Aufgabe: herauszufinden, was wirklich geschieht. Und Menschen mit Aufgabe sind viel stärker involviert als solche, die nur zuschauen. Ein Satz wie »Lea war sehr wütend auf Marc« ist nicht falsch, aber er hat auch nicht dieselbe Kraft wie die folgende kleine Szene.

»Sorry, es hat länger gedauert.« Marc stellte die Tasche auf den Boden und schob mit der anderen Hand die Tür hinter sich ins Schloss.

Lea schaute weiter auf den Bildschirm und tippte betont langsam auf die Tasten.

»Hey, alles klar?«, fragte Marc.

Lea drehte sich langsam zu ihm um und schaute ihn an. »Klar ist alles klar«, sagte sie gedehnt. »Warum sollte nicht alles klar sein?«

Regel 6: Figuren müssen handeln, nicht nur denken oder reden

Gerade Erstautor*innen schreiben wahnsinnig gerne darüber, was ihre Figuren denken oder sagen – weil wir das aus unserer eigenen Perspektive besonders gut kennen. Schließlich hören wir unseren Gedanken den ganzen Tag lang zu.

Im Roman ist es aber viel spannender zu sehen, was die Figuren tun, statt ihren Gedanken zu lauschen. Wir wollen wissen, wie sie auf Hindernisse reagieren, wie sie zur Tat schreiten und aktiv sind. Und selbst wenn sie viel denken oder reden, können sie zwischendurch aufstehen, mit Gegenständen interagieren oder den Schauplatz wechseln. Das gibt deinem Roman gleich mehr Dynamik, und bei dynamischen Texten bleiben wir dran.

Regel 7: Beschreibe, was passiert, und nicht, was nicht passiert

»Cassie saß am Fenster und drehte sich nicht zu Viktor um.«

Diese Szene kannst du dir sicher gut vorstellen, und es ist auch nichts falsch daran. Aber wenn wir beschreiben, was gerade nicht passiert, richten wir den Blick weg von dem, was geschieht. Wenn eine Figur etwas nicht tut, denkt oder sagt, schreiben wir das am besten auch nicht hin – denn sonst denken die Leser*innen an genau die Sache, die für die Figuren gerade gar keine Rolle spielt. Du kennst das ja sicher: Stell dir mal keinen rosa Elefanten vor! Wie soll das gehen?

Viel besser klingt:

»Cassie saß am Fenster und starrte auf den Schnee.«

Damit ist klar, dass sie sich nicht zu Viktor umdreht, nicht aufsteht und sich auch keinen Tee kocht.

So unterstützt KI dich in dieser Phase

Du kannst deine Szenen von ChatGPT auf die Schreibregeln prüfen lassen. Kopiere dazu deinen Text in ChatGPT oder lade ihn hoch. Schreibe dann folgenden Prompt:

Ich möchte diese Szene darauf prüfen lassen, ob ich die Regel »Show, don't tell« richtig umgesetzt habe. Bitte analysiere die Szene im Hinblick auf diese Regel und sage mir kritisch, wo noch Verbesserungspotenzial ist. Bitte formuliere meinen Text nicht um, sondern gib mir Hinweise, wo ich ihn verbessern sollte.

ChatGPT analysiert deinen Text dann auf Schwachstellen in Bezug auf genau diese eine Regel. Wichtig ist, dass du dir keine Verbesserungsvorschläge von ChatGPT machen lässt, solange du nicht gezielt eine Formulierung verbessern willst. Wenn wir die Änderungen einmal gelesen haben, ist es schwierig, sie wieder aus dem Kopf zu bekommen und den Text wieder zu etwas Eigenem zu machen.

Regel 8: Wähle eine Zeitform und bleibe dabei.

Du kannst dir überlegen, ob du deine Geschichte im Präsens (»Ich wache auf«) oder im Präteritum schreibst (»Ich wachte auf«). Welche Zeit du auch immer wählst – sie bleibt während der gesamten Geschichte gleich. Eine Ausnahme sind Rückblenden.

Viele Autor*innen springen unbewusst zwischen den Zeiten hin und her, deswegen solltest du dir vorher überlegen, welche du auswählst. Das Präsens wirkt oft unmittelbarer, als würden wir miterleben, was gerade passiert, während das Präteritum erzählerischer klingt. Die Unterschiede sind am Ende aber gering, und wie dein Roman wirkt, hängt an vielen anderen Dingen, deswegen kannst du auch einfach die aussuchen, die dir leichter fällt. Wenn du mit vielen Rückblenden arbeitest, kannst du auch die Hauptzeitschiene im Präsens und die Vergangenheit im Präteritum schreiben. Das macht für dich und deine Leser*innen einiges leichter.

Perspektive und Erzählstimme

Wenn du Rotkäppchen aus der Sicht des Wolfs erzählst, werden die Leser*innen mit dem Wolf mitfühlen und mitfiebern. Es gibt in Geschichten kein wirkliches Gut oder Böse – zum Beispiel in einem Märchen – und kein Richtig oder Falsch, sondern die Wahl deiner Perspektive entscheidet darüber, an wessen Seite deine Leser*innen stehen werden.

Die Perspektive ist die Sicht, aus der deine Geschichte erzählt wird. Das umfasst zum einen die Figur, der wir durch die Handlung folgen, und zum anderen die grammatikalische Form, in der du das schilderst. Du kannst Rotkäppchen aus der Sicht des Wolfs, der Großmutter oder des Jägers erzählen, und du kannst in der ersten Person (»ich«) oder in der dritten Person (z. B. »er«, »sie«) schreiben.

Welche Perspektive du wählst, bestimmt, wie deine Leser*innen die Geschichte wahrnehmen, und deswegen solltest du die Perspektive bewusst wählen. Sie entscheidet auch, wie nah oder fern wir uns anderen Figuren fühlen, denn wir nehmen automatisch die Wahrnehmung der Hauptfigur ein. Die Perspektive hat sogar Einfluss auf den Ton und den Stil deines Buchs. Wenn deine Figur jung und laut ist, wird dein Buch sich anders anhören, als wenn es aus der Sicht einer ruhigen alten Dame erzählt wird.

Im Folgenden stelle ich dir zunächst die grammatikalischen Erzählweisen vor, bevor wir uns mit den Perspektiven verschiedener Figuren beschäftigen.

Ich-Erzähler*in

Viele Erstautor*innen wählen ganz intuitiv die Ich-Perspektive, weil sie sich so leicht anfühlt. Wir sprechen den ganzen Tag in der Ich-Perspektive, schreiben unsere Nachrichten und Mails in ihr – da ist es doch sicher auch einfacher, einen Roman durch die eigenen Augen zu schildern.

Tatsächlich hat diese Perspektive ein paar Vorteile. Sie ist emotional sehr nah, hat oft einen Tagebuch-Stil und wir können gut nachvollziehbar schildern, was unsere Figur antreibt und was in ihr vorgeht. Es gibt viele New-Adult- und Romantasy-Romane, die in der Ich-Perspektive erzählt sind, zum Beispiel *Nur noch ein einziges Mal* von Colleen Hoover.

Allerdings hat die Ich-Perspektive oft ein paar organisatorische Hürden, denn die erzählende Figur kann nicht überall gleichzeitig sein. Sobald du etwas erzählen möchtest, bei dem sie nicht dabei ist, musst du entweder die Perspektive wechseln oder dir einen Workaround überlegen, bei dem jemand anderes der Figur erzählt, was passiert ist. Gerade die zweite Variante ist erzählerisch nicht besonders schön, weil Dialoge hier als sogenannte Information Dumps verwendet werden, was ihnen nicht gerecht wird.

Personale Perspektive

Die personale Perspektive ist die beste Lösung für das »Das kann sie gar nicht wissen«-Problem. Die personale Perspektive ist – zumindest innerhalb einer Szene – auf eine Figur begrenzt. Du schilderst von außen, was die Figur tut, kannst aber auch ihre Gedanken und Gefühle beschreiben. So bist du ganz nah bei ihr, und deine Leser*innen damit auch. Du kannst diese Perspektive auch von Kapitel zu Kapitel wechseln und somit mehrere Sichtweisen einfließen lassen. Mit der personalen Perspektive ist es auch einfacher, mehrere Handlungsstränge im Roman einzuweben und das Geschehen damit dichter werden zu lassen.

Auktoriale Perspektive

Die auktoriale Perspektive wird auch als allwissende Perspektive bezeichnet. Die Geschichte wird nicht aus Sicht oder entlang einer Figur erzählt, sondern gibt einen Überblick über alle Figuren und Geschehnisse, die auch gleich noch eingeordnet werden. Die auktoriale Perspektive klingt ein wenig, als wäre die Romanwelt durch die Erzählstimme erschaffen worden, da sie alles weiß und den Leser*innen mehr preisgibt, als die Figuren selbst wissen. Diese Perspektive schafft allerdings auch Distanz, denn die Leser*innen schweben mit über dem Geschehen und können sich in die Figuren nicht hineinfühlen. Sie beobachten sie aus der Ferne und haben den Blick aufs große Ganze gerichtet, statt sich einer Figur wirklich verbunden zu fühlen.

Die auktoriale Perspektive ist nicht mehr modern, und gerade in Genres, in denen es um die Entwicklung der (Haupt-)Figuren geht, ist sie nicht wirklich sinnvoll.

Theoretisch sind auch andere Perspektiven möglich – die Du- oder Wir-Perspektive. Beide sind jedoch sehr ungewöhnlich und nur schwer für die Dauer eines Romans durchzuhalten. Wenn du damit experimentieren möchtest, kannst du eine Kurzgeschichte in einer der Perspektiven schreiben. Das ist leichter.

Multi-perspektivisches Erzählen

Häufig begegnet uns multi-perspektivisches Erzählen mit mehreren personalen Erzähler*innen, zwischen denen von Kapitel zu Kapitel gewechselt wird. Romane mit mehreren Perspektiven sind oft besonders dicht, weil wir unterschiedliche Sichtweisen erleben und an verschiedenen Orten gleichzeitig sein können – wir erleben also, wie die Geschichte sich aus verschiedenen Richtungen entwickelt. Marie Lu wechselt in *Fallender Himmel* zwischen den Perspektiven von Day und June.

Wenn du eine Geschichte aus mehreren Perspektiven planst, solltest du darauf achten, dass du die Perspektiven nicht innerhalb einzelner Kapitel oder zumindest Szenen wechselst. Tatsächlich passiert das häufig aus Versehen, wenn wir in die Gedanken oder Gefühle der zweiten Figur huschen. Das fällt beim Schreiben kaum auf, stört beim Lesen aber, weil wir unbewusst das Gefühl haben, hin und her zu springen.

Das kann dann zum Beispiel so aussehen.

Marla öffnete die Tür und trat leise in den Flur. In der Küche sang ihre Mutter. Es duftete nach Jasminreis und Curry.

»Da bist du ja«, rief die Mutter, als sie Marla hörte.

Der Perspektivwechsel liegt dort, wo geschildert wird, was Marlas Mutter hört – das kann Marla nämlich gar nicht wissen.

So unterstützt KI dich in dieser Phase

Du kannst ChatGPT bitten, deine Szene auf unbeabsichtigte Perspektivwechsel zu prüfen. Wir selbst übersehen das leicht, und es ist ein Fehler, der mir lange Zeit in jeder Rohfassung unterlaufen ist und den ich auch immer wieder in den Texten meiner Kursteilnehmer*innen sehe. Mit der Zeit schulst du deinen Blick für solche unbeabsichtigten Perspektivwechsel und vermeidest sie.

Eine weitere Herausforderung bei multi-perspektivischem Erzählen: Jeder Perspektivwechsel muss klar und schnell erkennbar sein, weil du deine Leser*innen nicht im Dunkeln darüber lassen möchtest, wem sie gerade folgen. Eine einfache Möglichkeit, klar erkennbar zu machen, aus wessen Perspektive du gerade erzählst, ist es, die Kapitel entsprechend zu benennen. Unabhängig davon brauchen deine Figuren auch eine eigene Erzählstimme – selbst dann, wenn du nicht in der Ich-Perspektive erzählst. So können deine Leser*innen sich leichter orientieren und du setzt auch gleich eine andere Stimmung, wenn du die Perspektive wechselst.

Was du jetzt konkret tun kannst:

Weißt du schon, welche Perspektive du für deinen Roman nutzen möchtest? Überlege dir, welche Perspektiven überhaupt infrage kommen. Dann schreibe ein oder zwei kurze Kapitel und experimentiere mit den unterschiedlichen Perspektiven. So findest du heraus, was wirklich zu deiner Geschichte passt.

Dialoge

Wie lernen wir andere Menschen kennen? Genau, wir sprechen mit ihnen. Figuren lernen wir auch so kennen: Klar, indem wir über sie lesen, aber auch, indem wir ihnen zuhören. In den Dialogen.

Dialoge spielen eine besondere Rolle im Roman, denn dort trittst du als Autor*in ein Stück zur Seite und übergibst das Wort direkt an deine Figuren. Dialoge wirken viel unmittelbarer als Erzählung, sie sind oft schneller und dynamischer. Und sie zeigen den Charakter deiner Figuren ganz direkt, ohne Erklärung. Wir sehen, wie sie sprechen, worüber sie sprechen, ob sie auch tun, was sie sagen. Dialoge sind also eine Form von »Show, don't tell«.

Allerdings tun sich viele Autor*innen sehr schwer damit, Dialoge zu schreiben, haben das Gefühl, dass sie hölzern wirken (was manchmal auch der Fall ist). Und dann verzichten sie darauf, obwohl Dialoge das Herzstück ihres Romans sein könnten und es nur eine Übungssache ist, sie besser hinzubekommen.

Was gute Dialoge ausmacht

Gute Dialoge zeigen die Beziehungen der Figuren untereinander, tragen etwas zur Handlung bei oder lassen die Figuren sich entwickeln. Dialoge haben also immer eine Funktion. Small Talk oder belanglose Alltagspläuschchen sind im echten Leben wahrscheinlich die häufigsten Gespräche. Im Roman haben sie nur dann etwas zu suchen, wenn du mit ihnen etwas von den Figuren oder der Handlung zeigst. Dialoge wie dieser fügen deiner Geschichte nichts hinzu und dürfen deswegen gerne gehen.

»Hallo, Henry«, sagte er.

»Hallo, Ludwig, wie geht es dir?«

»Ach, ganz gut.«

»Dann mach's mal gut.«

»Du auch.«

In Dialogen zeigst du, wie Figuren sprechen – und zwar am besten authentisch und einzigartig. Wenn wir miteinander reden, lassen wir schon mal Wörter aus, bleiben mitten im Satz hängen oder vernachlässigen auch mal die Grammatik. Das dürfen deine Figuren selbstverständlich auch. Und sie dürfen auch Subtext verwenden, bewusst Informationen zurückhalten, lügen oder Dinge falsch verstehen.

Manchen wichtigen Figuren kannst du auch eine kleine sprachliche Eigenheit geben, zum Beispiel eine Formulierung, die sie regelmäßig verwenden. Solche Feinheiten geben deinen Figuren einen besonderen Charme, sollten aber sparsam eingesetzt werden.

Deine Figuren verfolgen immer ein Ziel im Dialog. Vielleicht möchten sie die andere Figur von etwas überzeugen, ablenken, begeistern oder auch nur eine Information bekommen.

Leider nutzen viele Autor*innen Dialoge dazu, nicht die Figuren, sondern die Leser*innen zu informieren – indem eine Figur der anderen einen Vortrag mit Wissen hält, das eigentlich für die Leser*innen bestimmt ist. Man spricht hier auch vom Expositionsdialog – er soll Hintergrundwissen vermitteln, das für das Geschehen wichtig ist. Im Theater ist er üblich, weil es dort kaum eine andere Möglichkeit gibt, komplexe Informationen zu vermitteln. Wenn du im Roman einen Expositionsdialog schreibst, dann mach's geschickt: Lass nicht eine Figur einer anderen einfach erklären, was du an Wissen vermitteln willst (das nennt man »Information Dump« und ist wahnsinnig langweilig), sondern lass die beiden so darüber reden, als wüssten sie alles schon längst, während deine Leser*innen die Zusammenhänge daraus kombinieren können.

Inquit-Formel, Dialog-Rahmung, Unterfütterung

Im Roman sind Dialoge immer eingebettet in die Handlung. Neben den Sätzen, die deine Figuren sprechen, stehen Inhalte, die sich auf die Handlung beziehen oder die Gestik und Mimik der Figuren beschreiben. Manchmal steht auch nur die Information dort, wer gerade spricht. Diese Begleittexte sind wichtig, damit deine Dialoge verständlich und vorstellbar werden.

Im Film siehst du den Figuren nicht nur beim Sprechen zu, sondern siehst auch, was sie währenddessen tun. Vielleicht nehmen sie einen Gegenstand in die Hand, verlassen den Raum oder schauen wütend. Diese Informationen bereichern den Dialog und geben ihm einen Kontext. Wenn deine Figur ihre Hände in die Hüften stemmt, während sie »Hau ab« sagt, bekommt die Szene eine andere Stimmung, als wenn sie langsam einen Schritt zurückgeht.

Die einfachste Form der Rahmung ist die sogenannte Inquit-Formel; »inquit« ist Lateinisch und bedeutet »er*sie sagt«. Die Inquit-Formel zeigt also einfach an, wer gerade spricht und – je nach gewähltem Verb – wie diese Person spricht. Wie alles sind auch Inquit-Formeln der Mode unterworfen. Heute nutzt man sie möglichst wenig und wenn, dann mit möglichst neutralen Verben (»sagte sie«, »fragte er«). In älteren Texten haben sich die Autor*innen dagegen ausgetobt: Da wurde geflüstert, gestammelt, ausgerufen und lamentiert, damit bloß nicht zu oft das langweilige »sagen« gesagt wurde.

Die geschickteste Art, auf die Inquit-Formel zu verzichten, ist die Unterfütterung: Du lässt deine Figuren während des Sprechens einfach Dinge tun. Manchmal handeln sie einfach nebenbei, nehmen ein Glas in die Hand oder räumen beim Sprechen die Spülmaschine ein. Manchmal illustrieren sie mit Gestik und Mimik ihren Punkt und geben dem Gesagten so mehr Gewicht. Und manchmal zeigt ihre Körpersprache ihre wahren Gedanken und Gefühle – und es ist ihnen nicht mal bewusst.

Richtig gute Dialoge kombinieren all das: natürliche Sprache, bewusste und unbewusste Körpersprache und Handlungen, die dem Dialog Setting geben.

Du kannst sehr viel über Dialoge lernen, indem du dir Filme und Serien anschaust und Dialoge, die dich ansprechen, transkribierst – inklusive Rahmenhandlung. Natürlich kannst du auch aus Romanen lernen, wie du bessere Dialoge schreibst, aber weil du ja möchtest, dass deine Leser*innen ein klares Bild von der Situation vor Augen haben, ist es hilfreich, mit dieser Situation anzufangen (im Film) und sie dann möglichst genau zu beschreiben. Wenn du das gut hinbekommst, klappt's anschließend auch mit dem Aufschreiben deiner Vorstellung.

So unterstützt KI dich in dieser Phase

Frage ChatGPT, ob dein Dialog eine Funktion in deinem Roman erfüllt, und wenn ja, welche und wie. Du kannst auch danach fragen, ob deine Figuren klar unterscheidbar sind und ob der Dialog natürlich klingt. Bitte immer um konkrete Belege im Text, damit du lernst, wie du deine Dialoge in Zukunft noch besser schreibst.

Was du jetzt konkret tun kannst:

Schreibe einen Dialog zwischen deinen beiden Hauptfiguren. Sorge dafür, dass es ein Missverständnis zwischen ihnen gibt. Achte darauf, dass maximal die Hälfte des Dialogs aus direkter Rede besteht. Der Rest des Textes ist für Körpersprache und Unterfütterung vorgesehen.

Bilder und Metaphern

»Und jetzt mach ich noch ein paar Bilder und Metaphern rein!«

Sagt kein*e Autor*in *ever.*

Wahrscheinlich kennst du Bilder und Metaphern noch aus dem Deutschunterricht, und zumindest bei mir entstand damals der Eindruck, dass der ganze Text im Buch nur dazu da ist, die verschiedenen rhetorischen Figuren irgendwie unterzubringen.

Das ist natürlich nicht der Fall. Der Inhalt ist das, was an deinem Buch zählt, die Story und die Figuren. Vor allem bei den verschiedenen Romance-Genres. Aber gerade, wenn wir die Emotionen unserer Leser*innen ansprechen wollen, können uns Metaphern, Bilder und Vergleiche sehr helfen. Denn sie umgehen den logischen Teil unseres Gehirns und docken direkt in unserer bildlichen Vorstellung an. Wir sind dadurch mittendrin im Geschehen und fühlen viel stärker mit.

Metaphern und Vergleiche sind sehr ähnlich (vor allem in ihrer Wirkung) und werden oft auch synonym eingesetzt. Beide nutzen bildhafte Sprache, um etwas zu beschreiben. Damit wir die Begriffe korrekt einsetzen, kommt hier eine kurze Einordnung:

Eine Metapher setzt ein Bild für etwas anderes ein, so, als wäre es real. »Ihr Herz war aus Stein« oder »Ihr Mut versank mit dem Schiff auf dem Meeresboden«.

Ein Vergleich dagegen nutzt »wie« oder »als«, um etwas ins Verhältnis zu setzen: »Ihr Herz fühlte sich an wie Stein« oder »Ihr Mut fühlte sich tiefer an als der Meeresboden«.

Der Unterschied ist nicht sehr groß, aber er macht im Stil etwas aus. Metaphern sind unmittelbarer, eben weil hier eine Sache mit einer anderen gleichgesetzt wird. Sie sind aber auch schwieriger in der Formulierung, weil die Gleichsetzung nicht nur inhaltlich, sondern auch grammatikalisch gut funktionieren muss. Im Zweifelsfall ist ein Vergleich auch immer eine gute Option.

Bilder machen deine Sprache lebendig und emotional. Du kannst natürlich schreiben: »Ihr war sehr kalt«, und wir wissen alle, was gemeint ist. Ist aber auch ein bisschen langweilig. Wenn du stattdessen schreibst: »Sie erstarrte vor Kälte«, ist allen klar, dass sie nicht wirklich komplett erstarrte. Gleichzeitig erleben wir die Kälte viel stärker mit, weil sie vorstellbar wird.

Gerade wenn du Gefühle oder abstrakte oder komplexe Zusammenhänge beschreibst, helfen Bilder deinen Leser*innen dabei, sich das Geschehen besser vorzustellen. Richtig gute Bilder verankern deine Figuren, Szenen oder Gefühle im Gedächtnis. Ich erinnere mich auch 20 Jahre nach dem Lesen noch an ein Bild aus Juli Zehs Roman *Spieltrieb*: »Ada zog den Blick aus seinem Gesicht wie ein Messer aus einem Stück Butter.« Natürlich hätte Juli Zeh auch schreiben können, dass sie den Blick nur schwer von ihm abwenden konnte, dass sie ihn länger anstarrte, dass sie von ihm eingefangen wurde, obwohl sie sich dagegen wehrte. Braucht sie aber nicht, weil das alles schon in diesem Bild steckt.

Welche Bilder du wählst, hat auch einen Einfluss auf die Stimmung in deinem Buch. Wählst du viele Reise-Metaphern (das mache ich ganz gerne), kommt unterbewusst eine Aufbruchstimmung in deinem Text an. Wichtig ist, dass die bildhafte Sprache bewusst eingesetzt und nicht als Dekoration genutzt wird. Wenn sich wirklich jemand denkt »Ich packe jetzt noch ein paar Bilder rein, damit es Bilder gibt«, merkt man das später.

In *Ein wenig Leben* schreibt Hanya Yanagihara zum Beispiel: »[...] es fühlt sich an, als bestünde sein Herz aus etwas, das kalt und nässend ist wie Hackfleisch«. Das ist nicht nur ein bisschen fies und nicht so ganz passend (warum ist das Herz kalt und nässend), sondern das Bild wird auch noch dadurch geschwächt, dass es erklärt wird. Das Herz fühlt sich nicht wie Hackfleisch an, sondern wie etwas, das so kalt und nässend wie Hackfleisch ist. Das macht es nicht leichter, sich die Situation vorzustellen, sondern lenkt ab. Manchmal ist auch bei Bildern weniger mehr.

Gute Bilder sind konkret und sinnlich. Nicht: »wie eine weiche Masse«, sondern »wie Hackfleisch« – da haben wir direkt eine konkrete Vorstellung davon, wie es sich anfühlt (und vielleicht auch, wie es riecht). Deine Bilder sollten auch zum Ton der Geschichte passen: In poetische Geschichten gehören poetische Bilder, in Liebesgeschichten romantische und in einen Thriller eher düstere. Ist dein Roman witzig, nimm humorvolle und auch mal absurde Bilder. Wichtig ist nur, dass du deinem Stil treu und in deinem Genre bleibst.

Deine Bilder sollten auch in die Welt deiner Geschichte passen. In einen historischen Roman packst du keine Science-Fiction-Bilder und keine Vergleiche mit Dingen, die es zu dieser Zeit noch gar nicht gab. Auch wenn deine Leser*innen die Vergleiche verstehen, reißt es sie doch aus der Welt, die du so mühsam aufgebaut hast.

Gute Bilder zu finden, scheint am Anfang sehr schwierig, aber es ist einfach eine Übungssache. Dazu empfehle ich zwei Dinge: Übe regelmäßig, Vergleiche zu finden. Das kann für ganz banale Dinge sein. Wenn du abends ein Brot isst, versuche, Vergleiche dafür zu finden, wie es sich anfühlt, wie es riecht, wie es schmeckt. Wenn eine Lampe sehr hell ist, steigere die Helligkeit noch und mache einen absurden Vergleich daraus. Mach das einmal am Tag für fünf Minuten, und du wirst schnell richtig gut darin werden, Vergleiche zu entwickeln.

Außerdem kannst du ein Bildtagebuch führen. Nimm ein Notizheft und schreibe täglich die besten Vergleiche oder Metaphern hinein, die dir einfallen. Variiere das: Erstelle mal einen lustigen, mal einen absurden, einen romantischen oder einen düsteren Vergleich. So findest du einen spielerischen Zugang zur Sprache, der deinen Wortschatz erweitert und dir das Schreiben später erleichtert.

Und du vermeidest damit auch, auf abgedroschene Bilder zurückzugreifen, die uns als Erstes in den Kopf kommen, aber so gängig sind, dass man sie schon überliest. Bilder wie »Er war ein Fels in der Brandung« haben wir so oft gehört, dass sie wie ein Grundrauschen sind, das wir kaum noch wahrnehmen. Auf keinen Fall löst es die Emotionen in uns aus, die es sollte.

Natürlich kannst du – trotz des Eingangszitats dieses Kapitels – deine Bilder auch während der Überarbeitung finden, sie also bewusst einsetzen.

Solange du sie nicht wild drüberstreust, sondern gezielt platzierst, ergänzen sie dein Buch und machen es besser. Wenn du trotz Übung und trotz Bildtagebuch keine passenden Metaphern und Vergleiche findest, kannst du dir die Szene einfach wie in einem Film vorstellen. Genau das sollen deine Leser*innen ja später auch tun. Mit welchem Symbol würdest du die Gefühle im Film darstellen? Welches Geräusch könnte als Hintergrund dienen? Auf diese Weise kannst du dich auch deinen Bildern nähern.

Was du jetzt konkret tun kannst:

Lege dir ein Notizbuch an und sammle ab jetzt regelmäßig Vergleiche und Metaphern darin. Gehe deine Texte durch und schaue, ob du sie bildhafter schreiben kannst. Nimm dir dafür Zeit und suche ruhig ein paar Tage nach dem perfekten Bild – das wird deine Texte viel besser machen.

Setting: Raum und Zeit

Ich lese sehr oft Rohentwürfe meiner Kursteilnehmer*innen, die wunderbar Gedanken, Figuren und Gefühle beschreiben, aber irgendwie in der Luft zu hängen scheinen. Ihnen fehlt das Setting.

Mit Setting bezeichnet man den Handlungsrahmen deiner Geschichte, konkret die Kombination aus Raum und Zeit und allem, was von den beiden bestimmt wird. Das Setting macht deine Geschichte real und kann ihr eine weitere Ebene und Subtext verleihen. Die Handlung wird viel greifbarer, und wir können sie uns beim Lesen besser vorstellen – wie einen Film, der in unserem Kopf abläuft.

Dieser Film im Kopf ist genau das Problem, aus dem so viele Erst-Autor*innen das Setting vernachlässigen: Beim Schreiben wissen wir selbst genau, wie die Szene aussehen soll und erzählen dann nur das, was wir für erwähnenswert halten.

Wenn du deiner Nachbarin einen Weg in deinem Heimatort erklärst, sagst du vielleicht etwas wie: »Das ist in der Straße gegenüber der Schule, wo früher der Rudi gewohnt hat.« Deine Leser*innen sind aber ganz neu in deiner Geschichte, und du musst ihnen das Setting so erklären, wie du den Weg einem Fremden erklärst, der nicht weiß, wo die Schule ist und der noch nie von Rudi gehört hat. Wir sind die Guides unserer Leser*innen und führen sie so durch die Geschichte, dass sie sich selbst orientieren können. Ohne diese Führung bleibt unser Text vage und nicht greifbar.

Schauplätze beschreiben

Findest du lange Ortsbeschreibungen auch so langweilig wie ich? Klar, in opulente Fantasywelten oder auf einen fremden Stern lassen wir uns gerne mitnehmen und schauen uns neugierig um. Aber wenn deine Figur einfach auf dem Marktplatz in Köln steht, soll's ja auch schnell um die Handlung und nicht um endloses Aufzählen von Gebäuden und Sehenswürdigkeiten gehen.

So soll's natürlich nicht sein. Grundsätzlich kannst du alles in deinem Roman immer auf die Figuren beziehen, um es spannender zu machen. Wenn etwas für deine Figur interessant ist, ist es das normalerweise auch für die Leser*innen. Schick deine Figur also an einen Ort, den du beschreiben willst, und lass sie diesen Ort zum ersten Mal erleben. Am besten mit allen Sinnen: Wie sieht es dort aus? Was hört und fühlt sie? Kann sie etwas riechen oder schmecken? Sinnliche Wahrnehmung erleben wir beim Lesen mit, weil dieselben Gehirnregionen aktiviert werden. Je mehr du deine Figuren ihre Umwelt erleben lässt, desto mehr wird man beim Lesen in die Geschichte hineingezogen.

Wichtig: Beschreibe dabei direkt, was deine Figur wahrnimmt, und nicht, was sie wahrnimmt. Also nicht »Sie sah Frauen in bunten Kleidern«, sondern »Auf dem Marktplatz drängten sich Frauen in bunten Kleidern«. Die zweite Formulierung lässt uns direkt auf die Frauen schauen und nicht auf deine Figur, wie sie auf die Frauen schaut. Außerdem zwingt sie uns dazu, mehr Kontext zu geben, und Kontext ist Setting.

Deine Figuren können ihre Umgebung nicht nur wahrnehmen, sondern auch mit ihr interagieren. Lass sie Gegenstände in die Hand nehmen, Türen öffnen, ans Fenster treten oder die Luft einatmen, um deine Geschichte erlebbarer zu machen.

Was du jetzt konkret tun kannst:

Nimm dir eine Szene aus deinem Roman und schau dir an, wie du den Schauplatz eingebunden hast. Erlebt deine Figur den Ort? Interagiert sie mit ihm? Was kannst du tun, um den Schauplatz erlebbarer zu machen?

So unterstützt KI dich in dieser Phase

Du kannst die KI auch fragen, wo ihrer Meinung nach deine Geschichte spielt. So nutzt du sie als Testleserin und kannst herausfinden, ob dein Setting schon klar wird.

Zeit

Zeit gehört ebenso zum Setting deiner Geschichte. Egal, ob deine Geschichte heute, in der Vergangenheit oder in der Zukunft spielt: Die Zeit, zu der dein Roman angesiedelt ist, hat einen großen Einfluss darauf, wie wir sie uns vorstellen. Deswegen brauchen deine Leser*innen möglichst schnell Orientierung. Die kannst du ihnen durch das räumliche Setting geben. Vielleicht gibt es futuristische Technologie, dann wissen wir, dass wir in der Zukunft sind. Oder jemand geht ans Telefon und dreht die Wählscheibe. Das ist dann wohl schon etwas her.

Was du jetzt konkret tun kannst:

Überprüfe deinen Text darauf, ob deine Leser*innen sofort wissen, wann die Geschichte spielt. Woran können sie das feststellen? Falls es noch nicht klar wird, überlege dir zwei oder drei kleine, für die Zeit typische Setting-Elemente, die du in den Roman einbinden kannst.

So unterstützt KI dich in dieser Phase

Frag ChatGPT nach typischen Gegenständen, Redewendungen, Musik oder anderen Elementen der Zeit, die du darstellen willst. Vielleicht kennst du die Zeit nicht selbst aus erster Hand oder du bist so mit ihr vertraut, dass dir gar nicht bewusst ist, was sie ausmacht. ChatGPT kann dir hier gute Vorschläge machen. Du kannst dazu folgenden Prompt nutzen.

Mein Roman spielt im Jahr [ ]. In der ersten Szene passiert Folgendes: [ ]. Ich möchte in dieser Szene schnell klar werden lassen, wann sie angesiedelt ist. Nenne mir bitte Möglichkeiten, wie ich das einfließen lassen kann.

Mit Zeit können wir außerdem viele schöne Dinge in unserem Roman tun, die für besondere Spannung sorgen. Weil Zeit unbewusst vergeht und anders als ein Ort nicht sofort eindeutig zu erkennen ist, musst du dabei ein paar Dinge beachten.

Rückblenden

Eine Rückblende ist ein Sprung in eine Zeit, die vor der Zeit des Haupt-Handlungsstrangs liegt. Du kannst Rückblenden vor den Startpunkt der Haupthandlung einbinden oder auch während des Romans noch mal in die Zeit der Haupthandlung zurückspringen, um dort zum Beispiel ein Geheimnis zu lüften.

Rückblenden bindest du ein, um Hintergrundinfos zu geben. Richtig umgesetzt ist das eine besonders schöne Methode, denn du machst diese Hintergründe erlebbar. Vielleicht willst du die Motivation einer deiner Figuren zeigen oder alte Beziehungen oder ein Trauma erklären. Du gibst deiner Geschichte dadurch Kontext und Tiefe gleichzeitig.

Eine Rückblende kann dann sinnvoll sein, wenn die Vergangenheit deiner Figur ihr aktuelles Verhalten erklärt oder wenn ein emotionaler Moment dadurch an Kraft gewinnt. Manchmal wollen wir auch einfach nicht chronologisch erzählen, sodass wir immer wieder in die Vergangenheit wechseln.

Damit von Anfang an klar ist, dass du die Haupt-Zeitebene verlassen hast, solltest du die Rückblende schnell erkennbar machen, zum Beispiel, indem du das Kapitel mit »Damals« oder »Fünf Jahre vorher« anfängst.

Grammatikalisch korrekt müsstest du jede Rückblende im Plusquamperfekt schreiben, wenn deine eigentliche Erzählzeit das Präteritum ist. Das hört sich nur leider furchtbar an. Wenn deine Rückblende ein eigenes Kapitel umfasst, kannst du deswegen einfach im Präteritum bleiben. Bei kurzen Rückblenden, die ins Kapitel eingeblendet sind, steht oft der erste Satz im Plusquamperfekt, wonach dann ganz elegant wieder ins Präteritum gewechselt wird. Wenn du wieder in die Haupterzählzeit wechselst, schlägst du erneut eine Brücke, indem du die Zeit wieder genau benennst.

Rückblenden können auch in der Hauptzeit verankert werden, zum Beispiel durch einen Gegenstand:

Er nahm die Vase in die Hand und erinnerte sich daran, wie seine Mutter sie ihm geschenkt hatte. An dem Tag ...

Über einen solchen Gegenstand kannst du dann auch leicht wieder zurückspringen.

Er stellte die Vase zurück und zuckte mit den Schultern. Manchmal ließ man die Vergangenheit besser ruhen.

Was du jetzt konkret tun kannst:

Entwickle eine Rückblende für deine Geschichte oder arbeite eine bestehende aus. Wie verändern sich die Handlung und das Verständnis für die Figuren auf der Hauptzeitebene?

Vorausdeutungen

Du kannst mit deinem besonderen Erzähler*innen-Wissen auch in die Zukunft reisen, zumindest für einen kleinen Moment. Vorausdeutungen erzeugen Spannung, wecken Erwartungen und geben deiner Geschichte ein Gefühl von Tragik oder Schicksal. Sie können sinnvoll sein, wenn später etwas Aufregendes oder Schockierendes passiert, das nicht der Haupthandlungsstrang ist. In einer kleinen Andeutung zeigst du, dass etwas passieren wird, und machst deine Leser*innen neugierig, zum Beispiel mit Formulierungen wie »Heute denke ich, dass dieser Wunsch zu unverschämt war«, oder »Hätte sie gewusst, dass dies ihre letzte Begegnung war, hätte sie ihn zum Abschied umarmt«.

So unterstützt KI dich in dieser Phase

Nutze ChatGPT oder eine andere Text-KI als Testleser*in, um zu prüfen, ob deine Vorausdeutung verständlich genug ist. Schreibe als Prompt:

In meinem Roman schreibe ich folgenden Satz: [...] Wie interpretierst du ihn?

Als Leser*innen können wir uns dann oft schon vorstellen, was passieren wird, aber wir wollen natürlich unbedingt wissen, wie es geschieht.

Vorausdeutungen sind ein starkes und bewegendes Instrument, deswegen würde ich nicht mehr als eine pro Roman einsetzen.

Was du jetzt konkret tun kannst:

Überlege dir eine Vorausdeutung für deinen Roman. Was könntest du andeuten? Welche Wirkung hat das auf die Geschichte?

Zeitsprünge

Ganz ohne durch die Zeit zu reisen, kannst du einfach längere Zeiträume überspringen, wenn nichts Relevantes passiert. So konzentrierst du dich auf die wichtigsten Ereignisse, hältst deine Geschichte spannend und kannst größere Erzählzeiträume umfassen. Besonders sinnvoll sind Zeitsprünge, wenn die Konsequenzen einer Entwicklung erst viel später zum Tragen kommen.

Vielleicht zeigst du deine Figuren zunächst als Jugendliche und beendest diesen Teil des Romans, als eine der Figuren wegzieht und sie sich aus den Augen verlieren. Dann überspringst du zehn Jahre und sie sehen sich als Erwachsene wieder. Was dazwischen passiert ist, ist entweder nicht so wichtig oder kann als Rückblende »nachgereicht« werden.

Auch hier ist es wichtig, schnell Orientierung zu bieten, also am besten durch eine Zeitangabe (»zehn Jahre später«) oder durch das veränderte Setting.

Was du jetzt konkret tun kannst:

Nutzt du Zeitsprünge in deinem Roman? Sind sie klar erkennbar? Was ist der erzählerische Zweck dahinter?

Zwischen Grusel und Wunderland: Interview mit Fantasy-Autorin Petra Profant

Petra Profant lebt mit ihrer Familie in München und schreibt Portalfantasy mit skurrilen Wesen, Abenteuern und einer Prise Horror.

Website: https://petraprofant.de/

Yvonne: *An welchem Schreib-Projekt arbeitest du gerade?*

Petra: Ich habe mir gerade eine Pause gegönnt, weil ich ziemlich ausgebrannt war. Mein nächstes Projekt soll aber wieder in Richtung meines Debüts gehen: Portalfantasy, gerne mehrteilig, mit schrägen Figuren à la Alice im Wunderland, gruseligen Szenen und starkem Fokus auf Abenteuer.

Yvonne: *Wie bist du zum Schreiben gekommen?*

Petra: Ich habe schon als Kind gerne gelesen und eine ausgeprägte Fantasie besessen. In der Grundschulzeit habe ich eine Fantasy-Geschichte begonnen, aber das Schreiben leider nie weiterverfolgt. Es blieb aber immer präsent in meinem Kopf, wurde aufgeschoben – bis ich endlich den Anfang gewagt habe.

Yvonne: *Wie sieht ein typischer Tag für dich als Autorin aus?*

Petra: Da ich Mama von zwei Kleinkindern bin, besteht mein Tag hauptsächlich aus Überleben. Meine Traumvorstellung wäre ein Tag mit mehreren Schreibsessions, zwischendurch Social Media bedienen, Spaziergänge und Yoga für neue kreative Energie – und alles ohne Druck, den ich mir selbst mache.

Yvonne: *Was fasziniert dich am Fantasy-Genre – als Leserin und als Autorin?*

Petra: Fantasy ist unfassbar vielfältig, und ich liebe die Unvorhersehbarkeit. Es kann wirklich alles passieren. Das bedeutet natürlich nicht, dass sich alles plump mit Magie erklären und lösen lässt – auch wenn Fantasy einen großen Freiraum bietet, muss alles logisch und nachvollziehbar sein. Ich liebe es, neue Welten zu erschaffen und Wesen zu kreieren, die es noch nicht gibt, und dadurch die Lesenden den Alltag vergessen zu lassen.

Yvonne: *Wie entwickelst du deine Figuren? Startest du mit dem Charakter oder mit dem Plot?*

Petra: Für mich steht zuerst die Umgebung fest: Wo ist der Schauplatz, worum soll es grob gehen? Die Figur bildet sich dann passend dazu. Ich muss allerdings zugeben, dass ich bisher wenig geplottet habe, weswegen ich relativ lange für meine Rohfassung brauche. Aber mit jedem Mal gewinnt man etwas Routine, und ich denke, man muss verschiedene Methoden ausprobieren.

Yvonne: *Viele Debütautor*innen kämpfen mit dem Durchhänger in der Mitte. Wie kommst du durch schwierige Schreibphasen?*

Petra: O ja, den hatte ich auch. Ein Autor, mit dem ich im Austausch stand, gab mir den Tipp mit der »Kreativ mit der Matrix«-Methode: ein Karteikartensystem, um Figuren, Plätze und Gegenstände zu verknüpfen und in zwei Minuten niederzuschreiben, was einem dazu einfällt. Dadurch sind tolle neue Ideen entstanden. Ansonsten kann ich empfehlen, mit jemandem zu sprechen. Das reicht oft schon aus, um den Knoten platzen zu lassen.

Yvonne: *Selfpublishing bedeutet, viele Entscheidungen allein zu treffen. Welche hat dich am meisten überrascht?*

Petra: Es fängt mit der Wahl der richtigen Dienstleistenden an und der Frage: Was kann und möchte ich mir selbst aneignen – zum Beispiel den Buchsatz? Die Frage, bei welchem Distributor ich veröffentlichen möchte und wie zur Hölle das überhaupt funktioniert, hat mich viele Nerven gekostet.

Yvonne: *Was war beim Veröffentlichen deines ersten Buches anders als erwartet?*

Petra: Ich dachte, ich wäre optimal vorbereitet und würde dadurch ausreichend Verkäufe generieren. Ich dachte, ich wäre realistisch an die Sache herangegangen – doch so war es leider nicht.

Yvonne: *Welchen Rat hättest du dir selbst vor deinem Debüt gewünscht?*

Petra: Plane wenigstens ein bisschen vor und leier erst mal die Rohfassung runter. Halte dich nicht stundenlang bei jedem Satz auf, das kannst du bei der Überarbeitung noch machen. Und ganz wichtig: Vernetze dich!

Yvonne: *Vielen Dank, liebe Petra!*

Spannung und Dramaturgie

Vor vielen Jahren habe ich die Serie *Prison Break* angeschaut. Sie war so spannend, dass ich es teilweise nicht mehr aushielt und meinen Mann immer wieder auffordern musste, die Serie zu pausieren, damit ich mal eine Atempause hatte. Trotzdem habe ich weitergeschaut – denn genau das macht ja Spannung aus: Etwas ist so interessant, dass wir beim Zuschauen oder Lesen nicht nur wissen wollen, wie es weitergeht, sondern es wissen *müssen*. Und genau das willst du ja sicher auch: dass deine Leser*innen es nicht aushalten, wenn sie nicht weiterlesen können.

Spannung hat nämlich nicht unbedingt etwas mit Action oder Grusel zu tun, sondern vor allem damit, dein Publikum so in den Bann zu ziehen, dass sie nicht aufhören, ehe sie alles wissen.

Spannend zu schreiben bedeutet, dass du ein Versprechen abgibst: Das, was hier passiert, hat Konsequenzen. Das können sehr schlimme Konsequenzen sein, wenn zum Beispiel das Leben der Figuren bedroht ist und sie sich irgendwie aus einer katastrophalen Situation befreien müssen. Aber so schlimm oder bedrohlich muss es gar nicht sein, damit dein Roman spannend wird. Es gibt viele andere Dinge, die außer dem Leben auf dem Spiel stehen können: eine Beziehung, eine Freundschaft, der Job, ein Geheimnis, vielleicht sogar die große Liebe und ein besonderes Glück. Konsequenzen, die für deine Figur schlimm sind, sind »groß« genug, um für Spannung zu sorgen. Wenn deine Figur einen Pullover von ihrem verstorbenen Bruder hat, der noch nach ihm duftet, ist es für sie schlimm, wenn der Pullover seinen Geruch verliert. Objektiv ist das vielleicht eine weniger schlimme Konsequenz als der drohende Tod für eine andere Figur. Aber subjektiv ist es genauso schlimm oder noch schlimmer.

Wenn wir als Leser*innen die drohende Konsequenz sehen, fiebern wir mit der Figur mit und haben die Hoffnung, dass am Ende alles gut ausgeht. Und solange wir die Hoffnung haben und die Konsequenz weiter droht, lesen wir weiter.

Was du jetzt konkret tun kannst:

Analysiere einmal das letzte Buch, das du vor Spannung nicht aus der Hand legen konntest. Warum fandest du es spannend? Welche Konsequenz stand im Raum? Welche Hoffnung hattest du? Und bis wohin hattest du diese Unsicherheit beim Lesen, ob es gut ausgeht oder nicht?

Jetzt weißt du, warum wir etwas spannend finden. Aber wie bekommst du das in deinen Roman? Dafür gibt es viereinhalb Hebel: Figuren, Probleme, Plot, Struktur und – als halber Hebel – die Mikrospannung.

So sorgen deine Figuren für Spannung

Deine Figuren sind dein wichtigster Spannungshebel. Es ist kein Zufall, dass ausgerechnet Stephen King, der Horror und damit besonders spannende Bücher schreibt, ein Meister darin ist, Figuren zu entwickeln, die einem ans Herz wachsen. Seine Plots haben hier und da mal ein Loch und es wird auch nicht immer jeder Faden zu Ende erzählt. Aber mit den Figuren fiebern wir immer mit, und das ist der Grund, warum wir die Bücher nicht aus den Händen legen können.

Wenn wir uns mit den Figuren eines Romans verbinden, kann schon fast passieren, was will: Wir finden alles viel spannender, weil wir an ihnen hängen. Wie bei einer Freundin, deren Büroalltag wir uns anhören, nicht, weil Büroalltag spannend ist, sondern weil alles, was die Freundin sagt, für uns wichtig ist. Deswegen sind die Figuren besonders wichtig: Wenn die »funktionieren«, wirken auch die anderen Spannungshebel stärker. Sind uns die Figuren dagegen egal, entlocken uns auch zehn explodierende Autos nur ein müdes Gähnen.

Wie du gute Figuren entwickelst, hast du bereits in der Planungsphase gelernt. Und wenn du dort gute Vorarbeit geleistet hast, haben deine Figuren wahrscheinlich großes Potenzial für Spannung. Denn dafür brauchen deine Figuren vor allem drei Dinge.

1. Ziele

Figuren wollen immer etwas. Wir können uns beim Lesen mit ihnen über ihre Ziele verbinden, weil wir selbst auch immer etwas wollen. Beim Ziel ist es wie bei den Konsequenzen: Es ist eigentlich egal, was es ist, Hauptsache, es ist sehr, sehr wichtig für deine Figur. Welt retten, Haus für die Familie kaufen, endlich die große Liebe finden, einen feindlichen Magier überwältigen – wenn das Ziel für deine Figur die Welt bewegt, tut es das auch für die Leser*innen. Damit wir uns noch besser mit dem Ziel deiner Figur verbinden können, müssen wir verstehen, warum sie dieses Ziel erreichen will. Sie will nicht einfach die Welt retten, sondern sie will die Welt retten, weil sie daran glaubt, dass wir alle gemeinsam einen besseren Ort zum Leben erschaffen können, weil sie die Menschen liebt, die auf dieser Erde leben, und es nicht ertragen könnte, wenn die Welt untergeht. Sie sucht die große Liebe, weil sie schon viel zu früh Verantwortung tragen musste und sich endlich mal bei jemandem fallen lassen will. Wenn wir wissen, was wirklich dahintersteckt, verstehen wir die Figur noch besser und wir wollen genau wie sie, dass sie ihr Ziel am Ende erreicht.

2. Ängste

Ihr Ziel zu erreichen, ist für deine Figuren nicht einfach. Sie müssen Hindernisse überwinden und über sich selbst hinauswachsen. Vor allem aber wissen sie schon, dass es nicht leicht werden wird. Deswegen haben sie Sorgen und Ängste, die oft im Widerspruch zu ihrem Ziel stehen. Um die Welt zu retten, muss deine Figur vielleicht vor einer großen Menge sprechen, hat aber Angst davor, dass andere sie für ihre Meinung angreifen. Die große Liebe lebt vielleicht in Australien, und um dorthin auszuwandern, muss deine Figur ihren Job kündigen. Und sie hat riesige Angst, nie wieder etwas Vergleichbares zu finden, zu verarmen und auf der Straße zu landen.

Auch Ängste sind absolut gleichberechtigt. Sie müssen nur für deine Figuren real und drängend sein, dann verbinden wir uns mit ihnen und finden gleich alles noch spannender.

3. Verletzlichkeit

Hauptfiguren haben oft viele gute Eigenschaften. Sie könnten echte Vorbilder sein, denn schließlich überwinden sie im Laufe der Geschichte oft auch ihre Schwächen. Damit wir Figuren annehmen und ihre Ziele und Ängste ernst nehmen, müssen sie außerdem verletzlich sein. Denn Verletzlichkeit macht menschlich, und wir fühlen mit verletzlichen Figuren gleich noch mehr mit.

In modernen Superheldenfilmen zeigen die Held*innen viel mehr Schwächen als früher, weil wir uns so stärker mit ihnen verbinden können.

Diese drei Säulen führen dazu, dass die Konsequenzen, um die es im Buch geht, deine Figuren persönlich treffen. Es geht für sie um etwas. Vielleicht erreichen sie ihr Ziel doch nicht, vielleicht wird ihre schlimmste Angst wahr oder sie zerbrechen an den Konsequenzen. Ohne persönliche Konsequenzen lässt auch unser Interesse ganz schnell nach. Oft stehen die drei Säulen im Widerspruch zueinander oder die Verletzlichkeit ergibt sich aus einem Aufeinandertreffen von Zielen und Ängsten. Stell dir vor, ein sehr tierliebender Mensch findet einen verletzten Fuchs am Wegesrand. Er möchte sich unbedingt um ihn kümmern. Allerdings ist er auf dem Weg zu einem Vorstellungsgespräch. Und er braucht diesen Job wirklich dringend, weil er seinen letzten verloren hat und seine Miete bald nicht mehr zahlen kann. Sein Ziel ist es, Leben zu bewahren. Seine Angst ist es, die Wohnung zu verlieren, wenn er den Job nicht bekommt. Das macht ihn besonderes verletzlich, und wir werden mit Spannung lesen, wie er diese Situation löst.

Was du jetzt konkret tun kannst:

Prüfe deinen Roman auf Spannung. Überlege für deine Hauptfigur: Was will sie am dringendsten? Was ist ihre größte Angst? Welche Schwächen machen sie menschlich? Was wäre ein wirklich schmerzhafter Verlust für sie? Behalte dabei immer deine Handlung im Kopf. Die Antworten sollen zum Plot passen. Wenn deine Figur einen Wolkenkratzer bauen muss, sollte sie keine Ahnung, kein Geld und am besten Höhenangst haben.

Spannungshebel Probleme

Probleme – natürlich mit echten Konsequenzen – sorgen immer für Spannung. Die Probleme müssen dabei konkret sein und die Figur persönlich betreffen. Abstrakte Probleme sind für uns uninteressant. Wenn der Fuchsfreund eine ausgefallene Ampel auf seinem Weg sieht, ist das vielleicht ein Problem, aber es betrifft ihn nicht persönlich und ist deswegen für uns nicht spannend. Wenn er aber den Fuchs hochnimmt, dann erst feststellt, dass dieser blutet und ihm sein weißes Hemd ruiniert hat, sehen wir die persönliche Konsequenz: Selbst wenn er es pünktlich zum Vorstellungsgespräch schafft, wird er dort in einem blutigen Hemd sitzen – keine gute Voraussetzung für ein Job-Angebot.

Frag dich bei jedem Problem in deiner Geschichte: Was bedeutet das für meine Figur? Was steht für sie auf dem Spiel? Wenn die Antwort »nichts Besonderes« ist, dann ist das Problem nicht stark genug. Lautet sie dagegen »alles«, ist das Problem perfekt. Nicht für deine Figur, aber für die Spannung in deinem Roman.

Plot macht Spannung

Der Plot selbst sorgt natürlich auch für Spannung, und zwar immer dann, wenn er nicht so verläuft, wie wir uns das gedacht haben. Im Plot entsteht Spannung durch Rückschläge und Wendungen. Am besten läuft nichts wirklich glatt, sondern immer geht etwas schief, steht etwas auf dem Spiel, gibt es Hindernisse zu überwinden. Besonders spannend sind Twists, die die Geschichte in eine ganz andere Richtung lenken. Oder wenn deine Figur ihr Ziel fast erreicht hat und sich schon am Ziel wähnt – und dann ein Rückschlag kommt.

Twists können manchmal etwas tricky sein, wenn sie willkürlich wirken. Gute Twists sind solche, die im Nachhinein total logisch erscheinen, die einen aber trotzdem in dem Moment überraschen. In »Flammengeküsst« gibt es beispielsweise einige Twists, die zumindest ich überhaupt nicht vorhergesehen habe und die ich hier natürlich nicht verraten werde. Das Wichtige: Sie sind perfekt in die Geschichte eingebettet und ergeben absolut Sinn.

Solche Wendungen und auch Rückschläge halten deine Leser*innen in Unsicherheit darüber, ob am Ende alles gut ausgeht (und vor allem, wie). Diese Unsicherheit sorgt dafür, dass es spannend bleibt.

Struktur kann sooo spannend sein

Doch, das kann sie. Wie du deine Geschichte aufbaust, beeinflusst ganz unabhängig vom Inhalt die Spannung.

Ein Roman hat meist etwas von einem Frage-und-Antwort-Spiel: Du wirfst mit deiner Geschichte Fragen auf, die deine Leser*innen brennend interessieren. Und während du sie beantwortest, stellst du gleichzeitig neue, noch spannendere Fragen. Solange du immer Fragen offenlässt (und gleichzeitig dafür sorgst, dass regelmäßig welche beantwortet werden), will man natürlich wissen, wie es weitergeht. Du löst nie alles sofort auf, sondern lässt deine Leser*innen am Ende einer Szene oder eines Kapitels auch mal in der Luft hängen.

Cliffhanger sind ein klassisches Beispiel für Spannung durch Struktur. Du lässt deine Szene an einem kritischen Punkt enden und gibst die Auflösung erst später. Besonders wirkungsvoll wird das, wenn du nicht gleich in der nächsten Szene darauf zurückkommst, sondern erst im übernächsten Kapitel. Das ist ein bisschen gemein, funktioniert aber sehr gut. Deine Leser*innen müssen dann weiterlesen, wenn sie die Auflösung wollen.

Informationen zurückzuhalten, ist auch eine Möglichkeit, Spannung durch Struktur aufzubauen. Deine Leser*innen ahnen vielleicht schon, dass etwas nicht stimmt, aber sie können nicht genau sagen, was es ist. Du kannst auch einer Figur eine Information geben, die für andere Figuren wichtig wäre, aber nur sie und deine Leser*innen wissen Bescheid. Das erzeugt eine andere Art von Spannung: Wir warten beim Lesen dann darauf, dass die Bombe irgendwann platzt.

Struktur bedeutet auch, den Rhythmus deiner Geschichte zu kontrollieren. Wann beschleunigst du? Wann verlangsamst du? Kurze Szenen können Tempo und Dringlichkeit erzeugen. Längere Szenen können Spannung aufbauen, indem sie die Auflösung hinauszögern. Beides kannst du mischen und geschickt einsetzen, um deinen Roman noch spannender zu machen.

Was du jetzt konkret tun kannst:

Wenn du das nächste Mal etwas liest oder anschaust, das dich fesselt, setz deine Autor*innenbrille auf und frag dich: Warum finde ich das spannend? Liegt es an der Figur? Am Problem? Am Plot? An der Struktur? Wie könntest du das für deine eigenen Texte umsetzen?

Mikrospannung geht immer

Neben diesen vier großen Hebeln können wir auch Spannung auf jeder einzelnen Seite erzeugen. Das nennt sich Mikrospannung.

Mikrospannung entsteht durch kleine Entwicklungen, die Fragen aufwerfen. Und alles, was Fragen aufwirft, erzeugt Spannung.

Das können zum Beispiel kleinere Konflikte oder Missverständnisse sein. Jemand will was, was eine andere Figur nicht will. Oder etwas ist unklar und muss erst aufgeklärt werden.

Auch widersprüchliche Gefühle erzeugen Mikrospannung. Spannung braucht nicht immer den riesigen Konflikt oder den großen Plot-Twist. Vielleicht zweifelt deine Figur einfach an einer Entscheidung. Oder sie denkt sich: Das ist gar nicht so super, wie ich dachte. Und ist dann hin- und hergerissen. Diese inneren Konflikte erzeugen Reibung und damit Spannung.

Du kannst deine Figuren auch Andeutungen machen oder Subtext verwenden lassen. Andeutungen lassen ahnen, dass später noch etwas passieren wird. Wir merken sie uns und warten gespannt auf ihre Auflösung. Subtext sind Dinge, die unausgesprochen bleiben, aber mitschwingen. Oft stehen sie im Widerspruch zu dem, was gerade gesagt wurde. Ein solcher Widerspruch löst auch Fragen beim Lesen aus und lässt deine Leser*innen dranbleiben.

Du kannst auch im Setting Mikrospannung platzieren. Vielleicht ist es plötzlich früher dunkel als sonst. Oder es riecht nach den Plätzchen der verstorbenen Großmutter. Irgendetwas stimmt nicht, und wir als Leser*innen haben keine Ahnung, was der Grund dafür ist. Solche Unstimmigkeiten oder irritierenden Details im Setting sorgen für Unbehagen. Und Unbehagen erzeugt Spannung.

In deinem Roman könnte deine Hauptfigur nach Hause kommen und im Flur eine kleine Schachtel verstecken. Wir sehen nicht, was es ist oder warum die Figur das tut. Dann geht sie ins Wohnzimmer, wo ihre Mitbewohnerin sitzt, und fragt ganz harmlos, wie der Tag war. Die Figuren beginnen ein scheinbar belangloses Gespräch, während wir in Gedanken im Flur und bei der Schachtel sind. Der Dialog ist plötzlich mit Spannung geladen, weil unter der Oberfläche etwas steckt, was wir noch nicht verstehen können.

Mikrospannung kannst du in jeder Szene einsetzen. Es erfordert ein bisschen Übung, aber dann geht sie dir sehr leicht von der Hand.

Was du jetzt konkret tun kannst:

Nimm eine beliebige Szene aus deinem Romanentwurf. Ist sie spannend? Wenn ja, was sind die Spannungshebel? Baue Mikrospannung ein, um die Szene noch interessanter zu machen.

Die viereinhalb Hebel in der Praxis

Die Hebel, die ich dir hier vorgestellt habe – Figuren, Probleme, Plot und Struktur – und die Mikrospannung arbeiten immer zusammen. Du musst sie nicht alle gleichzeitig aufs Maximum drehen, damit dein Roman spannend wird. Normalerweise reicht es, einen Hebel besonders stark einzusetzen. Wenn du nicht weißt, welcher das in einem konkreten Fall sein sollte, nimm deine Figur. Die ist immer der stärkste und wichtigste Spannungstreiber.

Wenn die Figur funktioniert, wenn wir sie mögen oder zumindest verstehen, wenn wir mit ihr mitfiebern, dann funktioniert auch alles andere besser.

Je öfter du das analysierst, desto besser wirst du darin, diese Hebel in deinen eigenen Geschichten einzusetzen.

Was du jetzt konkret tun kannst:

Prüfe deinen Roman auf Spannung. Welche Spannungshebel sind schon gut umgesetzt? Welche könntest du noch stärken oder ausbauen?

So unterstützt KI dich in dieser Phase

ChatGPT kann dir zu den einzelnen Hebeln und Säulen Hinweise für deinen Text geben. Frage gezielt nach Tipps für den Spannungsaufbau, zum Beispiel bei deinen Figuren.

Geschichten beobachten und erzählen: Interview mit Spiegel-Bestseller-Autorin Andrea Wilk

Andrea Wilk ist Spiegel-Bestseller-Autorin und Spiritual Life Coach aus Berlin. Sie schreibt Liebesgeschichten und Ratgeber.

Yvonne: *Warum bist du Autorin geworden?*

Andrea: Ich wollte schon immer Schriftstellerin werden. Mit 14 Jahren habe ich bei einem Schreibwettbewerb nicht gewonnen und dachte dann, dass ich nicht gut genug bin. Danach habe ich zwar viel geschrieben, aber nur ein einziges Buch angefangen, in dem ich ein paar Teenager-Erfahrungen verarbeitet habe. Ich habe es nie beendet. Auf meiner Bucketlist stand aber immer: Irgendwann schreibe ich ein Buch.

Mit 34 habe ich dann die Autobiografie von Stephen King gehört, und er hat gesagt: »Wenn du 1000 Wörter am Tag schreibst, hast du in drei Monaten einen durchschnittlich langen Roman.« Da habe ich gedacht: »Das schaffe ich!« Und dann habe ich die Geschichte aufgeschrieben, die seit zwei Jahrzehnten in meinem Kopf war.

Schreiben hat einfach immer zu mir gehört. Im Herzen war ich schon immer eine Geschichtenerzählerin und jemand, der sein Wissen und seine Erfahrungen gern mit anderen teilt.

Yvonne: *Du hast mehr als 50 Bücher in unterschiedlichen Genres veröffentlicht, Liebesromane, Thriller und Bücher für Autor*innen. Was hat sich dadurch in deinem Blick auf das Schreiben seit deinen Schreibanfängen am meisten verändert?*

Andrea: Eigentlich nicht besonders viel. Ich würde gern behaupten, dass ich heute weniger Zweifel habe, aber so ist es nicht. Heute weiß ich nur anders mit diesen Zweifeln umzugehen. Das hat meiner Meinung nach weniger mit dem Schreiben selbst zu tun und mehr mit meiner Reise in der Persönlichkeitsentwicklung. Ich liebe das Schreiben noch genauso wie am ersten Tag. Vielleicht sogar ein bisschen mehr. Die vielen Bücher sind eigentlich vor allem Ausdruck davon.

Yonne: *Viele deiner Romane berühren Themen wie Verlust, Trauer, Hoffnung und Neuanfang. Wie bereitest du dich darauf vor, emotional intensive Geschichten zu schreiben?*

Andrea: Gar nicht. Das Schreiben verbindet mich mit meinem tiefsten Innern. Dort finde ich Halt, wenn die Geschichten oder ich ihn brauchen. Ich bin ja trotzdem Beobachterin, wenn du so willst, Botschafterin der Geschichten. Manche berühren mich zwar dennoch sehr tief, aber gleichzeitig erzähle ich sie »nur«. Ich glaube, man kann es ganz gut mit dem Lesen vergleichen. Beim Schreiben zählt, dass man bei sich bleibt. Dass man nicht erzählt um des Erzählens willen, sondern um Gefühle und Botschaften zu vermitteln. Dafür muss man sich auf die Geschichten einlassen. Sie selbst fühlen. Ja, aber gleichzeitig sieht man sie aus einer anderen Perspektive. Das macht es so spannend und auch so heilsam für das eigene Leben. Die Erkenntnisse, die daraus erwachsen, sind so unfassbar wertvoll.

Yvonne: *Du bist Spiritual Life Coach und lässt diese Impulse in deine Bücher einfließen. Wie beeinflusst diese Ausbildung dein Schreiben?*

Andrea: So wie alles andere, das ich tief fühle, lerne oder erlebe, auch. Es fließt in die Bücher, weil es zu mir gehört. Das hat Persönlichkeitsentwicklung schon immer, weshalb man auch in meinem ersten Buch einen kleinen Teil davon findet.

Die Ausbildung hat mich letztendlich dazu ermutigt, etwas direkter mit dem Thema zu werden. Bücher zu schreiben, die ganz klar dafür geschrieben sind, Menschen in ihr eigenes Licht zu führen. Ihnen Impulse zu geben, damit sie die Verantwortung für ihr Glück selbst übernehmen. Damit sie erkennen, dass sie das können.

Yvonne: *Du schreibst Vollzeit und hast dir Schreibziele gesetzt, die für viele unerreichbar wirken, zum Beispiel eine Million Wörter in einem Jahr zu schreiben. Wie sieht deine normale Schreibroutine aus, damit so etwas überhaupt möglich wird?*

Andrea: Jeden Tag schreiben. Das ist wirklich alles. Wenn man das macht, ergeben sich ganz automatisch Routinen. Du findest einen guten Spot am Tag. Zum Beispiel, wenn alle noch oder schon schlafen oder aus dem Haus sind. Du erkennst, wo und wann du am konzentriertesten bist und ob dein Handy in der Nähe hilft oder nicht. Es ist eine Form der Selbststeuerung, die wir gern mit Disziplin verwechseln. Disziplin ist eine Form von Kontrolle, doch wir können den Alltag nicht kontrollieren. Wir können aber steuern, wie wir uns in ihm bewegen. Wie wir darauf reagieren, wenn etwas Unvorhergesehenes geschieht.

Yvonne: *Du hast gesagt, dass die reine Rohfassung eines Buchs bei dir oft in etwa einem Monat steht, weil du zwischen 1000 und 8000 Wörtern pro Tag schreibst. Was hilft dir ganz konkret an Tagen, an denen du eigentlich gar keine Lust hast zu schreiben?*

Andrea: Genau diese Routine. Allerdings ist Lust bei mir NIE das Problem. Wenn man mich ließe, würde ich den ganzen Tag schreiben.

Yvonne: *Wie gehst du die Überarbeitung deiner Manuskripte an?*

Andrea: Das ist ein Thema, auf das ich quasi NIE Lust habe (lacht). Ich lese sie einmal und überarbeite, finde aber selten viel. Dann kommen Lektorin, Testleserinnen und Korrektorin. Das ist sehr unterschiedlich bei unterschiedlichen Büchern. Bei manchen Büchern verzichte ich auf ein umfassendes Lektorat. Schon mein erster Roman wurde nur von einer Freundin gelesen und ist noch immer mein erfolgreichstes Buch. Manche Bücher brauchen einen sehr professionellen Blick. Aber für mich sind die Stimmen meiner echten Leserinnen wichtiger. Was ihnen aufstößt, muss geändert werden. Es hat aber vierzig Bücher gebraucht, ehe ich an diesen Punkt gekommen bin, und ich habe mich schon beim ersten Buch intensiv mit dem Thema Selbstlektorat auseinandergesetzt. Dieses Wissen fließt beim Schreiben mit ein. Auch das Wissen, das ich während der vielen Lektorate gewonnen habe.

Yvonne: *Verlag oder Selfpublishing? Was empfiehlst du angehenden Autor*innen? Und was sind die Gründe für deinen Weg?*

Andrea: Ich empfehle, den Weg zu gehen, der sich gut anfühlt. Hier gibt es kein Richtig oder Falsch. Ich bin seit 2007 selbstständig. Als ich mit dem Schreiben angefangen habe, war ich es also schon zehn Jahre. Sobald ich wusste, dass es Selfpublishing gibt, wollte ich genau das. Ich habe mich bei keinem Verlag beworben und alle Angebote, die mit dem Erfolg meines ersten Buches kamen, abgelehnt.

Allerdings konnte ich mich schon da sehr gut selbst organisieren. Ich liebe es zu lernen und Dinge auszuprobieren. Und ich fand es okay, dass so manches nicht ganz so professionell war, wie es hätte sein können. Wenn man alles neu lernt und selbst macht, passiert das unweigerlich.

Auf diese Weise konnte ich mir viel aufbauen, das mir heute in Verlagsverhandlungen hilft. Ich habe bereits viele Leser*innen und viel Erfahrung. Dadurch konnte ich mit einem Verlag sogar die Spiegel-Bestseller-Liste erreichen. Mit einem anderen habe ich zwei Wochen den Platz 1 der Amazon-Kindle-Charts gehalten. Verlage können einen nochmal ein Stück weiterbringen. Aber es kann auch anders laufen. Davon kenne ich viel zu viele Geschichten.

Yvonne: *Wie stehst du zu Künstlicher Intelligenz als Unterstützung für Autor*innen?*

Andrea: Sehr positiv. Ich liebe es, wie uns Arbeiten abgenommen werden, die sonst Stunden gedauert hätten. Ich nutze die Tools täglich und sei es nur, um etwas zu recherchieren oder mein Manuskript nach dem Namen eines Charakters zu durchsuchen. Fürs Schreiben nutze ich die Tools dagegen nicht. Denn das liebe ich ja so sehr.

Yvonne: *Was ist in deinem Leben als Autorin anders als erwartet?*

Andrea: Ich habe wirklich gar nichts erwartet, als ich mein erstes Buch geschrieben habe. Deswegen ist alles anders. Trotzdem passt es zu mir. Ich gestalte es immer wieder neu und erkenne auch immer wieder, dass ich zu viel machen will. Aber auch das gehört zu mir.

Yvonne: *Welchen einen Tipp hast du für Autor*innen, die ganz am Anfang ihrer Karriere stehen?*

Andrea: Schreib für dich. Bleib immer bei dir. Viele schreiben aus einem Grund, der nicht zu ihnen gehört. Und später haben sie Angst vor dem Außen. Wenn wir bei uns bleiben, ist es leichter, mit dem Außen umzugehen. Beziehungsweise mit unseren Gedanken über das Außen.

Kapitel 7

Schritt 4: Nach dem »Ende« ist noch lange nicht Schluss

In diesem Kapitel geht es an die Überarbeitung deines Manuskripts, und du lernst, wie du aus einem Rohentwurf einen veröffentlichungsreifen Roman machst.

Wann beginnt die Überarbeitung?

Wenn du das Buch bis hierhin durchgearbeitet hast, weißt du schon, dass Schreiben und Überarbeiten nicht zusammengehören. In der ersten Rohfassung hat der innere Kritiker nichts zu suchen und darf still warten, bis das letzte Wort getippt ist. Wenn er dann schon auf heißen Kohlen sitzt und endlich loslegen will, darfst du ihn noch eine Weile auf die Bank schicken. Denn du vollziehst nun einen Rollenwechsel, der ein bisschen Abstand braucht.

Bisher warst du Schöpfer*in deines Textes. Du hast alle Ideen aus deinem Kopf auf Papier gebannt. Dabei passieren ganz unweigerlich Fehler. Teilweise sprachliche Holprigkeiten, teilweise grobe logische Schnitzer. Denn auch wenn's im Kopf logisch und schlüssig war, heißt das nicht, dass du den Transfer auch gut hinbekommen hast und dein Buch nun für sich alleine stehen kann.

In der Überarbeitung bist du nicht mehr Schöpfer*in, sondern Kritiker*in oder Lektor*in: Deine Aufgabe ist es nicht mehr, den Welten in deinem Kopf nachzuspüren und sie in den Rechner fließen zu lassen, sondern das

Ergebnis abzuklopfen und kritisch zu überprüfen. Damit dein Gehirn Zeit hat, diesen Rollenwechsel zu vollziehen, lässt du dein Manuskript mindestens zwei Wochen ruhen. Die Zeit hast du dir nach der Schreibphase auch verdient, und du kannst parallel an anderen Dingen arbeiten, zum Beispiel dein Buchmarketing vorbereiten. Oder du machst einfach mal gar nichts.

Wenn du zu schnell in die Überarbeitung einsteigst, sind die Eindrücke noch zu frisch, und dein Gehirn schließt automatisch Lücken oder übersieht deine Fehler. Du steckst selbst noch zu tief im Text drin, um wirklich aus der Vogelperspektive wahrzunehmen, was funktioniert und was nicht.

Außerdem ist direkt nach dem Schreiben die emotionale Bindung zum Text noch besonders stark. Das macht es schwerer, deinen Roman neutral zu bewerten und auch mal rigoros zu streichen, wenn Stellen langweilig oder unnötig sind.

Was du jetzt konkret tun kannst:

Du hast die Rohfassung deines Manuskripts beendet? Herzlichen Glückwunsch! Dann gibt es im Moment für dich nicht viel zu tun. Speichere die Datei, schicke sie dir noch mal per E-Mail zu (nur zur Sicherheit), und dann mach zwei Wochen Pause, bevor du in die Überarbeitung einsteigst. Hol dir Schokolade, die hast du dir verdient.

Eigene Überarbeitung in mehreren Schleifen

Bevor ich das erste Mal ein Buch überarbeitet habe, dachte ich: »Easy. Das lese ich dann noch mal gegen und dann ist es fertig.« Wie bei einer E-Mail.

So ist es natürlich nicht. Das fiel mir spätestens auf, als ich sah, dass eine Nebenfigur mitten in der Geschichte ihren Namen geändert hatte – was mir vorher nicht aufgefallen war. Oder dass Sätze mittendrin aufhörten, Dialoge komplett hölzern waren oder Dinge, die ich mir ausgedacht hatte, so einfach nicht passieren konnten.

Einen Roman zu überarbeiten, ist eben mehr, als noch mal zu prüfen, wie er sich liest. Romane finden auf so vielen Ebenen gleichzeitig statt, und all diese Ebenen und auch alle Handlungsstränge müssen miteinander funktionieren, damit das Buch gut wird. Da gibt's einiges zu prüfen. Und definitiv wirst du deinen Text mehr als einmal lesen.

»Überarbeitung« ist ein so vager Begriff, dass viele Autor*innen sich gar nicht vorstellen können, wie sie darangehen sollen. Deswegen schieben sie diesen Schritt immer weiter vor sich her und lassen fertige Roman-Manuskripte in der virtuellen Schublade verstauben. (Ja, auch bei mir liegen da ein paar.) Deswegen ist unsere erste Aufgabe, die Überarbeitung machbar zu machen. Sie in einzelne Schritte herunterzubrechen, die wir einen nach dem anderen abarbeiten können.

Irgendwann wirst du deine eigene Routine und Reihenfolge für die Überarbeitung entwickeln. Bis dahin kannst du dich an dieser orientieren.

- **Manuskript ruhen lassen**
  Im vorigen Abschnitt bin ich bereits darauf eingegangen, wie wichtig es ist, nicht sofort vom Schreiben ins Überarbeiten zu gehen. Lass dein Manuskript mindestens zwei Wochen ruhen, um Abstand zu gewinnen.
- **Lesen**
  Bevor du irgendetwas überarbeitest, solltest du dir deine Leser*innenbrille aufsetzen und dein Buch als Ganzes lesen. Da die Verlockung immer groß ist, sofort »einzugreifen« und Dinge zu verbessern, ist es am besten, du druckst dir das Buch entweder aus oder liest es an einem Tablet oder auf einem E-Book-Reader, also in einer Form, die es dir deutlich schwerer macht, direkt ins Korrigieren zu gehen. Die gedruckte Variante ist dafür am besten, weil Texte sich auf Papier auch einfach anders lesen.[1] Eine Möglichkeit, auf die mich eine Seminarteilnehmerin gebracht hat, ist es, sich den Rohentwurf als Buch drucken zu lassen. Das geht bei den meisten Druckereien. Du musst das Buch dafür grob formatieren (Blocksatz, Seitenzahlen, Format DIN A5, Zeilenabstand 1,4 und 4 mm Einrückung in der ersten Zeile des Absatzes reichen, um es »buchartig« zu machen) und ihm ein Cover spendieren. Wenn du noch keins hast, kann das auch einfach eine einfarbige Datei mit Arbeitstitel und deinem Namen sein.

---

1 Das stellen die meisten Autor*innen spätestens fest, wenn sie in der gedruckten Fassung ihres Buchs noch etliche Fehler finden.

Besonders günstig bekommst du ein solches Buch, wenn du es bei Amazon KDP hochlädst und dir ein Probeexemplar schicken lässt. Dein Buch ist damit nicht veröffentlicht und du musst Amazon KDP auch überhaupt nicht weiter nutzen. Aber du hast deinen Rohentwurf als Buch, und allein das ist ein großartiges Gefühl.

Wenn du den ersten Durchgang unbedingt mit dem Stift in der Hand lesen willst, dann nimm einen Textmarker und kennzeichne Stellen, bei denen du später genauer hinschauen willst. Alles andere lenkt dich nur davon ab, dein Buch wie ein*e Leser*in wahrzunehmen.

- **Gesamteindruck festhalten**
  Nach diesem ersten Durchgang machst du dir Notizen. Welchen Eindruck macht dein Buch auf dich? Wo war es spannend? Wo war die Geschichte noch holprig? Was fällt dir grundsätzlich stilistisch auf? Hast du zum Beispiel zu wenige Dialoge (so geht's mir immer) oder fehlen den Figuren Ecken und Kanten? Notiere dir alles, was du gerne genauer anschauen willst.

So unterstützt KI dich in dieser Phase

Lass dir von ChatGPT einen Fragebogen geben, um deinen Gesamteindruck festzuhalten. Diktiere dann alles in die KI, was dir aufgefallen ist, und lasse dir einen Überarbeitungsplan erstellen. Diesen ergänzt du dann um die Punkte, die du in der folgenden Liste siehst und die dir besonders wichtig erscheinen.

- **Figuren**
  Die Figuren tragen deine Geschichte, deswegen gehst du sie als Erstes an. Sind sie authentisch? Welche Figur darf noch mehr Raum bekommen oder etwas sympathischer wirken? Wen kann man noch nicht nachvollziehen? Haben die Figuren Schwächen, sind sie verletzlich, haben sie Probleme und auch Konflikte untereinander? Entwickeln sich die wichtigen Figuren durch die Geschichte hindurch? Überall, wo du hier Schwachpunkte siehst, setzt du an und besserst nach.

- **Plot**
  Bearbeite alles, was mit der Handlung zu tun hat. Schau dir die Spannungsbögen an, die Haupt- und Nebenstränge. Du kannst hier auch eine Art Reverse Engineering deines ursprünglichen Plots erstellen, indem du sämtliche Szenen mit Zwischenüberschriften versiehst (eine der Schulaufgaben, die ich immer ganz schlimm fand, aber sie ist hier wirklich sinnvoll) und sie dann neben deinen ursprünglichen Plot oder eins der Plotmuster legst. Wo siehst du Längen? Wo könnte deine Geschichte spannender sein? Welche Szenen tragen nichts zur Geschichte bei? Die dürfen dann gehen. Oft sind das genau die Szenen, in die wir besonders viel Herzblut gesteckt haben. Deswegen spricht man hier auch von »Kill your darlings«. Egal, wie toll du eine Szene findest: Wenn sie nichts beiträgt, verwässert sie dein Buch nur.

- **Dialoge**
  Dialoge sind für einen gelungenen Roman so wichtig, dass sie eine eigene Überarbeitungsrunde verdient haben. Am besten liest du sie laut vor. Hören sie sich authentisch an? Haben die einzelnen Figuren (zumindest die Hauptfiguren) eine kleine Eigenheit, an der du sie erkennen kannst? Kommunizieren deine Figuren immer mit Intuition? Tragen die Dialoge zur Handlung oder zur Figurenentwicklung bei? Ist immer klar, wer gerade spricht? Absatzumbrüche beim Sprecher*innenwechsel können hier Wunder wirken.

- **Sprache und Stil**
  Zum Schluss gehst du an die sprachlichen Feinheiten und schaust, ob dein Stil einheitlich ist und deine Erzählstimme überall passt. Auch hier kannst du dir mit lautem Lesen einen viel tieferen Zugang zu deinem Text erarbeiten. Prüfe, ob du Bilder richtig einsetzt, ob du die Erzählregeln beachtet hast (zum Beispiel »Show, don't tell«), ob die Perspektiven immer klar und einheitlich sind. Wenn du bis hierhin das Manuskript mehrfach durchgearbeitet hast, kennst du auch schon einige deiner sprachlichen Eigenheiten, auf die du besonders achten musst.

So unterstützt KI dich in dieser Phase

Für die Sprach- und Stilanalyse kannst du auch Tools nutzen. Zum Beispiel Papyrus, das dir anzeigt, warum manche Formulierungen nicht optimal sind. Bei der Arbeit damit lernst du etwas über Sprache, was du beim nächsten Manuskript direkt umsetzen kannst. QuillBot kann für dich zählen, welche Wörter besonders häufig in deinem Text vorkommen. Diese kannst du dann ggf. mit Synonymen ersetzen und so einen besseren Stil erreichen.

Was du jetzt konkret tun kannst:

Lasse dein Buch drucken oder organisiere ein Gerät, auf dem du es störungsfrei lesen kannst. Lies deinen Roman dann in Ruhe durch und erstelle anschließend einen Überarbeitungsplan. Diesen kannst du in den nächsten Wochen abarbeiten, bis dein Manuskript sich richtig rund anfühlt. Nimm dir ausreichend Zeit dafür. Gute Bücher entstehen in der Überarbeitung. So viele Schleifen wirken anfangs vielleicht lästig, aber deine Geschichte hat es verdient, dass du sie zu etwas Besonderem machst. Stell dir die Überarbeitung vor wie eine aufwendige Deko für deinen Lieblingskuchen: Die darf auch ruhig etwas mehr Zeit in Anspruch nehmen.

Mit Testlesenden arbeiten

Lange bevor ich selbst geschrieben habe, habe ich natürlich andere Autor*innen beobachtet, ihre Bücher übers Schreiben und ihre Blogs gelesen. Irgendwann las ich dann auch zum ersten Mal von Testlesenden. Und dieses Konzept war der eine Baustein im Schreibprozess, der mich am meisten überrascht hat. Man gibt das Manuskript anderen Menschen und holt sich gezielt ihr Feedback ein, bevor es veröffentlicht wird? Ich fand die Idee absolut abgefahren. Mein erster Gedanke: Das Buch ist dann ja noch gar nicht fertig, das Feedback kann ja nur schlecht ausfallen.

Mittlerweile ist mir klar, dass diese Gedanken vor allem aus der Angst kamen, die eigenen Texte jemandem zu zeigen. Diese Angst kennen wohl alle Autor*innen, und irgendwann müssen wir sie sowieso überwinden, sonst wird das nichts mit dem veröffentlichten Buch. Insofern sind Testleser*innen eine großartige Generalprobe im kleinen Kreis.

Es gibt noch weitere Gründe, die dafür sprechen, sich noch vor der Veröffentlichung Feedback aus der eigenen Zielgruppe einzuholen. Schließlich machen wir das bei allen anderen Sachen auch, bei denen wir etwas Neues wagen: bei der eigenen Website, Fotos fürs Cover, Titel-Ideen ... Konstruktives Feedback von den Menschen, die später das Buch kaufen und lesen sollen, hilft uns dabei, zu verstehen, ob wir klar genug geschrieben haben, ob unsere Geschichte spannend ist, und ob sie die Erwartungen der Leser*innen trifft. Und das, bevor 1000 Exemplare gedruckt und auf dem Weg in den Handel sind. Wir haben also noch genügend Zeit, all die Feinheiten, die wir nach der 17. Überarbeitung längst übersehen, doch noch auszubessern.

Und was machen Testlesende jetzt konkret? Sie lesen dein Buch vorab und geben dir Feedback dazu. Deswegen sollten Testlesende immer auch deine Zielgruppe sein. Natürlich ist es großartig, wenn deine Lieblingstante dir sagt, dass dein Buch das beste ist, das sie je gelesen hat. Hilfreicher ist es, wenn diejenigen, die alles in deinem Genre verschlingen, dich auf Schwachstellen hinweisen. Damit das Feedback dich weiterbringt, solltest du die Testlesenden gut briefen, ihnen also vorher genau sagen, worauf sie achten sollen und in welcher Form du das Feedback später gerne hättest. Ich empfehle dir, einen Fragebogen zu erstellen, in dem du genau die Punkte abfragst, die dir wichtig sind. Hier liste ich ein paar Ideen für Fragen auf, die du stellen kannst:

- Wie hat dir das Buch insgesamt gefallen?
- Welche Emotionen hat es in dir ausgelöst?
- Welche Stellen haben dir besonders gut gefallen? Welche weniger gut?
- Was ist dir am stärksten in Erinnerung geblieben?

- Welche Figur mochtest du? Welche nicht so?
- War die Welt für dich vorstellbar und stimmig?
- Wie empfandest du den Schreibstil?

So unterstützt KI dich in dieser Phase

Bei der Vorbereitung des Fragebogens für deine Testlesenden kann KI dir helfen. Füttere das Tool am besten mit deinem Elevator Pitch und deinen Erwartungen und lasse dir dann Vorschläge für konkrete Fragen geben.

Die Fragen kannst du entweder in einem Fragebogen ausfüllen lassen oder du stellst sie in einem persönlichen (Video-)Gespräch. Der Vorteil beim Gespräch ist, dass du Rückfragen stellen kannst. Vielen Autor*innen fällt es jedoch anfangs schwer, sich Feedback so direkt geben zu lassen.

Egal, in welcher Form du dein Feedback bekommst: Nimm es einfach dankend an und rechtfertige dich oder deinen Text nicht. Du musst nichts erklären, sondern schaust einfach, wie das Feedback deinen Roman besser machen kann.

Testlesende findest du genau dort, wo du auch deine Zielgruppe findest. Vielleicht hast du schon eine TikTok- oder eine Instagram-Community, die sich für dein Buch interessiert. Starte dort einen Aufruf und erkläre, was es bedeutet, Testleser*in für dich zu sein und welche Erwartungen du hast. Es gibt auch eigene Portale im Internet, wo du Testlesende finden kannst. Überall dort, wo sich deine Leser*innen tummeln, kannst du aktiv werden. Und die Suche nach Unterstützung ist immer eine charmante und unaufdringliche Möglichkeit, dein Buch schon mal zu erwähnen – also schon ein klitzekleiner Schritt in Richtung Buchmarketing.

Viele unterschätzen den Aufwand, ein Buch zu lesen und Feedback zu geben, und wissen gar nicht, worauf sie sich da einlassen. Manchmal führt das dann leider dazu, dass man gar kein Feedback oder nur sehr kurzes in der Form »Hat mir gut gefallen« bekommt. Das hört man gerne, ist aber nicht wirklich hilfreich. Damit sich nur Menschen melden, die die Aufgabe richtig einschätzen, beschreibst du bei deinem Aufruf direkt, was alles dazu zählt: das Buch lesen, sich Notizen machen, einen Fragebogen ausfüllen oder ein Interview im Anschluss mit dir. Du kannst auch dazuschreiben, wie viel Zeit man dafür mindestens einplanen sollte, wobei das immer nur eine Schätzung sein kann – schließlich lesen wir ja alle unterschiedlich schnell oder langsam. Wenn du eine Deadline hast, gehört die auch in den Aufruf. Und auch, wie viele Testlesende du suchst, welche Anforderungen du hast (zum Beispiel, welche Bücher sie gelesen haben sollten) und dass du wahrscheinlich eine Auswahl treffen musst. Oft melden sich einige Interessierte, und du kannst realistisch nicht mehr als drei bis fünf Feedbacks einarbeiten. Damit du niemanden enttäuschst, ist es gut, von Anfang an zu sagen, dass du nicht alle Anfragen auch annehmen kannst.[2]

Um die Erwartungen gleich klar zu haben, schreibst du in deinem Aufruf auch, was deine Testlesenden als Dankeschön von dir bekommen: Wenn sie einverstanden sind, kannst du sie im Dankeswort erwähnen. Eine Ausgabe deines Romans sollten sie auf jeden Fall bekommen. Wenn der Aufwand sehr groß ist, vielleicht auch noch einen Büchergutschein. Wenn andere Autor*innen deinen Roman testlesen, kannst du auch anbieten, dich zu revanchieren.

Zum richtigen Zeitpunkt für das Einbinden Testlesender gibt es unterschiedliche Ansichten. Selbstverständlich gibst du dein Manuskript erst aus der Hand, wenn du selbst es abschließend überarbeitet hast. Manche Autor*innen wollen aber erst das lektorierte Buch an Testlesende geben. Das hat natürlich eine noch bessere Qualität und ist näher am fertigen Ergebnis. Allerdings heißt das, dass du, nachdem du das Feedback der Testlesenden eingearbeitet hast, eine weitere Lektoratsrunde drehen musst, denn du wirst ja wahrscheinlich Änderungen vornehmen, die dann wiederum lektoriert werden sollten.

Zahlst du das Lektorat selbst, ist diese zusätzliche Runde auch eine finanzielle Frage. Du kannst das lösen, indem du dein Manuskript wirklich so gut überarbeitest, dass es von deiner Seite veröffentlichungsreif wirkt, und genau das auch deinen Testlesenden erklärst, damit sie wissen, dass sie ein unlektoriertes Exemplar von dir bekommen. Anschließend arbeitest du die Feedbacks ein und gibst den Roman ans Lektorat weiter.

---

2 Wenn sich mehr Menschen melden, als du berücksichtigen kannst, kannst du diejenigen, deren Feedback du nicht nimmst, als Interessierte für Rezensionsexemplare vormerken oder ihnen anbieten, sie zu informieren, sobald das Buch erhältlich ist. So bleibst du mit ihnen in Kontakt und sie fühlen sich von dir wertgeschätzt.

Was du jetzt konkret tun kannst:

Mache dir einen Plan für die Arbeit mit Testlesenden. Für wann suchst du sie? Über welche Wege? Bis wann willst du das Feedback haben? Sobald du diese Punkte festgelegt hast, kannst du deinen ersten Aufruf starten.

Ein kleiner Exkurs: Die Sache mit dem Feedback

Ich selbst bilde mich seit Jahren am Gotham Writers Workshop im Schreiben fort. Feedback ist ein wichtiger Bestandteil in allen Kursen (so wichtig, dass man verärgerte Mails bekommt, wenn man kein Feedback gibt). Da Englisch nicht meine Muttersprache ist, war ich vor meiner ersten Feedback-Runde natürlich noch mal extra aufgeregt. Ich war direkt zu Beginn dran, hatte also keine Ahnung, wie das Feedback ablaufen würde. Eingereicht hatte ich eine Science-Fiction-Kurzgeschichte, die ich ursprünglich auf Deutsch geschrieben und in tagelanger Arbeit ins Englische übertragen hatte. Meine Erwartung ans Feedback war, dass ich ein paar höfliche Floskeln bekommen würde. Was ich stattdessen bekam, hat mein Verhältnis zu Feedback auf Dauer verändert. Denn das Feedback war auf der einen Seite so freundlich und wohlwollend, dass ich dachte, ich stehe kurz vorm Literatur-Nobelpreis. Und auf der anderen Seite war es so konkret und detailliert, dass ich jede Menge Ansatzpunkte hatte, meinen Text besser zu machen.

Das perfekte Feedback.

Leider ist das nicht selbstverständlich. Ich weiß nicht, wie es bei dir in der Schule war, aber einer meiner Deutschlehrer lächelte herablassend, während Texte vorgetragen wurden und sagte dann Dinge wie »An dir ist auch kein Schriftsteller verloren gegangen.« Mein Kunstlehrer nahm auch gerne den Pinsel aus meiner Hand und malte über mein Bild, weil das ja alles »ganz furchtbar« war. Und auch wir Schüler*innen wurden eher dazu angeleitet, auf Fehler hinzuweisen, statt wertschätzendes, konstruktives Feedback zu geben.

Die meisten von uns haben nicht gelernt, Feedback zu geben. Und auch nicht, es anzunehmen, weil sie immer nur Kritik oder die Aufforderung nach Veränderung gehört haben. Aber: Es geht auch anders. Und ein gelungenes Feedback ist ein großartiges Geschenk, an dem wir wachsen können.

Wir können uns das Feedback, das wir bekommen, nicht aussuchen. Aber wir können entscheiden, wie wir damit umgehen. Das zu lernen, macht einen großen Unterschied, weswegen ich dir hier das Kommunikationsquadrat von Friedemann Schulz von Thun ans Herz legen will. Ich bin ein bisschen verliebt in dieses Modell, weswegen es immer wieder den Weg in meine Bücher findet. Es ist aber auch wirklich toll.

Wenn wir miteinander sprechen, tauschen wir Informationen miteinander aus. Diese Informationen heißen in der Kommunikationswissenschaft Nachrichten. Und laut Schulz von Thun hat jede Nachricht vier Seiten:

- eine Sachaussage
- eine Ich-Aussage
- eine Beziehungs-Aussage und
- einen Appell

Eine Nachricht könnte zum Beispiel sein: »Dein Buch hat mir fast so gut gefallen wie ACOTAR.« Die Sachaussage ist der Kern der Information, um die es eigentlich geht oder gehen sollte. Hier, dass der Person das Buch fast so gut gefallen hat wie »A Court of Thorns and Roses«. Wir Menschen können aber gar nicht anders, als immer über uns selbst zu reden. Deswegen schummelt sich immer auch eine Aussage über die sprechende Person ein, zum Beispiel dass die Person Fan von Sarah J. Maas und ihren Büchern ist. Da wir Nachrichten immer an eine andere Person übermitteln, schwingt auch immer unsere Beziehung zueinander mit. Die Beziehungsaussage könnte sein: »Ich mache dir ein Riesenkompliment, weil ich dein Buch mit einem Weltbestseller vergleiche.« Außerdem enthält jede Aussage einen Appell, denn wir nehmen immer Einfluss auf unsere Mitmenschen, oft auch unbewusst, zum Beispiel in dieser Form: »Mach weiter so, du bist auf dem richtigen Weg.«

Spannend, wie viel in so einer Aussage steckt, oder? Und damit sind wir noch nicht am Schluss. Denn: Wir sprechen – wie Schulz von Thun es sagt – mit vier Schnäbeln gleichzeitig. Und wir hören auch mit vier Ohren. Und was wir hören, ist oft nicht das, was gesagt wurde. Bei der Sachaussage kann es zu Missverständnissen kommen, wenn man verschiedene Kenntnisse mitbringt oder Begriffe unterschiedlich nutzt. Auf den anderen drei Ebenen kommt es noch häufiger zu Fehlinterpretationen. Gerade bei Themen, bei denen wir verletzlich sind. Zum Beispiel beim Feedback.

Vielleicht hören wir auf der Beziehungsebene eher etwas wie: »Na ja, an die richtig Großen reichst du halt nicht heran.« Und beim Appell: »Lass es lieber sein, wirklich gut wirst du nie werden.«

Wenn uns in der Schule eine Autoritätsperson den Pinsel aus der Hand gerissen oder unsere Texte belächelt hat, hören wir in eigentlich harmlose oder sogar positive Nachrichten leichte Kritik hinein, die gar nicht da ist.

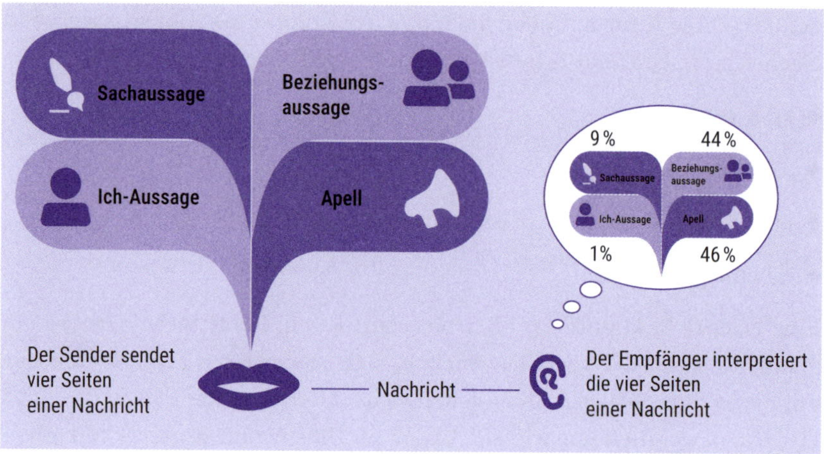

Abbildung 7.1: Das Kommunikationsquadrat nach Schulz von Thun

Dieses Modell kann dir dabei helfen, Feedback besser einzuordnen. Und zwar, indem du dich komplett auf die Sachaussage konzentrierst, diese herausfilterst und dann überlegst, wie sie dir und deinem Text helfen kann. Der Vergleich mit ACOTAR ist zum Beispiel ein großartiger Ansatzpunkt fürs Buchmarketing, weil du jetzt weißt, was deine Zielgruppe sicher gelesen hat. Und ein Ansporn ist er außerdem: Wenn das erste Buch schon fast so gut ist, was ist da noch alles möglich?

So unterstützt KI dich in dieser Phase

Wenn du ein Feedback bekommen hast, mit dem du dich nicht wohlfühlst, kannst du ChatGPT bitten, es für dich zu analysieren. Hier der Prompt: »Ich habe dieses Feedback für meinen Roman bekommen. Kannst du es bitte anhand des Kommunikationsquadrats analysieren?« So findest du heraus, was die Sachaussage ist und wie du die anderen Aussagen interpretieren kannst. Oft zeigt die KI hier auch alternative Interpretationsmöglichkeiten, aus denen du dir dann die für dich beste herauspicken kannst.

Feedback ist wie ein Spiegel. Wir können uns auf das Gesamtbild konzentrieren und darin einschätzen, ob wir so wirken, wie wir wirken wollen. Wenn uns die blaue Bluse gefällt, die wir tragen, behalten wir sie an. Vielleicht richten wir den Kragen ein bisschen, aber das war's dann schon. Was Feedback nicht ist: ein übergriffiger Modeberater, der dir sagt, dass du die blaue Bluse nicht tragen kannst und dir stattdessen einen kratzigen gelben Pulli überzieht, den du nicht leiden kannst. Dein Text ist dein Text – am Ende entscheidest du, welchen Teil des Feedbacks du annimmst und wie du ihn umsetzt.

Lektorat

»Mein Nachbar ist Deutschlehrer, der macht das Lektorat.«

Das höre ich so häufig, und ich kann es auch sehr gut nachvollziehen. Das Lektorat ist eine der teuersten Dienstleistungen, die du rund ums Buch kaufen kannst. Da sucht man schon mal nach Wegen, zu sparen. Der Deutschlehrer ist allerdings in vielen Fällen nicht die beste Lösung, wenn er sich nicht auch noch sehr gut in deinem Genre auskennt und öfter mal Lektorate macht. Denn im Lektorat geht es nicht nur um sprachliches Feedback, sondern auch um inhaltliches und dramaturgisches. Dein Roman wird darauf abgeklopft, ob die Geschichte funktioniert, verständlich und richtig ist und ob sie die Zielgruppe richtig anspricht. Dazu braucht es Erfahrung.

Veröffentlichst du dein Buch im Verlag, musst du dir darum keinen Kopf machen, denn der Verlag kümmert sich darum und übernimmt auch die Kosten.[3] Im Selfpublishing liegt dieses Thema aber – wie alle Themen – bei dir selber. Und das bedeutet, dass du ein Lektorat suchen, auswählen und bezahlen musst.

Also lass uns direkt über den Elefanten im Raum sprechen: Was kostet ein Lektorat? Das kommt natürlich auf den Umfang deines Romans an. Ein Lektorat wird normalerweise nach Normseite berechnet. Eine Normseite entspricht – je nach Rechnung – 1500 oder 1800 Zeichen inklusive Leerzeichen.[4] Wie viele Zeichen dein Buch hat, kannst du zum Beispiel in Word leicht herausfinden, indem du unten links auf die Anzahl der Wörter klickst. Die Zahl, die du dort unter Zeichen (mit Leerzeichen) siehst, teilst du sicherheitshalber durch 1500. Damit weißt du, wie viele Normseiten dir das Lektorat berechnen wird. Im Beispiel sind das 343.749 geteilt durch 1500, also 229 Normseiten.

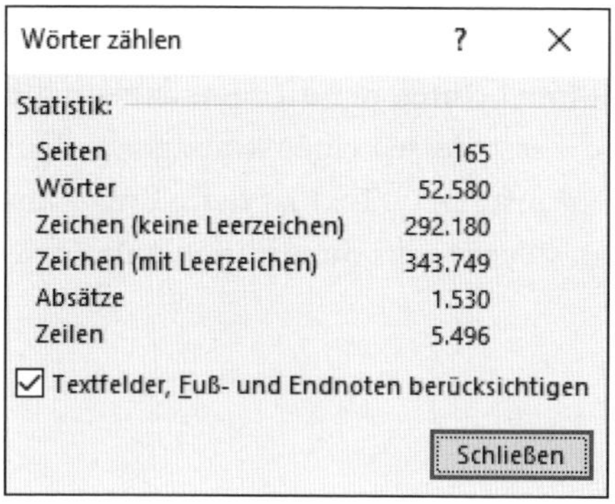

Abbildung 7.2: Zeichenzahl in Word herausfinden

Die Preise je Normseite variieren enorm. Im Internet findest du Angebote für 5 Euro pro Normseite, aufwendigere, literarische Lektorate kosten

3 Es gibt hier Ausnahmen. Wenn dein Verlag Geld fürs Lektorat verlangt, solltest du dir noch mal überlegen, dort zu veröffentlichen. Verlage, die ein wirkliches Interesse daran haben, gute Bücher herauszubringen, die sich später auch gut verkaufen, sind auf das Thema Lektorat bestens vorbereitet.

4 Eigentlich ist eine Normseite definiert als eine Seite mit 60 Zeilen und 30 Zeichen je Zeile – also 1800 Zeichen. Es ist allerdings eher Zufall, wenn in einem normalen Text wirklich genau 30 Zeichen in eine Zeile passen. Deswegen haben sich die 1500 Zeichen als realistischer Durchschnitt durchgesetzt: So viele Zeichen stehen normalerweise auf einer Seite, die als Normseite formatiert ist.

auch mal bis zu 15 Euro und darüber hinaus. Oft ist die Mehrwertsteuer in den angegebenen Preisen nicht enthalten. Außerdem unterscheiden sich die Angebote stark: Manchmal ist eine zusätzliche Lektoratsschleife enthalten, sodass du nach der Einarbeitung der ersten Änderungen ein zweites Feedback bekommst. Manchmal musst du dafür erneut bezahlen, dann aber einen geringeren Betrag pro Normseite.

Auch wenn 5 Euro pro Seite attraktiv klingen, solltest du mit etwa 10 Euro pro Seite rechnen, um ein wirklich passendes Lektorat zu bekommen.

Vielleicht hast du dir gerade ausgerechnet, was das bedeutet, und sofort diese Frage: Geht es nicht auch ohne Lektorat? Ja, schon, es geht natürlich immer auch alles anders, aber ... nicht so richtig gut. Das Lektorat ist die professionelle Qualitätssicherung für dein Buch. Du lässt es noch einmal so richtig auf Herz und Nieren prüfen, und zwar vom Profi. Du wirst dadurch viel sicherer, lernst eine Menge und dein Buch wird besser dadurch. Wenn du mit jemandem zusammenarbeitest, der dich wirklich weiterbringt.

Und damit kommen wir zur Lektoratsrecherche. »Lektor*in« ist weder ein geschützter Begriff noch ein Ausbildungsberuf. Es ist eine Tätigkeitsbeschreibung wie »Autor*in«. Jede*r darf sich so nennen und Lektoratsdienste anbieten. Das macht es umso schwieriger, die passende Person für dich zu finden. Noch dazu ist es wichtig, dass du nicht einfach irgendein Lektorat beauftragst, sondern jemanden mit Erfahrung in deinem Genre. Und gut zusammenarbeiten sollt ihr auch noch. Ein guter Anhaltspunkt sind Berufsverbände wie der VFLL oder Netzwerke wie der »texttreff«. Dort findest du Lektor*innen, die so professionell unterwegs sind, dass sie sich einer Gruppe angeschlossen haben.

Trotzdem bleibt die Qual der Wahl, und ein Profil sagt auch noch nicht, was am Ende beim Lektorat herauskommt. Deswegen empfehle ich immer ein Probelektorat von 5–10 Seiten. Oder auch mehrere. Die bezahlst du zum normalen Normseiten-Preis. Manche Lektor*innen nehmen für das Probelektorat auch einen Durchschnittspreis und erstellen basierend darauf dann ein individuelles Angebot. Zwei oder drei Probelektorate zu bezahlen, hört sich vielleicht wie Verschwendung an, aber du kannst nur so feststellen, ob ihr wirklich ein gutes Team seid und ob du die Ergebnisse für dein Buch bekommst, die dir helfen.

Einige Autor*innen starten Crowdfunding-Kampagnen, um ihr Lektorat zu finanzieren. Das kann dir helfen, die Kosten zu stemmen, und es ist eine schöne Art, gleichzeitig für die Kampagne und für dein Buch Marketing zu machen. Hierfür solltest du dann ein wenig Zeit einplanen, denn eine Crowdfunding-Kampagne ist ein eigenes Projekt, das deine volle Aufmerksamkeit braucht.

Es gibt auch KI-Tools, die fürs Lektorat angeboten werden. Oft ist damit aber eigentlich das Korrektorat gemeint, das tatsächlich durch KI gut unterstützt werden kann. Ein Lektorat würde ich immer durch einen Menschen durchführen lassen, denn am Ende sollen ja auch Menschen und nicht die KI dein Buch kaufen.

Was du jetzt konkret tun kannst:

Mache dir Gedanken übers Lektorat: Wie viele Normseiten hat dein fertiger Roman? Kennst du Lektor*innen, mit denen du zusammenarbeiten könntest? Falls nein, recherchiere welche. Welche Kosten kommen wahrscheinlich auf dich zu? Welche Möglichkeiten hast du, diesen Betrag aufzubringen?

Korrektorat

Viele Menschen verwechseln Lektorat und Korrektorat, dabei sind es zwei grundsätzlich verschiedene Prozesse. Im Lektorat geht es um Inhalt, Stil, Sprache, darum, ob dein Buch logisch, spannend und verständlich ist. Also im Grunde darum, ob du ein »gutes« Buch geschrieben hast.

Das Korrektorat sorgt dafür, dass du nicht nur ein gutes, sondern auch ein korrektes Buch veröffentlichst. Wir wollen schließlich, dass unsere Leser*innen nicht davon abgelenkt oder genervt werden, dass im Buch noch etliche Fehler stecken. Auch wenn es auf den Inhalt ankommt – wenn die Form oder die Verpackung nicht stimmt, geben Menschen dem Inhalt oft gar keine Chance mehr.

Das Korrektorat prüft also Rechtschreibung, Grammatik und Zeichensetzung. Weil es hier klare Entscheidungen zwischen richtig und falsch gibt, lässt sich ein Text deutlich schneller korrigieren als lektorieren. Außerdem gelten für jeden Text dieselben Rechtschreibregeln, während es beim Lektorat stark aufs Genre und die Zielgruppe ankommt. Aus diesem Grund sind die Preise fürs Korrektorat etwas niedriger, und du bist hier oft mit 3 bis 5 Euro dabei. Manche Lektor*innen bieten auch zusätzlich eine Korrektoratsschleife an, sodass du für einen Komplettpreis beides bekommst.

Du selbst solltest deinen Text nicht korrigieren, weil dein Gehirn ihn so gut kennt, dass es über viele Fehler einfach hinwegliest. Aber der Deutschlehrer von nebenan kann dir beim Korrektorat tatsächlich helfen.

So unterstützt KI dich in dieser Phase

Da es fürs Korrektorat eindeutige Regeln gibt, kann Künstliche Intelligenz hier sehr gut helfen. Die Word-Rechtschreibhilfe und Tools wie *Duden-Mentor* oder *Language Tool* nutzen eine Kombination aus Regelwerk und sprachlicher KI, die deinen Text auf Fehler untersucht. *Textshine* korrigiert deinen Text in der Überarbeitungsansicht in Word, sodass du die Korrekturen Schritt für Schritt durchgehen und überprüfen kannst. Viele dieser Tools sind ebenfalls kostenpflichtig, aber günstiger als ein Korrektorat. Trotzdem kann es hier natürlich zu Fehlern kommen, weil die Tools den Sinn deines Textes nicht verstehen und Regeln daher teilweise nicht korrekt anwenden können. Daher solltest du oder eine andere Person den Text am Ende trotzdem noch einmal gründlich gegenlesen.

Egal ob Tool, Deutschlehrer oder professionelles Korrektorat: Es ist nahezu ausgeschlossen, dass sich kein einziger Fehler in dein Buch einschleicht. Das ist normal und passiert auch den großen Verlagen. Suhrkamp führt in den FAQ auf der Verlagsseite zum Beispiel extra eine E-Mail-Adresse, an die man Fehler im Buch schicken kann, damit sie in der nächsten Auflage korrigiert werden können. Das würden sie sicher nicht tun, wenn das nie vorkäme.

Ärgere dich also nicht zu sehr, wenn du dein gedrucktes Buch aufschlägst und dir direkt ein Fehler ins Gesicht springt. (Ich habe ein Talent dafür, das bei den Büchern anderer Autor*innen zu tun, und es tut mir jedes Mal wirklich leid. Zum Trost kann ich sagen, dass auch in meinen Büchern immer Fehler sind.)

Wann ist dein Buch fertig genug?

Unter Maler*innen gibt es diesen Spruch: »Eigentlich bräuchte man jemanden, der neben einem steht und einem den Pinsel wegnimmt – oder wahlweise auf den Kopf haut –, wenn man wirklich fertig ist und das Bild nur noch schlechter macht, statt es zu verbessern.«

Das Gleiche bräuchten wir Autor*innen auch manchmal. Denn ändern kann man natürlich immer weiter. Nur irgendwann ist der Tipping Point erreicht, an dem das Buch nicht mehr besser wird, sondern sich nur noch in Feinheiten unterscheidet. Oder du ganz von deinem ursprünglichen Weg abkommst und alles wieder infrage stellst.

Das ist eine Herausforderung, die alle Kreativen teilen: Wir erschaffen etwas Neues aus uns selbst heraus. Da gibt es keine Ziellinie, die wir nur überschreiten müssen, und dann wissen wir, wir sind da. Die Ziellinie müssen wir selbst uns auf den Boden zeichnen – und dann überschreiten.

Je länger du dich in die Überarbeitung hineinsteigerst und weiter und weiter feilst, desto eher ist das Problem nicht dein Buch, sondern deine Angst vorm Loslassen.

Leider gibt es keinen objektiven Zeitpunkt, an dem dein Roman fertig ist. Es ist immer eine Entscheidung: Du sagst, er ist fertig, und damit ist er es. Ein Kriterium dafür ist der Prozess, den du durchlaufen hast: eigene Überarbeitungen, Testlesende, Lektorat, Korrektorat. Diese Schritte sorgen dafür, dass dein Manuskript eine sehr hohe Qualität hat. Wenn du diese Schritte durchlaufen hast, ist die Wahrscheinlichkeit hoch, dass dein Buch fertig ist und du eigentlich schnell ins nächste Kapitel springen solltest.

Falls du Schwierigkeiten hast, diesen Zeitpunkt festzulegen, dann setz dir eine Deadline. Mach sie öffentlich. Und lass dich von anderen daran erinnern. Deadlines wirken Wunder und schaffen plötzlich Entscheidungen herbei, wo vorher nur Zögern war.

Das reicht dir noch nicht? Dann kommt hier noch Kriterium 2: Dein Buch ist dann genug, wenn es alleine ohne dich in der Welt bestehen kann. Wenn jemand es liest und versteht, ohne dass du danebenstehst und Dinge erklärst oder einordnest.

Kann es das?

Dann ist es an der Zeit, es gehen zu lassen.

Als Partnerin an der Seite der Autor*innen: Interview mit Lektorin Corinna Scherr

Corinna Scherr ist Lektorin und Produktmanagerin bei der Edition Michael Fischer (EMF) und baut dort unter anderem den Bereich Young Adult/ New Adult mit auf.

Yvonne: *Was ist deine Rolle als Lektorin im Verlag? Ich glaube, da gibt es ganz unterschiedliche Vorstellungen.*

Corinna: Das ist eine Frage, die ich häufiger höre. Wenn ich erzähle, ich bin Lektorin, dann kommt ganz oft die Frage: »Liest du da den ganzen Tag nur?« Die Vorstellung, die man von Lektor*innen hat – die auch ich hatte, bevor ich damit angefangen habe – ist, dass man fast ausschließlich mit Texten arbeitet. Das ist Teil des Jobs und wahrscheinlich der bekannteste, aber tatsächlich auch ein eher kleinerer Teil.

Was oft unterschätzt wird: Wir sind zu Recht von der Titelbezeichnung her Produktmanager*innen oder Projektmanager*innen. Wie in allen anderen Wirtschaftszweigen ist es meine Aufgabe, ein Projekt von der Idee bis zur Drucklegung zu begleiten. Je nachdem, was es für ein Projekt ist, kann die Idee und Konzeptualisierung von mir kommen – dann gehe ich auf Akquise und suche Autor*innen. Oder eine Idee wird an mich herangetragen und ich verfeinere sie, bevor ich mit den Autor*innen zusammenarbeite. Teils wird natürlich auch in Zusammenarbeit direkt mit den Autor*innen gemeinsam verfeinert.

Als Lektorin bin ich die Schnittstelle zwischen der Geschäftsleitung, die fürs Gesamtprogramm zuständig ist, der Herstellung, die dafür sorgt, dass alles gedruckt wird, der Grafik, die das Cover gestaltet, und natürlich den Autor*innen, deren Interessen, Rechte und Vertragslage ich vertrete. Dazu kommen Vertrieb und Marketing. Für die Autor*innen bin ich die Hauptansprechpartnerin im Verlag. Daneben hängen viele unterschiedliche Bereiche daran. Meine Aufgabe umfasst Zeitplanung, Organisation, Koordination und Kommunikation mit unterschiedlichen Menschen, um letztlich dieses Buchprojekt auf die Beine zu stellen.

Es ist nicht so, dass ich meinen Tag nur damit verbringe, mich mit Texten auseinanderzusetzen und sie besonders hübsch zu machen. Ein Teil meines Jobs ist es, mit Autor*innen am Konzept zu arbeiten und den Text zu polieren. Das geht weit über Korrektorat – sprich Kommasetzung und Rechtschreibung – hinaus. Aber das ist nur ein Teilbereich dessen, was man als Lektor*in im Verlag leistet. Das macht die Arbeit aber auch so spannend.

Yvonne: *Das ist ein Punkt, den Autor*innen oft unterschätzen – dass ein Buch ein Projekt ist und wie viele Dinge dabei ineinanderfließen. Im Selfpublishing muss man das alles selbst in der Hand halten. Man hat diese Projektmanagement-Aufgabe parallel zum Schreiben. Im Verlag ist es sehr schön, eine Person an der Seite zu haben, die das übernimmt, und man selbst kann sich aufs Schreiben konzentrieren.*

Corinna: Genau, das ist eigentlich der Sinn der Sache: dass man wirklich einfach schreiben kann und mit jemandem zusammen kritisch über den Text geht. Ich versuche, wirklich alle Interessen zusammenzubringen und Kompromisse zu finden, die für alle tragbar sind und auch meine Vision des Projekts widerspiegeln.

Yvonne: *Ab welchem Zeitpunkt – also ab welchem Zustand des Manuskripts – bist du als Lektorin dabei?*

Corinna: Das ist unterschiedlich. Es gibt im Grunde drei Varianten. Variante eins: Der Verlag oder ich als Lektorin sage, ich möchte ein Buch zu einem bestimmten Thema machen. Dann gehe ich auf Akquise und suche Autor*innen für dieses Thema. Das ist der zeitaufwendigste Weg und bei uns bisher der, den wir am wenigsten gehen, weil er so viel kreative Leistung schon von der Lektoratsseite aus bedeutet.

Seit ungefähr einem Jahr bauen wir im Verlag unseren YANA-Bereich aus – Young Adult und New Adult. Wir haben im Herbst unsere ersten zwei

Titel veröffentlicht und arbeiten jetzt an den Folgeprogrammen – meist sind nämlich zwei bis drei Programme parallel in Arbeit, in verschiedenen Entwicklungsstadien.

Häufiger als Weg eins ist Weg zwei: Wir bekommen von Agenturen Manuskripte angeboten, entweder von deutschsprachigen Autor*innen oder international. Das setzt voraus, dass die Person bereits eine Agenturvertretung hat. Die Agent*innen schicken uns dann Exposés zu – meistens eine Leseprobe von 30 bis 50 Seiten, damit man den Stil kennenlernt, plus ein ausführliches Exposé mit Pitch, Plot, Zielgruppe, Vergleichstiteln und so weiter. Wir bekommen davon sehr viele und schauen dann: Was passt in unser Programm, wonach suchen wir gerade, was sind das für Autor*innen, wie ist der Stil?

Die dritte Variante ist die Lizenz: Ich bekomme ein fertiges Manuskript aus dem englisch- oder französischsprachigen Raum. Wir kaufen die Rechte und übersetzen für den deutschen Markt. Wenn ich ein deutschsprachiges Manuskript einkaufe, ist es in der Regel noch nicht fertig. Es geht selten weit über die Leseprobe hinaus. Das bietet mir als Lektorin die Möglichkeit, noch einzugreifen, wie sich Text oder Plot entwickeln sollen. Bei einer Lizenz habe ich dagegen nur bedingt Einfluss. Das läuft hauptsächlich über die Übersetzung.

Yvonne: *So wie ich das verstanden habe – und das sage ich auch in meinen Kursen –, ist die höchste Wahrscheinlichkeit, mit Belletristik zum Verlag zu kommen, über eine Agentur. Nicht im Alleingang. Teilst du das?*

Corinna: In meiner persönlichen Erfahrung: ja. Es gibt Ausnahmen, aber aus Kapazitätsgründen fallen unvertretene Einsendungen häufig hinten runter. Auch ganz klar aus Erfahrung: Die Qualität entspricht nicht immer dem, was wir suchen. Ein Agent oder eine Agentin hat bereits eine Vorauswahl getroffen, kann beratend und unterstützend zur Seite stehen. Das tun viele auch.

Eine zweite Möglichkeit ist, dass Selfpublishing-Titel, wenn sie ausgesprochen erfolgreich sind, der Buchbranche auffallen. Verlage haben schon ein Auge auf den Selfpublishing-Markt – was auf TikTok, Instagram oder Amazon stark rankt. Es gibt Beispiele von Titeln, die ursprünglich im Selfpublishing erschienen sind und dann ins reguläre Publishing gekauft wurden. Aber das sind Ausnahmeerscheinungen – eine Handvoll Titel pro Jahr. Ich glaube allerdings, dass es ein Trend ist, der zunimmt.

Yvonne: *Wie viele Manuskripte siehst du denn so im Jahr?*

Corinna: Unser Programmumfang liegt bei drei bis fünf Titeln pro Halbjahr, aber da steckt sehr viel Prüfung dahinter. Insgesamt sehen mein Team und ich, zum Beispiel über die Messen, grob geschätzt zwischen 50 und 70 Einsendungen pro Halbjahr.

Aber das ist menschlich nicht alles lesbar. Da wird der Pitch gelesen, geguckt: Wer sind die Autor*innen? Gibt es Marker oder Zahlen abseits der Textqualität? Die, die es in die nähere Auswahl schaffen, sind vielleicht 20. Aus denen wählt man dann wirklich aus, bereitet sie auch mit Zahlen, Marktanalysen und Prognosen auf und holt die Erlaubnis von der Geschäftsführung ein, dafür bieten zu dürfen. Ich würde sagen, am Ende sind es 20 bis 30 im Jahr.

Yvonne: *Was macht für dich ein gutes Manuskript aus?*

Corinna: Das hängt stark davon ab, was gesucht wird. Es ist natürlich auch immer Geschmackssache. Aber was mir wichtig ist: dass ich das Gefühl habe, da ist ein Funken Originalität.

Gerade der YANA-Bereich ist stark getrieben von Formeln, Schemata und Tropes, die man kennt. Leser*innen wissen ungefähr, welche Art von Buch sie möchten, und suchen nach Ähnlichem. Die Balance ist dann, etwas zu finden, das Bekanntes bedient und diese Leser*innen abholt, aber trotzdem etwas Neues hat – sei es ein cooles Worldbuilding, ein besonderer Ton im Text oder eine interessante Figurenkonstellation.

Ich persönlich achte darauf, dass Autor*innen einen eigenen Ton haben – dass sie jemand sind, bei dem man das Gefühl hat: Diese Person kann schreiben. Sehr häufig findet man Leute, die fürs Genre brennen und fürs Schreiben brennen, aber eher so ein bisschen wie ein guter Schulaufsatz schreiben – solide, aber nicht individuell. Wichtiger ist mir tatsächlich, dass die Plot-Idee und das Exposé zugleich marktgängig und frisch sind. Wenn dann noch ein guter Schreibstil dazukommt, bin ich happy.

Yvonne: *Warum braucht ein Text ein Lektorat, egal wie gut jemand schreibt?*

Corinna: Zum einen bedeutet ein Lektorat einfach ein zweites Paar Augen. Wenn man schreibt, steckt man so tief drin – man braucht jemanden, der mit deutlich mehr Abstand noch mal drüberlesen kann. Als Lektor oder Lektorin ist man dann das professionelle Augenpaar, das mit zwei Schritten Abstand noch mal draufschaut.

Ich achte bei einem Lektorat parallel auf mehrere Dinge: Funktioniert die Gesamtstruktur über das ganze Buch? Habe ich einen Spannungsbogen? Habe ich an der richtigen Stelle Wendepunkte? Wie entwickeln sich Beziehungen? Bringt mich der Dialog weiter? Ist er im Ton gehalten, der zur Figur passt? Wie viel weiß ich als Leser*in zu welchem Zeitpunkt? Ganz häufig wird viel zu viel erklärt und beschrieben. Dann denke ich: Das kann ich auch im Dialog erleben, das kann ich in einer Handlung erfahren – aber häufig wird es mir einfach in einem Satz serviert.

Das sind Sachen, die nicht mal unbedingt ein Vorwurf sind. Natürlich weiß ich es zu schätzen, wenn Autor*innen das selbst schon mitbedenken. Aber häufig schreiben sie einfach runter und sind total drin in ihrer Story. Dann braucht es jemanden, der zwei Schritte zurückgeht und diplomatisch, aber kritisch sagt: »Schau mal, das erklärst du mir hier einfach, aber viel schöner erlebe ich das in diesem Dialog.« Oder: »Diese Info braucht es erst später.« Und natürlich weise ich auch auf klassische Plot-Löcher hin, die man selbst übersieht.

Dann geht es im zweiten Schritt an die Sprache: Funktioniert der Stil? Wann streue ich welche Info ein? Braucht es den Nebensatz, kann ich ihn vereinfachen? Das ist der Schritt, der den Text und den Stil noch mal poliert. Das Ganze braucht normalerweise zwei bis drei Durchläufe. Es ist noch kein Meister vom Himmel gefallen, und ich glaube nicht, dass es Autor*innen gibt, die auf Anhieb alles können. Es schadet nie, wenn jemand noch mal drüberliest. Und je professioneller diese Person ist, desto effizienter und gezielter arbeitet sie.

Yvonne: *KI kommt ja auch immer mehr dazu – »Ich lasse ein Lektorat von ChatGPT machen« habe ich schon gehört. Oder man gibt das Manuskript der Schwester zum Gegenlesen. Was kann ein professionelles Lektorat leisten, was weder Testlesende noch eine KI können?*

Corinna: Ich glaube, vor allem dieses Zwischenmenschliche: den Ton finden, das, was nicht geschrieben oder gesagt wird, sondern sich zwischen den Zeilen im Text versteckt – in einem Dialog, in der Figur. Ich kann mir nicht vorstellen, dass KI das jemals so beherrschen würde.

Ich habe einen literaturwissenschaftlichen Hintergrund. Das heißt, ich gehe sehr viel analytischer an einen Text ran. Ich klopfe ihn automatisch auf Stilmittel ab, auf sprachliche Mittel, auf Grundstruktur. Das machen nicht alle – auch dann, wenn man viel liest und sich im Genre auskennt, weiß man nicht unbedingt, warum etwas funktioniert, welchen Effekt es hat und wie die Sprache auf die Lesenden einwirkt. Das ist etwas, was professionelle Lektor*innen beherrschen sollten – und was KI aktuell nur bedingt kann.

Auch ich nutze in begrenztem Rahmen KI. Zum Beispiel bei der Absatzgestaltung: Wenn nach der einen Figur nun die andere spricht, stellt sich die Frage, wie man den Absatz am dynamischsten umbricht. Wo setze ich Pausen? Welchen Satz schiebe ich in welchen Absatz? Manchmal packe ich einen Absatz in die KI und lasse mir einen Gegenvorschlag machen. Ob ich den annehme, ist eine andere Frage. Aber gerade, wenn man einen halben Schritt zurücktritt und die KI nach ihrer Meinung fragt, dann kann man das mit dem eigenen Empfinden abgleichen.

Aber ich glaube nicht, dass dieses Sprachgefühl, die Emotion hinter Sprache, die guter Text transportieren kann – dass KI das auf absehbare Zeit ersetzen wird. KI kann vielleicht erklären, warum ein Text emotionaler klingt, und passende Worte finden. ChatGPT kann man prompten und sagen: »Mach diesen Text emotionaler.« Aber das Individuelle? Das glaube ich nicht. Und dann ist da noch das Zwischenmenschliche zwischen Autor*in und Lektor*in: die konstruktive Kritik, der Austausch über Bücher, gemeinsam über einen Gesamtplot sprechen und im Gespräch auf einen grünen Zweig kommen. Das ist mit KI nicht umsetzbar.

Yvonne: *Wie erlebst du aktuell den Einsatz von KI im Schreibprozess? Bekommst du das mit?*

Corinna: Wenig. Ich glaube, es traut sich auch noch keiner zuzugeben. Ich muss ehrlich sagen: Ich hänge an der freien Kreativität des menschlichen Wesens. Ich hoffe sehr, dass Menschen weiterhin selbst schreiben werden. Was nicht heißt, dass man KI nicht gewinnbringend als Unterstützung nutzen kann. Aber ich gehe erst mal davon aus, dass alles, was mir als Lektorin präsentiert wird, von Menschen geschrieben ist.

Ich habe kein Problem damit, wenn jemand mal einen Absatz in die KI wirft und sagt: »Ich komme mit diesem Satz nicht klar, kannst du mir einen Vorschlag machen?« Wirklich sinnvoll finde ich KI bei Rechercheprozessen, bei Sachen, in denen man nicht so drin ist. Ich hatte gerade ein Manuskript, da spielte Segeln eine große Rolle, und es gab eine Szene mit einem Autopsiebericht. Da kann ich mir vorstellen, dass man so etwas in die KI gibt und fragt: »Ist das so korrekt formuliert?«

Aber darüber hinaus wäre ich mehr als skeptisch. Als Lektorin würde ich mir wünschen, dass KI tatsächlich nur als Recherchemittel oder zur punktuellen Unterstützung genutzt wird und keine KI-generierten Texte bei mir landen.

Yvonne: *Du baust bei euch im Verlag den YANA-Bereich mit auf. Gibt es aus deiner Sicht Besonderheiten im Lektorat, gerade in diesen Genres?*

Corinna: Ja. Innerhalb dieser Genres gibt es eine große Bandbreite beim Anspruch an den Text. Übergreifend wollen wir Lesefutter produzieren. Es gibt viele Fans des Genres, die sagen: »Ich habe mein Lieblingsgenre und möchte da gar nicht so sehr rausgeholt werden.«

Dann gibt es Leser*innen, die immer nach dem Besonderen suchen – nach besonderer Prosa, nach neuen Tropes oder ungewöhnlichen Gestaltungen. Ich gehöre persönlich eher zu Letzteren. Ich lese gern Romance und Romantasy, aber ich suche nach etwas, bei dem mich die Prosa abholt. Rachel Gillig mit »One Dark Window« zum Beispiel – das ist Romantasy, und die Prosa ist richtig stark und hebt sich qualitativ von der breiten Masse ab.

Ich glaube, damit muss man als Programm manchmal ringen: Wie originell möchte ich werden? Wie sprachlich anspruchsvoll? Wie sehr bediene ich primär den Hunger nach diesem Lesefutter – was ja nichts Verkehrtes ist – und wo breche ich bewusst mit Erwartungen? Wie nah bleibe ich bei Stereotypen, wie sehr bediene ich eine gewisse Erwartungshaltung? Das ist immer ein Navigieren. Auf den ersten Blick sieht vielleicht vieles gleich aus, aber die Erwartungshaltung der Lesenden ist sehr viel differenzierter.

Yvonne: *Wie balanciert man das aus – Markterwartungen und den Wunsch nach Kreativität?*

Corinna: Da habe ich keine einfache Antwort, das ist tatsächlich schwierig. Rein aus Verlagssicht ist natürlich die Frage: Wie viele Leute erreiche ich damit? Wie viel kann ich verkaufen? Für mich als Lektorin kommt dazu: Entspricht es qualitativ meinen Anforderungen? Es muss nicht meinem persönlichen Geschmack entsprechen, aber es muss dem entsprechen, was ich von einem Buch erwarte.

Wir haben uns für einen Mittelweg entschieden. Ich versuche nicht, die absolute Perle im Genre zu finden, aber mir ist wichtig, dass es nicht etwas ist, das man einfach liest und sofort wieder vergisst. Sondern Bücher, die irgendwie besonders sind – ein spannendes Setting, eine interessante Figurenkonstellation –, die meine Erwartungshaltung bedienen, aber gleichzeitig etwas sind, worüber ich beim Kaffee noch mit Freundinnen sprechen würde.

Yvonne: *Im Selfpublishing hat man ja nicht den Luxus der Rundum-Versorgung wie beim Verlag, sondern man muss selbst auf die Suche gehen. Wie sieht ein gutes Lektorat aus und worauf sollte man achten, wenn man sich jemanden sucht?*

Corinna: Wenn man sich einen Lektor bzw. eine Lektorin anschaut, wäre mir wichtig, dass diese Person erst mal Rückfragen stellt: ein Exposé verlangt, fragt, in welche Richtung der Handlungsbogen gehen soll, wen man ansprechen möchte, welches Genre man bedienen will. Profis sollten sich erst mal einen Überblick verschaffen, was für ein Buch vor ihnen liegt.

Für ein solides Lektorat würde ich mindestens zwei Durchläufe vorschlagen. Das ist natürlich auch eine Budgetfrage. Ein Lektorat dauert sehr viel länger, als man denkt – auch als Lektor*in überschätzt man sich da gern. Es hängt stark vom Text ab, aber es ist deutlich langsamer, als man meint. Das ist nicht so, dass ich das einfach runterlese und ein paar Notizen mache. Wenn das der Fall wäre, hätte ich meinen Job nicht richtig gemacht.

Der erste Durchlauf ist für die Grobstruktur: konsequent zurückspiegeln, was geschärft werden kann, wo gekürzt werden muss, wo der Plot-Bogen fehlt, welchen Charakter man nicht versteht, wo ein Wendepunkt früher kommen müsste. Das kann ein Buch auch ganz schön auf den Kopf stellen. Im zweiten Durchlauf stürzt man sich auf den Text selbst: punktuell kürzen, umformulieren, umstellen, Absätze umbauen, auf Stringenz achten. »Kürzen, kürzen, kürzen« – das ist ein großes Thema. Autor*innen machen das oft nicht gern, deswegen muss jemand Qualifiziertes sagen: »Das braucht man meiner Meinung nach nicht.«

Yvonne: *Wie lange dauert der reine Lektoratsprozess, also ohne das Projektmanagement?*

Corinna: Ich kann von meinem ganz aktuellen Projekt berichten: ein 500-seitiges erzählendes Buch. Da habe ich zwei Arbeitswochen eingeplant und stelle fest, das reicht hinten und vorne nicht. Wie viel Zeit für ein Lektorat tatsächlich zur Verfügung steht, wird aber teilweise auch durch die Verlagsabläufe beeinflusst – es braucht ein Korrektorat, es muss gesetzt werden, wir haben strikte Abgabetermine, wann das Buch in den Druck muss. Und natürlich möchte ich den Autor*innen auch faire Zeiträume für die Überarbeitung einräumen, was auch noch einmal Einfluss auf die Zeit hat, die ich fürs Lektorat in Anspruch nehmen kann.

Die gängige Währungseinheit in der Branche ist die Normseite: 1.800 Zeichen inklusive Leerzeichen pro Seite. Erfahrene schaffen im Erstlektorat, wo man noch an vielen Stellen bastelt, irgendwas zwischen vier und zehn Normseiten pro Stunde, je nachdem, wie gut der Text schon ist. Wenn man das auf 400 Seiten hochrechnet, kann man sich vorstellen, wie lange man da tatsächlich dransitzt. Man muss ja auch mit frischem Kopf hinschauen – man kann nicht zwölf Stunden am Tag lektorieren.

Für ein Schlusslektorat, wo es darum geht, ob man flüssig liest, über einen Satz stolpert, alle Kapitel richtig benannt sind und man noch Kommafehler findet – das geht schneller. Aber gerade am Anfang: vier bis zehn Normseiten pro Stunde.

Yvonne: *Wenn du einen Rat geben könntest an Autor*innen, die einen Roman schreiben und professionell veröffentlichen wollen – was wäre das?*

Corinna: Mein Rat: Steh zu deinem Produkt, hab selbst richtig Bock auf dein Buch. Das ist mit das Wichtigste. Lass dich aber auch nicht entmutigen – die schiere Masse an Einsendungen ist enorm, und manchmal müssen harte Entscheidungen getroffen werden. Das heißt nicht, dass dein Buch schlecht ist. Es gibt viele Fragen, die im Lektorat gestellt werden und die häufig schon sehr früh zu Ausschlussprozessen führen. Aber ich fürchte, der Weg zur klassischen Verlagsveröffentlichung führt selten an einer Agentur vorbei.

Kapitel 8

Schritt 5: Ab ins Regal – so veröffentlichst du dein Buch

In diesem Kapitel erfährst du alles über die verschiedenen Veröffentlichungswege und lernst die Schritte kennen, die du gehen musst, damit dein Buch am Ende im Buchhandel verfügbar ist.

Viele Wege führen zum Buch

Ein Buch zu veröffentlichen bedeutet, es öffentlich zugänglich und kaufbar zu machen. Dafür gibt's viele Möglichkeiten. Du kannst deinen Text auf eine Website stellen oder ein E-Book anbieten. Aber natürlich meinen die meisten mit einer Veröffentlichung, dass sie das Buch im Buchladen sehen wollen. Dafür braucht das Buch eine internationale Standardbuchnummer (ISBN) und muss ins Warensystem der Buchhandlungen eingespeist werden. Es braucht einen »physischen Körper«, muss also gestaltet und gedruckt werden. Und selbst dann heißt das nicht, dass es im Buchhandel steht, sondern nur, dass es von dort aus bestellt werden kann.

Um dorthin zu kommen, kannst du entweder mit einem Verlag zusammenarbeiten oder dein Buch auf eigene Faust veröffentlichen. Beide Wege haben Vor- und Nachteile. Ein Verlag kümmert sich zum Beispiel um die gesamte Produktion deines Buchs – Lektorat, Korrektorat, Buchsatz, Coverdesign und Druck – und die Auslieferung an den Handel. Du arbeitest mit anderen Menschen im Team, hast Ansprechpartner*innen und bist nicht ganz so allein mit deinem Buch. Dafür gibst du natürlich etwas Kontrolle und Entscheidungsfreiheit (und Gewinn je Buch) ab. Verlage können im Marketing unterstützen, auch wenn die Hauptverantwortung dafür immer bei dir liegt. Oder woher kennst du deine Lieblingsautor*innen? Wahrscheinlich durch deren Social-Media-Auftritte oder Lesungen.

Am Ende ist es eine Geschmacksfrage, ob du in den Verlag gehst oder dein Buch selbst veröffentlichst. Viele Autor*innen (ich auch) machen beides und sind damit sogenannte Hybrid-Autor*innen. Auf den nächsten Seiten zeige ich dir, was du für die beiden Wege jeweils brauchst.

Test: Verlag oder Selfpublishing? Was ist für dich der richtige Weg?

Lies dir die Fragen durch und kreuze an, was eher auf dich zutrifft.

Wann möchtest du dein Buch veröffentlichen?

A) Innerhalb von drei Monaten nach der Fertigstellung des Manuskripts.

B) Das ist mir nicht so wichtig.

Wie gehst du mit Ablehnung um?

A) Wenn ich für mein Buch Ablehnung erfahre, lasse ich es wahrscheinlich gleich ganz sein.

B) Ablehnung gehört dazu. Ich bleibe einfach dran, bis es klappt.

Welche Vorstellungen hast du von deinem Cover?

A) Ich habe genaue Vorstellungen bzw. möchte selbst entscheiden, wie mein Buch aussieht.

B) Ich möchte die Entscheidung gerne Profis überlassen, die am besten wissen, was am Markt ankommt.

Wo denkst du, dass dein Buch am ehesten gekauft wird?

A) Meine Zielgruppe kauft sehr gerne online Bücher.

B) Wenn mein Buch nicht im Buchhandel ausliegt, wird niemand es kaufen.

Welche Rechte an deinem Buch bist du bereit, abzugeben?

A) Ich möchte alle Rechte behalten und damit flexibel bleiben, mein Buch später noch anders einzusetzen.

B) Ich weiß ohnehin nicht, wie ich diese Rechte nutzen soll, und bin daher bereit, sie an jemanden abzugeben, der sie sinnvoll einsetzt.

Wie stehst du zu Technik?

A) Ich bin ein Technik-Fuchs und arbeite mich gerne in neue Software ein.

B) Ich bin froh und dankbar, wenn andere mir so viel an technischen Aufgaben wie möglich abnehmen.

Wie fit bist du in den Aufgaben, die vor dir liegen?

A) Ich kann mich sehr gut selbst um die Organisation von Lektorat, Buchsatz und Coverdesign kümmern und auch das Projektmanagement übernehmen.

B) Ich möchte mich ausschließlich aufs Schreiben und die Vermarktung meines Buchs konzentrieren.

Kannst du gut Marketing-Texte wie zum Beispiel einen Klappentext schreiben?

A) Ich mache das regelmäßig bzw. traue mir zu, das zu machen.

B) Solche Texte sind mir sehr unangenehm, und ich möchte lieber, dass andere sie übernehmen.

Wie wichtig ist dir externe Validierung durch andere?

A) Ich weiß, dass mein Buch gut ist, und brauche dafür niemanden, der mir das offiziell bestätigt.

B) Mit einem professionellen Urteil über die Qualität meines Buchs fühle ich mich deutlich sicherer.

Was ist deine langfristige Strategie als Autor*in?

A) Ich habe Ideen für locker 20 Bücher und möchte mir ein Autor*innen-Business aufbauen.

B) Ich konzentriere mich jetzt erst mal auf dieses eine Buch-Projekt.

Hast du ein finanzielles Polster und bist du bereit, vorab in dein Buch zu investieren?

A) Ich kann in Lektorat, Cover und Buchsatz investieren, ohne dass das Buch diese Kosten sofort wieder einspielen muss.

B) Ich kann oder möchte kein Geld ausgeben, bevor ich welches verdiene.

Wie wichtig sind dir hohe Tantiemen pro Buch?

A) Ich möchte gerne pro Buch mindestens 5 Euro einnehmen, um sofort einen Effekt zu haben.

B) Es ist mir nicht so wichtig, wie viel ich pro Buch einnehme, Hauptsache, das Buch ist da.

Wie häufig willst du Tantiemenzahlungen bekommen?

A) Ich möchte jeden Monat eine Auszahlung bekommen.

B) Mir reicht eine Auszahlung ein- oder zweimal im Jahr.

Wenn du alle Fragen beantwortet hast, zähle aus, ob du häufiger A oder B angekreuzt hast. Mehr A-Antworten sprechen fürs Selfpublishing, mehr B-Antworten sprechen für den Verlag. Keine der Antworten bedeutet, dass für dich ausschließlich die eine oder andere Variante möglich ist. Es gibt immer Lösungen, die einzelnen Punkte abzufangen oder zu verhandeln. Fehlt dir zum Beispiel das finanzielle Polster für eine Veröffentlichung auf eigene Faust, kannst du eine Crowdfunding-Kampagne organisieren. Und wenn du einzelne Rechte behalten, aber ansonsten lieber mit einem Verlag veröffentlichen willst, musst du ihn davon überzeugen. Außerdem musst du dich nicht dauerhaft auf einen Weg festlegen.

Was du jetzt konkret tun kannst:

Mache den Selbsttest und reflektiere in deinem Notizheft, was dir bei einer Veröffentlichung wichtig ist. Willst du schnell unterwegs sein, alles selbst entscheiden und flexibel bleiben? Oder wünschst du dir Unterstützung und Begleitung von erfahrenen Menschen? Entscheide am Ende, welchen Weg der Veröffentlichung du ausprobieren möchtest.

Verlagsveröffentlichung

Die Suche nach einem Verlag ist ein eigenes Projekt, auf das du dich entsprechend vorbereiten musst, wenn du damit Erfolg haben willst.

Verlagsrecherche

1968 schickten 14 Redakteure der Satirezeitschrift »Pardon« einen Manuskript-Auszug an verschiedene Menschen im Literaturbetrieb, darunter an 36 namhafte Verlage. Sie gaben sich als technischer Abteilungsleiter aus, der jahrelang an einem umfassenden Manuskript gearbeitet habe, aus dem dieser Auszug stamme. In Wahrheit stammte der Auszug aus Robert Musils hochgelobtem und zum Weltkanon der Literatur gezählten »Mann ohne Eigenschaften«.

18 der Verlage meldeten sich zurück und lehnten das Manuskript rigoros ab, teilweise sogar mit höhnischen Verrissen. Darunter auch der Rowohlt Verlag, bei dem der »Mann ohne Eigenschaften« damals verlegt wurde.[1]

Ich weiß natürlich, worum es in der Geschichte geht. Und das ist auch ganz witzig. Trotzdem war mein erster Gedanke, als ich sie vor ein paar Jahren hörte: »Wow, 18 von 36 Verlagen haben sich zurückgemeldet? Mit Feedback zum Text?« Heute würde ein solcher Streich nicht mehr funktionieren, weil viele Verlage auf die Einreichung wahrscheinlich gar nicht mehr reagieren würden.

Einen Verlag zu finden, war auch mal einfacher.

Viele der großen Verlage stellen heute nur ein Kontaktformular auf ihre Website, in das man Exposé und Leseprobe nach genauen Vorgaben hochladen soll. Wenn man in wahlweise 3, 6 oder 12 Monaten nichts hört, darf man das als Absage interpretieren. Ich weiß natürlich nicht, wie es wirklich ist, aber ich stelle mir bei solchen Formulierungen immer einen Briefkastenschlitz vor, der direkt in einen Schredder führt.

Das ist auch nachvollziehbar, wenn man bedenkt, wie leicht es geworden ist, ein Manuskript zu erstellen (schon rein technisch – mit dem Computer

---

1 Hier kannst du das Ganze nachlesen: *https://www.welt.de/print-welt/article407968/Meister-der-Stilblueten.html*

geht das deutlich einfacher als früher mit der Schreibmaschine), wie viele Anleitungen zum kreativen Schreiben und wie viele ambitionierte Hobby-Autor*innen es gibt. Verlage erhalten jeweils pro Jahr mehrere Tausend unverlangt eingesandte Manuskripte. Und sie veröffentlichen davon vielleicht ein oder zwei alle paar Jahre.

Das soll dich nicht entmutigen, nur deine Erwartungen etwas dämpfen. Als Erst-Autor*in wirst du wahrscheinlich nicht dein Buch einfach bei Rowohlt hochladen und sofort einen Verlagsvertrag bekommen.

Du kannst aber einiges tun, um deine Chancen zu erhöhen.

- Zunächst mal ist eine sorgfältige Verlagsrecherche wichtig. Schreib nur die Verlage an, die wirklich zu deinem Genre passen und die Autor*innen wie dich in der Vergangenheit veröffentlicht haben. Alles andere nimmt dir nur Zeit und Fokus.
- Konzentriere dich auf kleinere, spezialisierte Verlage. Dass ein Verlag kleiner ist, kannst du oft daran erkennen, dass du auf der Website E-Mail-Adressen vom Verlag statt eines Einsendeformulars findest. Versuche immer, solche Formulare zu umgehen und stattdessen direkt eine*n Ansprechpartner*in anzuschreiben.
- Wenn du einen direkten Kontakt findest, versuche, einen Termin zu vereinbaren – entweder telefonisch oder auf einer der Buchmessen. Es ist so viel einfacher, Menschen vom eigenen Projekt zu überzeugen, wenn sie direkt vor einem stehen.
- Bereite dich gut vor. Erstelle ein richtig gutes und umfassendes Exposé und – für den Fall, dass du ein persönliches Gespräch führst – eine kurze Präsentation, in der du dein Projekt und seine Chancen vorstellst.
- Fange so früh wie möglich damit an, relevante Reichweite aufzubauen. Ein Verlag ist ein Wirtschaftsunternehmen und kein Kulturinstitut. Die Menschen dort sind daran interessiert, viele Bücher zu verkaufen. Sie müssen sogar daran interessiert sein, denn sonst geht der Verlag irgendwann bankrott und kann gar keine Bücher mehr produzieren. Deswegen musst du sie davon überzeugen, dass sich dein Buch gut verkaufen wird – weil du selbst alles dafür geben wirst.

Wo beginnst du nun eine Verlagsrecherche?

Im ersten Schritt bei dir im Bücherregal. Schau dir alle Bücher in deinem Genre an und schreibe dir die Verlage heraus. Dann recherchiere ihre Websites und mache dir ein Bild davon, ob sie Nachwuchs-Autor*innen fördern. Schaue nach, ob du einen Kontakt findest, den du anschreiben kannst. Und informiere dich darüber, welche Unterlagen sie für ihr Exposé haben wollen.

Gerade in der Belletristik ist es schwierig, Verlage direkt zu erreichen. Manche weichen deswegen direkt aufs Selfpublishing aus. Eine gute Option, wenn du unbedingt in den Verlag willst, ist eine Literaturagentur. Hier werden deutlich weniger Manuskripte eingereicht, sodass du eine bessere Chance hast, gelesen und dann auch begleitet zu werden. Die Recherche läuft ähnlich ab wie beim Verlag. Zudem gibt es Listen im Internet, aus denen du für dich interessante Literaturagenturen herausfiltern kannst. Suche unbedingt nach Agenturen, die mit deinen favorisierten Verlagen zusammenarbeiten und ähnliche Bücher wie deins begleitet haben.

Eine Literaturagentur sollte nicht dein Plan B sein. Entweder du schreibst Verlage direkt an oder du arbeitest mit einer Agentur zusammen. Agenturen können die Verlage, die dir schon abgesagt (oder nicht zugesagt) haben, nicht noch einmal anschreiben, ohne ihre Kontakte zu »verbrennen«. Deswegen arbeiten sie nicht gerne mit Autor*innen zusammen, die vorher schon auf eigene Faust die Verlage abgeklappert haben, denn das schränkt ihre Möglichkeiten ein.

So unterstützt KI dich in dieser Phase

Du kannst Perplexity gut für eine Verlagsrecherche nutzen. Gib dazu einfach diesen Prompt ein:

Ich schreibe ein Buch im Genre [ ]. Es erinnert an Bücher wie [ ]. Bitte stelle mir eine Liste mit mindestens 10 deutschsprachigen Verlagen zusammen, die solche Bücher veröffentlichen. Gib mir außerdem eine Liste von mindestens 10 Literaturagenturen, für die mein Buch interessant sein könnten.

Perplexity ergänzt immer Quellen, sodass du die Verlage und Agenturen direkt von dort anklicken kannst.

Exposé erstellen

Für deine Bewerbung beim Verlag oder der Agentur brauchst du ein Exposé. Viele Verlage haben genaue Beschreibungen und teilweise sogar Vorlagen für Exposés auf ihrer Website. Das ist die erste Stelle, an der du nachschaust. Gibt es Vorgaben, hältst du dich einfach an diese. Da du parallel mehrere Verlage anschreibst, bedeutet das, dass du das Exposé oft ein bisschen anpassen musst, damit es für den Verlag passt.

Sollte es keine Vorgabe geben, erstellst du dein Exposé aus den folgenden Inhalten:

- Titel deines Romans
- dein Name
- Kontaktdaten
- Kurzlebenslauf (wenige Sätze, vor allem für das Buch relevante Stationen)
- Genre und Subgenre
- Zielgruppe
- vergleichbare Titel im Verlag
- Elevator Pitch/Kurzzusammenfassung
- Hauptfiguren
- ausführliche Zusammenfassung (ca. 2 Seiten inkl. allen wichtigen Schritten und auch dem Ende)
- deine Marketing-Möglichkeiten (Reichweite auf Social Media, Newsletter usw.)
- Status deines Manuskripts (ist es schon fertig oder arbeitest du noch daran?)
- geplanter bzw. tatsächlicher Umfang
- Alleinstellungsmerkmal
- Leseprobe von 20–30 Normseiten

Viele dieser Elemente hast du im Laufe des Buchs bereits erarbeitet und kannst sie jetzt zusammenführen, am besten in einer sauber formatierten

Word-Datei, denn das Auge liest mit. Das Exposé wird in einer sachlichen Sprache geschrieben, unabhängig davon, wie du in deinem Buch schreibst. Gönne dir für das Exposé auf jeden Fall ein Korrektorat (das geht auch mit KI), damit du es fehlerfrei abgeben kannst.

So unterstützt KI dich in dieser Phase

Lass dir von ChatGPT oder einer anderen KI kritisches Feedback zu deinem Exposé geben, ohne dass du es umschreiben lässt. Lasse prüfen, ob der Elevator Pitch konkret genug ist, ob die Titel zu deinem Genre passen und ob du alle Marketing-Optionen aufgelistet hast.

Der Verlagsvertrag

Wenn du einen Verlag gefunden hast, wirst du irgendwann einen Verlagsvertrag unterzeichnen müssen. Solche Verträge haben locker zehn Seiten, und oft erschlägt einen die Menge an Paragrafen und juristischen Formulierungen. Ich bin keine Rechtsanwältin und kann und darf dich deswegen nicht rechtlich beraten. Daher kommen hier aus meiner Erfahrung ein paar Punkte, auf die du achten solltest.

Welche Rechte gibst du ab?

Dein Buch kann ja in allen möglichen Formaten vorliegen. Und es gibt Rechte, die der Verlag vielleicht gar nicht nutzen kann oder will, wie zum Beispiel Filmrechte oder Übersetzungsrechte. Nach Möglichkeit solltest du nur die Rechte abtreten, die der Verlag auch tatsächlich nutzen wird, und die anderen bei dir behalten.

Wie lange läuft der Vertrag?

Wenn das Buch nicht mehr aktiv vermarktet wird, sollten die Rechte an dich zurückfallen, damit du selbst damit weiterarbeiten kannst. Ansonsten bleiben die Rechte beim Verlag, ohne dass dieser sich um das Buch kümmern muss.

Wie wirst du vergütet?

Lass dir am besten konkret erklären, was du pro Buch bekommst, denn die Prozentangaben, die teilweise auch im Internet kursieren, sind ja nur vergleichbar, wenn auch die Basis gleich ist. Manche Verlage berechnen die Tantiemen auf Basis des Nettoverkaufspreises (= Preis im Buchhandel abzüglich Umsatzsteuer), andere anhand des Nettoabgabepreises (= Preis, für den der Buchhandel das Buch bezieht, auch ohne Umsatzsteuer). Da der Nettoabgabepreis 20–30 % niedriger liegt als der Nettoverkaufspreis, muss die prozentuale Tantieme höher sein, damit du denselben Betrag pro Buch erhältst.

Manche Verlage geben einen Vorschuss. Auch das ist im Verlagsvertrag geregelt – Höhe, Datum der Auszahlung und wie er mit den Tantiemen für Buchverkäufe verrechnet wird.

Außerdem deine Pflichten als Autor*in: Bis wann musst du das fertige Manuskript abgeben? Was passiert, wenn du das nicht tust?

Die Pflichten des Verlags sind natürlich auch im Vertrag geregelt. Dazu zählen in erster Linie die Produktion und der Vertrieb deines Buchs.

Wie bei jedem Vertrag ist auch beim Verlagsvertrag wichtig, dass du alles verstehst, was du unterschreibst. Die vielen Fachbegriffe verleiten vielleicht dazu, den Text nur zu überfliegen und dann – vielleicht aus Dankbarkeit – zu unterschreiben. Nimm dir auf jeden Fall vorher Zeit, den gesamten Vertrag in Ruhe durchzulesen und dir notfalls alles erklären zu lassen, was du nicht verstehst. Ein seriöser Verlag hat ein Interesse daran, dass beide Seiten wissen, was der Vertrag besagt, und dein Kontakt dort wird dir gerne einzelne Punkte erklären.

Die Interessenvertretungen von Verlagen und Autor*innen haben außerdem einen Normvertrag ausgehandelt, an dem sich viele Verlage orientieren.[2] Die Regelungen im Normvertrag sind von beiden Seiten abgestimmt und damit in Summe fair für alle Beteiligten. Du kannst für deinen Vertrag zunächst auch einfach abgleichen, wo es Abweichungen zum Normvertrag gibt, und nachvollziehen, warum das so ist.

---

2 Du findest ihn auf der Seite des Börsenvereins des Deutschen Buchhandels: *https://www.boersenverein.de/beratung-service/recht/verlagsrecht-mustervertraege/*

So unterstützt KI dich in dieser Phase

Um einzelne Passagen des Vertrags besser zu verstehen, kannst du sie auch in ChatGPT oder Claude eingeben und um Erklärung bitten. Hast du nur eine eingescannte Variante des Vertrags, kannst du auch einen Screenshot nutzen. Die Erklärung der KI solltest du aber nicht einfach so nehmen, sondern sie neben den Verlag legen und die einzelnen inhaltlichen Punkte abgleichen. Nutze KI an der Stelle wie eine Übersetzungshilfe, mit der du den eigentlichen Vertrag besser verstehst.

Regeln kennen und Regeln brechen: Interview mit Romance- und Dystopie-Autorin Juliane Schiesel

Juliane Schiesel ist Autorin von Dystopien und Romance-Geschichten, beides mit einer Portion Sarkasmus. Website beim Verlag: https://www.alealibris.de/das-verlagsteam/juliane-schiesel/

Yvonne: *An welchem Schreib-Projekt arbeitest du gerade?*

Juliane: Das ist immer eine ziemlich witzige Frage für Schreibende, finde ich. Ich bin ein wenig abergläubisch und erzähle ungern im Vorfeld zu viel von neuen Projekten. Aber ich kann sagen, dass ich an einer Reihe mit vier Bänden arbeite, die an der Ostsee spielen wird. Es wird wieder Romance sein. Die Idee schwirrt mir schon länger im Kopf herum und seit einigen Monaten bin ich tief in der Planung drin.

Yvonne: *Wie bist du zum Schreiben gekommen?*

Juliane: Vor 15 Jahren habe ich mich von meinem Ex-Mann getrennt und bin mit meiner damals zweijährigen Tochter zurück nach Halle gezogen. Es war alles etwas anstrengend und irgendwann habe ich im Internet eine Seite gefunden, auf der man Bücher kostenlos lesen konnte (damals BookRix, ich weiß gar nicht, ob es die Seite noch gibt). Auf jeden Fall habe ich dort

Geschichten gelesen, die mich durch diese Anfangszeit getragen haben, und irgendwann dachte ich: Das will ich auch! Meine allererste Geschichte liegt noch auf meinem Rechner und dort wird sie bleiben.

Yvonne: *Wie sieht ein typischer Tag für dich als Autorin aus?*

Juliane: Einen typischen Tag gibt es gar nicht, da mein Hauptberuf woanders liegt. Aber ich habe feste Abläufe, die mich ins Schreiben bringen. Ganz wichtig für mich ist Musik. Jedes meiner Projekte hat eine eigene Playlist. Sobald das erste Lied ertönt, bin ich gedanklich in der passenden Geschichte. Ich habe immer ausreichend Getränke neben dem Laptop stehen, damit ich nicht aufstehen muss. Und – ganz wichtig! – meine Notizen! Ich plotte immer alles durch, sodass ich immer weiß, was wann warum mit wem passiert, und kann dadurch einfach nur runterschreiben. Sobald das alles zusammenkommt, setze ich mich hin und es wird geschrieben. Und ich trage mir die Schreibzeit als festen Termin in meinen Kalender ein, das wird auch nicht verschoben, da kann nichts anderes stattfinden.

Yvonne: *Du schreibst Dystopien und Romance. Warum diese beiden Genres?*

Juliane: Ich bin ein riesengroßer Zombiefan und liebe die klassischen Dystopiegeschichten (z. B. *Die Bestimmung* oder *Maze Runner*). Allerdings liebe ich auch gute Liebesgeschichten und freue mich immer, wenn am Ende alle ein Happy End bekommen. Ich habe irgendwann mal gehört, eine Autorin sollte sich auf ein Genre festlegen, aber das konnte ich nicht. Beide Genres gehören zu mir und in beiden möchte ich mich auch bewegen. Mein Debüt ist eine Dystopie, in der auch ein bisschen Liebe vorkommt.

Yvonne: *Romance folgt bestimmten Erwartungen der Leser*innen. Wie findest du die Balance zwischen Genrekonvention und deiner eigenen Stimme?*

Juliane: Ich finde, wenn man die Genrekonventionen kennt und auch erst einmal bedienen kann, sodass die Leser*innen bekommen, was sie von diesem Genre erwarten, kann man auch hin und wieder mit ihnen brechen. In meiner Romance-Geschichte geht es zwar um zwei Figuren, die auch ein Happy End finden, aber in erster Linie geht es mir um Selbstliebe und Glücklichsein, ohne dass das an eine Person gebunden ist. Das eine schließt das andere nicht unbedingt aus. Gerade das Happy End finde ich besonders wichtig – das wird erwartet, und die Leser*innen haben ein Recht darauf, wenn man Romance schreibt. Das heißt aber nicht, dass es immer das gleiche Ende sein muss.

Yvonne: *Wie läuft die Zusammenarbeit mit dem Verlag ab – vom Manuskript bis zum fertigen Buch?*

Juliane: Ich arbeite sehr intensiv mit dem Alea-Libris-Verlag zusammen und bin rundum zufrieden. Das Manuskript hatte zwei Lektoratsdurchgänge, dann ein Korrektorat. Ich hatte die Möglichkeit, beim Cover mitsprechen zu dürfen, und das war schon fantastisch. Der Verlag legt viel Wert auf Kommunikation, und solange das alles klappt, läuft alles wirklich gut.

Yvonne: *Was kann ein Verlag leisten, was muss man trotzdem selbst in die Hand nehmen?*

Juliane: Es kommt natürlich darauf an, bei welchem Verlag man veröffentlicht. Ein großer Publikumsverlag kann viel mehr leisten als ein kleiner. Werbung zum Beispiel ist ein sehr großer Punkt, den ich als Autorin auch bedienen muss. Der Verlag kümmert sich um Lesungen, Kontakte zu Bloggenden, allgemeine Werbung, besondere Signieraktionen bei Buchhandlungen, Signierstunden auf den Buchmessen. Selbst kann man aber mit Buchhandlungen im eigenen Ort reden oder mit Bibliotheken. Man kann Bloggende anschreiben und das Buch innerhalb von Social Media weiterempfehlen. Es ist ein Geben und Nehmen: Der Verlag unterstützt sehr viel, aber natürlich muss man selbst sein Buch auch in die Welt tragen.

Yvonne: *Was war bei deiner ersten Veröffentlichung anders als erwartet?*

Juliane: Corona. Leider. *Stillstand* hatte ich weit vor Corona geschrieben, inhaltlich war aber einiges ähnlich (Maskenpflicht, Abstandsregeln), und das war für einige schwierig. Ich habe die erste Lektorin »verloren« und dann auch noch den Verlag gewechselt. Also: Alles war anders, und es war auch nicht der übliche Weg, den eine Geschichte nimmt, wenn man als schreibende Person sein Buch an einen Verlag bringen möchte.

Yvonne: *Welchen Rat hättest du dir selbst vor deinem Debüt gewünscht?*

Juliane: Setze dich mit den Regeln des Schreibens auseinander, mit dem Aufbau eines Buches. Lerne das Handwerk. Und dann probier dich einfach aus. Eine Zeit lang war ich so krampfhaft dabei, alle Regeln befolgen zu wollen, dass ich eine Blockade hatte. Ausprobieren ist superwichtig für die Kreativität, finde ich. Tatsächlich habe ich das bei meinem Debüt dann auch gemacht, denn mein erstes Kapitel fängt mit »10« an und dann wird zurückgezählt. Es ist ein Countdown, der einfach perfekt ist für die Stimmung im Buch.

Selfpublishing

Selfpublishing ist mittlerweile so standardisiert, dass es auch für den Einstieg ins Veröffentlichen eine gute Option ist. Nicht nur, wenn du keinen Verlag findest.

Was heißt eigentlich Selfpublishing?

Es gibt viele gute Gründe, ein Buch auch ohne Verlag zu veröffentlichen. Vielleicht möchtest du erst mal ganz locker ausprobieren, ob das mit dem Schreiben wirklich etwas für dich ist, und willst es für den Anfang klein und überschaubar halten. Oder du magst es, die Kontrolle über dein Projekt zu behalten und alle Entscheidungen allein zu treffen. Vielleicht hast du den passenden Verlag auch nicht gefunden, willst dich aber nicht von deinem Traum vom Buch abhalten lassen.

Egal, aus welchem Grund du dich dafür entscheidest: Selfpublishing ist ein besonders zugänglicher und – je nach Vorgehen – auch günstiger Weg, dein Buch auf eigene Faust herauszubringen.

Der Begriff »Selfpublishing« besagt dabei nur, dass du deinen Roman unabhängig und in eigener Verantwortung herausbringst. Dabei ist es völlig egal, ob du eine Kleinauflage druckst und selbst vertreibst oder mit einem Print-on-Demand-Dienstleister zusammenarbeitest, der dein Buch immer dann druckt, wenn es von jemandem gekauft wird. Selfpublishing bedeutet einfach, dass du all die Aufgaben, die auf dem Weg von deiner Festplatte bis zum Bücherregal anfallen, selbst übernimmst oder beauftragst (und dann bezahlst).

Konkret sind das vor allem:

- Lektorat
- Korrektorat
- Buchsatz, also das Buch-Innendesign
- Covergestaltung
- Druck
- ISBN kaufen und zuweisen
- Einpflegen der Metadaten des Buchs für den Buchhandel

Zum Lektorat und Korrektorat hast du weiter vorne schon etwas gelesen. Auch Buchsatz und Coverdesign sind qualifizierte Tätigkeiten, für die du dir Unterstützung suchen oder genug Zeit einplanen solltest, um dich in die Themen einzuarbeiten.

Für den Druck suchst du dir auf jeden Fall einen Partner: entweder einen Print-on-Demand-Dienstleister oder eine Druckerei.

Die ISBN und die Metadaten sind wichtig, damit dein Roman im Buchhandel gefunden und bestellt werden kann.

Am Anfang wirken diese vielen Aufgaben wie ein riesiger Berg. In Wirklichkeit besteht der Berg aber aus vielen einzelnen Kieseln. Und auf den folgenden Seiten zeige ich dir, wie du sie Stück für Stück zur Seite räumst.

Verschiedene Formate

Im Selfpublishing hast du alle Freiheiten und gleichzeitig die Qual der Wahl. Denn du kannst frei wählen, in welcher Form dein Buch erscheinen soll, wie es aussieht, was es kostet und so weiter. Jede Menge Entscheidungen stehen an, die alle Konsequenzen haben.

Die erste Entscheidung betrifft das Format deines Buchs. Du kannst dein Buch als E-Book, Softcover oder Hardcover herausbringen oder auch alle drei Formate anbieten. Die Formate unterscheiden sich in ihrer Herstellung, im verwendeten Material, im Preis – und auch darin, wie deine Leser*innen dein Buch am Ende wahrnehmen.

Viele Autor*innen veröffentlichen zuerst nur ein E-Book, weil es besonders einfach ist. Ich gehöre dazu, und mein erstes Buch ist zunächst nur als E-Book erschienen. Der Buchsatz ist einfacher, die Covergestaltung auch, und es muss nicht mal etwas ausgedruckt werden – also alles ganz schnell erledigt.

Allerdings verschenkst du damit ein riesiges Potenzial, denn gerade in den modernen Subgenres lesen viele Fans nicht nur, sondern sammeln auch. Und E-Books lassen sich schlecht im Regal aufstellen.

Deswegen machen zusätzlich Soft- und Hardcover total Sinn für dich. Das Softcover ist der Standard im Selfpublishing. Jede Print-on-Demand-Plattform und jede Buchdruckerei kann Softcover-Bücher in guter Qualität und mit unterschiedlicher Ausstattung drucken. Die Herstellung ist vergleichsweise günstig, sodass du einen wettbewerbsfähigen Preis für dein Buch nehmen kannst.

Zur Ausstattung gehört in vielen Fällen auch ein Farbschnitt. Oft werden »Sammlerstücke« auch deswegen gekauft. Print-on-Demand-Dienstleister können jedoch normalerweise keinen Farbschnitt anbieten, da dieser nach dem Drucken aufgesprüht wird. Hierfür müsstest du auf jeden Fall eine Druckerei beauftragen. Ein Kompromiss kann deswegen sein, das Hardcover bei einer Druckerei mit Farbschnitt erstellen zu lassen und das Softcover über Print-on-Demand zu vertreiben.

Alle drei Ausgaben deines Buchs anzubieten, ist zwar aufwendiger, aber es gibt dir die Möglichkeit, unterschiedliche Zielgruppen anzusprechen und damit deine Verkaufschancen zu erhöhen. Außerdem kannst du die verschiedenen Varianten deines Buchs unterschiedlich bepreisen. Wenn dein Hardcover 29,90 Euro kostet, wirkt ein Softcover für 18,90 Euro günstiger, als wenn es alleine im digitalen Bücherregal steht.

Mindestens solltest du aber Softcover und E-Book herausbringen, weil du sonst einen großen Teil des Potenzials einfach verschenkst.

Covergestaltung

Mein erstes Buch habe ich im Selfpublishing herausgebracht. Es war ein Ratgeber zum Thema Bloggen. Das Cover habe ich selbst erstellt, mit einer Vorlage in der Grafik-Erstellungssoftware Canva. Ich wählte ein schlichtes Grau für den Hintergrund (bloß nicht auffallen), eine zarte Schriftart und ein Bild mit einem Laptop und ein paar Blumen. Ich fand es sehr hübsch. Leider konnte man überhaupt nicht erkennen, worum es in dem Buch ging. Und so tauschte ich das Cover bald aus – und verkaufte im Anschluss deutlich mehr Exemplare.

Dein Buch ist neben dem Titel das wichtigste Marketing-Instrument für dein Buch. Denn jedes Jahr erscheinen allein in Deutschland zwischen 50.000 und 70.000 neue Bücher. Es ist unmöglich, sich alle in Ruhe anzuschauen und nach dem Inhalt zu beurteilen. Deswegen ist es wichtig, dass deine Zielgruppe auf den ersten Blick versteht, worum es in deinem Buch geht. Denn bevor wir zu einem Buch greifen, das uns interessiert und das wir näher anschauen wollen, filtern wir unbewusst 100 andere aus, die auf einen Blick nicht das sind, was wir suchen.

Wie du zu deinem Cover kommst

Für deinen Buch-Erfolg kannst du dir also gar nicht zu viele Gedanken über dein Cover machen. Und du hast grundsätzlich drei Möglichkeiten, ein gutes Cover zu bekommen:

1. Du beauftragst eine*n (Cover-)Designer*in.
2. Du kaufst ein sogenanntes Premade-Cover.
3. Du gestaltest es selbst oder lässt dir aus deinem Umfeld dabei helfen.

Welchen Weg du am Ende wählst, hängt von deinen eigenen Möglichkeiten ab: Was kannst du dir finanziell leisten? Und welche gestalterischen Fähigkeiten bringst du mit? Wichtig ist auch: Du brauchst eigentlich nicht nur ein Cover, sondern für jede Ausgabe deines Buchs (E-Book, Taschenbuch, Hardcover, Audiobook) eine eigene Cover-Datei mit den entsprechenden Maßen und angepasstem Design.

Natürlich hast du die besten Chancen auf ein professionelles Cover, wenn du mit Profis zusammenarbeitest, also eine*n Designer*in beauftragst. Wenn du das tust, ist es wichtig, dass die Person Erfahrung mit Covern in deinem Genre hat. Zu mir kommen oft Autor*innen mit professionell designten Covern, die zwar sehr schön sind, aber nicht für das Buch funktionieren, weil sie die visuelle Sprache des Genres (oder auch von Covern grundsätzlich) nicht kennen. Deswegen: Wenn Designer*in, dann mit relevanter Erfahrung. Gute Designer*innen zeigen ihr Portfolio auf ihrer Website, sodass du dir vorher ein Bild davon machen kannst, in welche Richtung das Ergebnis gehen wird.

Ein individuelles Design zu beauftragen, ist für die meisten auch eine Preisfrage. Ein Cover vom Profi erstellen zu lassen, kostet meist mindestens 300 Euro und kann auch – bei renommierten Spezialist*innen für bestimmte Genres – mehr als 2000 Euro kosten. Cover für andere Ausgaben – also zum Beispiel für das Taschenbuch oder das Hardcover – erhöhen den Preis. Neben den vielen anderen Kosten, die du im Selfpublishing trägst, ist das vielleicht eine Ausgabe, die du dir sparen möchtest.

Eine günstigere Option ist das Premade-Cover. Die meisten Cover-Designer*innen bieten vorgefertigte Cover an, die nur noch leicht angepasst werden, auf denen natürlich dein Titel und dein Name eingefügt werden, die aber ansonsten so bleiben, wie sie sind. Das hat ein paar Vorteile: Du kannst aus bestehenden Covern auswählen, was gerade beim ersten Buch leichter fällt, als genau zu beschreiben, was du haben möchtest. Meist bekommst du dein fertiges Cover auch deutlich schneller, weil der Aufwand im Design natürlich geringer ist. Der Preis ist auch niedriger und liegt oft zwischen 100 und 200 Euro für ein Cover, zuzüglich weiterer Kosten für andere Ausgaben des Buchs.

Viele Autor*innen entscheiden sich gerade beim ersten Buch dafür, ihr Cover selbst zu gestalten, weil sie Kosten sparen möchten. Ein Cover selbst zu entwerfen, ist aber auch nicht gratis, denn du brauchst Software, Bildmaterial, Anleitungen und natürlich deine Zeit. Und wenn das Cover am Ende nicht »funktioniert«, weil du bestimmte Regeln nicht kanntest oder nicht umsetzen konntest, kostet dich das Verkäufe.

Meine Empfehlung für dich ist daher, dir ein professionelles Cover zu kaufen. Gerade am Anfang ist ein Premade-Cover eine sehr gute Option, die nicht ganz so teuer ist und bei der du einfach auswählen kannst.

Für den Fall, dass du dein Cover selbst gestalten möchtest, bekommst du jetzt noch ein paar Tipps von mir, damit du eine gute Basis hast. Diese Tipps sind auch hilfreich, wenn du ein Cover beauftragst oder ein Premade-Cover auswählst.

Das macht ein gutes Cover aus

Wenn ich Menschen danach frage, was ein gutes Cover ausmacht, kommt fast immer die Antwort: »Es macht neugierig.« Das stimmt nur so halb bzw. nur als untergeordnete Funktion. Die wichtigste Aufgabe, die ein Cover übernimmt, ist: Es zeigt deiner Zielgruppe, dass dieses Buch für sie ist.

Vielleicht kennst du den Spruch »Don't judge a book by its cover« – beurteile ein Buch nie nach seinem Einband. Dieses Sprichwort gilt für vieles, aber gerade nicht für Bücher. Denn das Cover ist dazu gemacht, dass man sich ein Bild vom Buch macht, ohne das Buch in die Hand nehmen und durchblättern zu müssen. Deswegen stellst du dir bei der Gestaltung deines Covers immer diese Fragen: Was sagt das über mein Buch aus? Und ist das die Aussage, die ich wirklich über mein Buch treffen will?

Oberste Prio für dein Cover ist daher, dass es professionell wirken muss. Wenn dein Cover nach zusammengeschusterter Word-Datei aussieht, wird man über dein Buch denken, dass es auch nicht professionell gemacht ist – und sich lieber ein anderes aussuchen. (Ja, das ist schade, aber leider entscheiden wir Menschen oft so, und gerade bei Themen, bei denen es eine riesige Auswahl für uns gibt.)

Orientiere dich für ein professionelles Cover an diesen Punkten:

- Der Titel deines Buchs steht immer im Fokus. Er sollte so groß wie möglich sein, damit er auch von Weitem zu lesen ist.
- Dein Name ist umso größer, je bekannter du bist, und umso kleiner, je weniger man dich bisher kennt. Marah Woolf hat eine so starke Autorinnenmarke, dass ihr Name mindestens so wichtig ist wie der Titel des Buchs – deswegen ist er größer gesetzt als zum Beispiel meiner.
- Weniger ist mehr: Kombiniere lieber wenige Farben und Schriftarten miteinander, als das Cover mit vielen Designs zu überfrachten.
- Lass genug Luft um die einzelnen Elemente, damit alles gut wirken kann.

Ein gutes Cover ordnet dein Buch außerdem ganz eindeutig in eine Gruppe ein. Ein Romance-Cover muss als solches in einer Sekunde und in Briefmarkengröße erkennbar sein. Wenn deine Wunschleserin im Buchladen steht, muss sie vom anderen Ende des Raums dein Buch sehen und richtig einordnen können. Deswegen startest du am besten mit einer Cover-Recherche. Schau dir die typischen Cover deines Genres in der Buchhandlung an und beschreibe Gemeinsamkeiten. Das sind typische visuelle Genre-Regeln, an die du dich auch halten kannst. Du kannst auch auf Amazon die Kategorie deines Genres heraussuchen und dir die Bestseller dort anschauen. Nicht immer sind dort alle Bücher korrekt eingeordnet, aber du weißt auf jeden Fall, dass die Titel, die du dort findest, erfolgreich sind.

Abbildung 8.1: Amazon-Bestseller in der Kategorie »New Adult«

Auf den ersten Blick sieht man hier schon Gemeinsamkeiten in den verwendeten Farben, Bildern und Formen. Dein Cover soll später genau hier hineinpassen.

So unterstützt KI dich in dieser Phase

Ich arbeite für die Cover-Analyse sehr gerne mit ChatGPT. Dafür suche ich mir 10 erfolgreiche Bücher meines Genres aus. In ChatGPT gebe ich folgenden Prompt ein:

Ich möchte gerne Cover meiner Genres analysieren, um die gemeinsame Bildsprache herauszufinden. Ich beschreibe gleich 10 verschiedene Cover. Ich möchte, dass du diese Beschreibungen anschließend zu einer Liste an Gemeinsamkeiten zusammenfasst, die ich auch in meinem Cover verwenden sollte.

Dann beschreibe ich Cover für Cover in allen Details, während ich die Diktierfunktion von ChatGPT laufen lasse. Zum Schluss sage ich, dass ich nun die Analyse beginnen möchte.

Viele der Punkte, die ChatGPT dir als Ergebnis nennt, sind dir während der Beschreibungen wahrscheinlich selbst aufgefallen. Diese strukturierte Zusammenfassung hilft aber sehr dabei, ein genrekonformes Cover zu erstellen.

Für dein Cover brauchst du auch Bildmaterial. Es ist verlockend, hierfür einfach KI zu nehmen und sich ein passendes Bild oder gleich das ganze Cover erstellen zu lassen. Ich rate aber davon ab. Denn die KI hat einen bestimmten Stil, den man leicht erkennt. Das macht dein Cover unprofessionell, selbst wenn Menschen nicht sofort erkennen, dass du KI verwendet hast. Außerdem läufst du Gefahr, mit deinem Cover gegen Urheberrechte zu verstoßen, weil du nicht weißt, ob da nicht ein exaktes Bild kopiert wird.

Bildmaterial kannst du auf Plattformen wie iStock oder Adobe Photo beziehen. Du bezahlst dann für das Bild, aber die Preise sind überschaubar (im niedrigen zweistelligen Bereich) und du bist auf der sicheren Seite, was die Nutzungsrechte angeht. Viele dieser Plattformen stellen mittlerweile auch KI-generierte Bilder zur Verfügung, diese kannst du aber bei der Suche herausfiltern.

Dein Cover gestaltest du am besten mit einer Profi-Software wie Adobe Photoshop oder Affinity. Für sehr einfache Designs reicht auch Canva, wobei du in den Genres New Adult, Romance und vor allem Romantasy nur selten ganz einfache Designs findest.

Die erste Hürde meistern: Interview mit Autorin und Coverdesignerin Laura Newman

*Seit 2016 gestaltet Laura Newman Buchcover für Selfpublisher*innen und Verlage. Da die gelernte Mediengestalterin ebenfalls Autorin ist, kann sie sich gut mit den Wünschen und Vorstellungen ihrer Kundschaft identifizieren. Sie hat die Anfänge des deutschen Selfpublishings miterlebt, lässt ihre eigenen Erfahrungen in ihre Arbeit einfließen und steht Autor*innen in Sachen Buchcover mit Rat und Tat zur Seite. Website: https://www.laura-newman.de/*

Yvonne: *Du bist selbst Autorin und auch Coverdesignerin. Wie bist du dazu gekommen, Cover zu gestalten?*

Laura: Ehe ich mein erstes Buch veröffentlichte, hatte ich bereits knapp zehn Jahre als Grafikerin in einer Werbeagentur gearbeitet. Zunächst bereitete die Arbeit mir Freude, doch die Werbebranche hat sich in den 2000er-Jahren sehr zum Negativen verändert und der Job wurde zunehmend unangenehmer und füllte mich nicht mehr aus.

Zu dieser Zeit war das Schreiben für mich ein kreatives Ventil und als Grafikerin lag es natürlich nahe, meine Buchcover selber zu gestalten. Als ich dann später bei der Agentur gekündigt, mich als Autorin selbstständig gemacht und weitere Bücher veröffentlicht hatte, wurden Autorenkolleg*innen auf meine Cover aufmerksam. So kam es zu den ersten Cover-Aufträgen.

Diese Entwicklung hatte ich nicht vorausgesehen. Waren es im ersten Jahr noch drei Kund*innen, sind es heute 300. Letztlich konnte ich meinen Beruf auf diese Weise ganz neu für mich entdecken und ihn wieder mit Leidenschaft ausüben.

Yvonne: *Wie schaust du selbst auf Cover, wenn du Bücher kaufst?*

Laura: Ich bin auf jeden Fall ein Cover-Käufer. Da ich mehrere Genres lese, richtet sich mein Interesse im Buchgeschäft in erster Linie auf das Cover und erst danach auf Genre und Klappentext. Das ist vermutlich eine Berufskrankheit.

Ich glaube, ich würde kein Buch kaufen, dessen Cover nicht ansprechend oder gar unprofessionell gestaltet ist. Meinem persönlichen Geschmack entsprechen eher geradlinige, »cleane« Layouts, die Aufmerksamkeit erregen. Z. B. November von Thomas Olde Heuvelt oder die schwarz-weiße Auflage von George Orwells 1984.

Yvonne: *Was macht ein Cover im Romance-, Romantasy- oder New-Adult-Bereich aus, das die richtigen Menschen anspricht?*

Laura: Im Romance- und New-Adult-Genre hat sich in den letzten Jahren ein ganz individueller Stil etabliert. Die Zutaten sind meist zarte Pastelltöne, entweder gar kein Hintergrundmotiv oder aber eines, das nur subtil angedeutet wird, sowie eine Typo im Fokus, die in der Regel eine Kombination aus serifenlosen Großbuchstaben und einer geschwungenen Schreib- oder Handschrift ist. Oft werden auch abstrakte Formen oder Blüten als Schmuckelemente eingesetzt.

Im Romantasy-Bereich finden wir hingegen dunkle Farben, gepaart mit leuchtender oder glänzender Serifenschrift. Dazu Ornamente, Jugendstilelemente und ebenfalls häufig Blüten oder Ranken. Hier allerdings auf eine eher düstere bzw. magische Art.

Alle Ableger haben etwas Verträumtes, das Leser sofort erkennen und dem Genre zuordnen können.

Yvonne: *Genres haben ihre eigene visuelle Sprache. Wie erkenne ich als Autorin, welche Bildsprache mein Genre gerade »spricht«?*

Laura: Das ist ein ganz, ganz heikles Thema. Als Autorin ist es mir selbst passiert und auch viele meiner Kund*innen mussten erleben, dass die Vorstellung, die sie von ihrem Cover haben, oftmals absolut nicht mit dem Stil übereinstimmt, der im Genre gerade trendet.

Natürlich möchte man seinem Werk einen einzigartigen und persönlichen Stempel aufdrücken. Es soll schließlich kein Buch unter Hunderten sein, die genauso ausschauen. Aber alle Genres, besonders die sehr beliebten, weisen ganz eindeutige Layout-Merkmale auf. Um die Bildsprache des eigenen Genres festzustellen, sollte man besonders auf Farben und Schriftarten achten und natürlich auf das Vorhandensein und die Gewichtung von Motiven.

Es gab eine Zeit, da war praktisch jeder Thriller weiß, schwarz und rot. Auf jedem Jugend-Fantasy-Cover musste ein Mädchen mittig positioniert werden. Je weiter sich die Genres verästeln, desto feiner werden die Unterschiede in Sachen Layout. Farbwelt, Typografie und die Art, wie Titel und Motiv (oder, falls nicht vorhanden, Schmuckelemente) untereinander gewichtet sind, stellen eine gute Basis für ein Layout-Rezept dar.

Als Autor*in sollte man daher nicht ausschließlich auf seinen eigenen Geschmack, sondern auf das, was die Leser*innen kennen und erwarten, hören. Nur so erreicht die geschriebene Geschichte auch ihre Zielgruppe.

Yvonne: *Welche Fehler siehst du am häufigsten bei Covern?*

Laura: Hier sind es meist einer oder alle drei der folgenden Fehler, die ins Auge springen:

Zu viel: Autor*innen möchten auf dem Cover alles zeigen, was die Geschichte ausmacht. Es wird kleinteilig und chaotisch. Oftmals wird so auch der Stil des Genres verfehlt und im schlimmsten Fall gespoilert.

Zu feige: Schrift wird nicht wie ein Teil des Layouts, sondern wie Fließtext behandelt. Titel werden gesetzt, als hätte man in Word einfach auf »zentrieren« geklickt. Leerräume, die die Bildkomposition harmonisch wirken lassen würden, werden mit Elementen gefüllt oder aber Elemente enden kurz vor dem Rand des Covers, weil der Mut fehlt, sie anzuschneiden.

Zu lang: Wenn der Titel lange Wörter enthält, geschieht es oft, dass das Wort nicht getrennt wird und der Text daher in einer ziemlich kleinen Schriftgröße gesetzt werden muss, was das Layout im Ganzen schnell ruinieren oder aber zumindest verschlechtern kann. Oder das Wort wird getrennt, jedoch eher »spießig«, mit auffälligen Trennstrichen und ohne Versatz einfach umgebrochen. So landet man schnell wieder bei »zu feige«, denn ein cooles Cover ist ein Kunstwerk. Hier gibt es keine Trennungsregeln. Die Typo ist Teil der Gestaltung und es darf, sofern es ästhetisch Sinn ergibt, wild und ohne Trennstriche getrennt werden. Gute Beispiele hierfür sind *Frevel* von Nora Kain oder auch *Nincshof* von Johanna Sebauer.

Yvonne: *Was machst du, wenn eine Autorin eine Vorstellung hat, von der du weißt, dass sie am Markt nicht funktioniert?*

Laura: Schluck. Das ist stets unangenehm, aber ich bin hier ganz ehrlich zu meinen Kunden. Ich sehe es als meine Pflicht an, sie auf strategische Fehler in Sachen Layout hinzuweisen. Aus meiner Sicht ist das Teil meines Angebots und daher letztlich auch das, wofür sie bezahlen.

Allerdings setze ich mir eine klare Grenze, was meinen Widerstand angeht. Ich weise einmal auf die Schwachstellen des Briefings hin. Besteht der Autor weiter auf Plan A, erläutere ich konkreter und gebe auch Positiv- oder Negativbeispiele in Form von bereits erschienenen erfolgreichen oder weniger erfolgreichen Titeln. Bleibt mein Kunde anschließend bei seinem Konzept, stelle ich meine Einwände zurück und erarbeite ein Layout wie bestellt, versuche hierbei jedoch, eine elegante Brücke zwischen dem, was gewünscht wurde, und dem, was angebracht ist, zu schlagen. Das gelingt in der Regel recht gut.

Yvonne: *Selfmade oder Profi: Ab wann lohnt sich die Investition in ein professionelles Cover?*

Laura: Als jemand, der bei seinem ersten Cover so ziemlich jeden Anfängerfehler gemacht hat (und das, obwohl ich von Beruf Grafikerin war), würde ich definitiv empfehlen, immer einen Profi zu beauftragen. Das Cover ist das Erste, was Menschen sehen. Die erste Hürde, die man bei Leser*innen nehmen muss. Die zweite ist der Klappentext. Wenn jemand bereits beim Anblick des Covers »verscheucht« wird, ist das ungünstig. Darum sollte man beim Layout kein Risiko eingehen.

Abgesehen vom Design des Covers ist aber besonders die Anfertigung korrekter Druckdaten eine Herausforderung für Nicht-Profis. Egal, wie schön das Cover aussieht, wenn die Vorgaben der Druckerei nicht eingehalten oder schlicht nicht verstanden werden, kann es trotz eines stimmigen Layouts unprofessionell enden.

Yvonne: *Welche Tools oder Ressourcen kannst du Autor*innen empfehlen, die es zunächst selbst versuchen möchten?*

Laura: Hier hat derzeit natürlich ganz klar die KI die Nase vorn. Ob nun mittels Photoshop-KI, via Midjourney oder über einen Stockdatenanbieter mit KI-Funktion – hier kann man wunderbar experimentieren und wirklich gute, wenn auch in der Weiterverarbeitung etwas unflexible, Ergebnisse erzielen. Ebenso zu empfehlen ist Canva. Dieses Tool bietet mittlerweile so viele Funktionen, dass man damit auch ohne Grafikprogrammkenntnisse tolle

Layouts erstellen kann. Dies lohnt sich insbesondere auch für Werbeartikel wie Lesezeichen und Flyer.

Wie schon erwähnt, übernehmen diese Tools jedoch nicht alles, was für die Erstellung brauchbarer Druckdaten notwendig ist. Hier sollte man sich also zuvor in das Thema Beschnitt, PDF-Anwendungs- und ICC-Profile einlesen, damit später alles gelingt.

Yvonne: *Wie hat generative KI das Thema Coverdesign in den letzten Jahren beeinflusst? Welche Entwicklung siehst du da?*

Laura: Noch hat sie erstaunlich wenig Einfluss auf den grafischen Berufsbereich bzw. bedroht ihn bisher nicht. Eher im Gegenteil. Meine Kundschaft entwirft mit der KI Beispiele, an denen ich das spätere Layout ausrichten kann. Ähnliches höre ich auch von befreundeten Grafiker*innen, die in großen Agenturen arbeiten. Bis dato ist die KI etwas, das beide Seiten – Autor*in und Grafiker*in – als Hilfsmittel nutzen.

Ich persönlich sehe die KI als reines Werkzeug. Vergleichbar mit Stockdatenbanken. Es dauert genauso lange, ein passendes KI-Bild zu generieren, wie es dauert, das perfekte Motiv in einer Datenbank zu finden. In beiden Fällen ist das Ergebnis nur ein kleiner Teil des späteren Layouts. Eine Zutat. Mehr nicht.

Sicherlich wird sich dies in den kommenden Jahren ändern. Je besser die KI wird, desto wahrscheinlicher ist es, dass sie Grafiker*innen ablösen kann. Solche Entwicklungen gibt es seit Hunderten von Jahren. Es wird immer etwas Neues geben, das Menschen ersetzen kann. Der Lauf der Dinge.

Yvonne: *Welchen einen Rat gibst du Autor*innen, die gerade vor der Coverentscheidung für ihr erstes Buch stehen?*

Laura: In jedem Fall würde ich raten, an diesem Ende nicht zu sparen. Das bedeutet jedoch nicht, dass man sich den teuersten Design-Profi suchen muss. Mein Tipp wäre, in das Impressum von Büchern zu schauen, deren Cover einem auf Anhieb gefallen. Unabhängig davon, ob sie aus dem eigenen Genre stammen. So kann man sich eine Liste von Agenturen und Grafiker*innen anlegen. Anschließend können Preise verglichen und eine Auswahl getroffen werden. Hat man jemanden gefunden, empfehle ich, nicht bloß mit dem Wunsch »ich brauche ein Cover« an die Person heranzutreten. Man sollte vorbereitet sein. Wissen, wo veröffentlicht wird, in welchem Format, ob Veredelungen wie z. B. ein Farbschnitt oder partieller UV-Lack oder Folgebände geplant sind. Das erleichtert die Abstimmung im Vorfeld und vermeidet später Missverständnisse, die zu Verzögerungen bei der Erstellung des Layouts oder unerwarteten Mehrkosten führen können.

Außerdem würde ich nicht empfehlen, sich an Covern aus den Kindle-Charts oder an Award-Listen, bei denen Autor*innen und Publikum über das Aussehen eines Covers abstimmen können, zu orientieren. Die Art und Weise, wie diese Ranglisten entstehen, hat nicht zwingend mit der Qualität des Buchs oder des Covers zu tun. Sie sind ein hervorragender Lernpool, um Marketingstrategien zu verstehen und eventuell nachzuempfinden, aber in der Regel kein Richtwert für ein professionelles Coverdesign. Recht repräsentativ und eine geeignete Inspiration sind hingegen die SPIEGEL- oder auch die Thalia-Bestsellerlisten.

Buchsatz

Dein Buch muss nicht nur außen, sondern auch innen professionell gestaltet sein. Auch wenn die meisten Menschen nicht bewusst aufzählen können, was zu einem professionellen Buchsatz gehört, nehmen wir unbewusst wahr, wenn ein Buch nicht gut gesetzt ist.

Design nutzt immer Formen und Farben, um ein ansprechendes Bild zu ergeben. Wenn wir Text gestalten, haben wir gleich zwei Herausforderungen: nur zwei Farben (schwarz und weiß), dafür aber jede Menge sehr unruhige Formen – die Buchstaben, die in unterschiedlichsten Kombinationen auf dem Blatt stehen. Der Buchsatz sorgt dafür, dass trotz dieser Herausforderungen das Auge nicht angestrengt wird. Dafür haben sich einige Regeln bewährt, die die Schriftarten, den Zeilenabstand und die Seitenränder betreffen.

Es gibt mittlerweile Software, die Buchsatz auf Knopfdruck erstellen kann. Wenn du die Schreibsoftware Papyrus nutzt, kannst du dir dein fertig gestaltetes Buch mit wenigen Klicks ausgeben lassen. Das funktioniert vor allem für Bücher gut, die ausschließlich Text beinhalten. Perfekt also für Romane.

Du kannst dein Buch natürlich auch so setzen, wie ein Verlag es auch tun würde: mit einer Software wie Adobe InDesign oder Affinity (kostenlos). Für Menschen, die sich gerne in neue Technik einarbeiten, ist das eine spannende Aufgabe, bei der man viel über Bücher und Gestaltung lernt. Ansonsten ist es vor allem eine Aufgabe mit einer steilen Lernkurve, da die Programme einen riesigen Funktionsumfang haben, den man dann auch noch inhaltlich richtig anwenden muss.

Bevor du mit dem Buchsatz beginnst, musst du einige Entscheidungen treffen. Nachdem du dir anhand dieser Entscheidungen ein Konzept für dein Buch überlegt hast, kannst du es in der jeweiligen Software umsetzen.

Seitenformat

Auch beim Buchformat solltest du dich an deinem Genre orientieren. Während literarische Belletristik oft ein Format von 12 × 19 cm hat, sind viele der Subgenres eher 13,5 × 21,5 cm groß. Mit diesem Format fällt dein Buch nicht negativ auf. Du kannst auch einfach deine Bücher nehmen und ausmessen bzw. auf Amazon die Maße nachschauen. Die findest du immer unter den Produktinformationen weiter unten auf der Buch-Seite, wie zum Beispiel hier:

Produktinformation

Herausgeber : LYX

Erscheinungstermin : 31. Oktober 2025

Auflage : 3. Aufl. 2025

Sprache : Deutsch

Seitenzahl der Print-Ausgabe : 400 Seiten

ISBN-10 : 3736323050

ISBN-13 : 978-3736323056

Lesealter : Ab 16 Jahren

Originaltitel : If You Stayed

Abmessungen : 13.5 x 3.25 x 21.5 cm

Amazon Bestseller-Rang: Nr. 2.740 in Bücher (Siehe Top 100 in Bücher)
Nr. 73 in New Adult
Nr. 201 in Zeitgenössische Liebesromane (Bücher)
Nr. 675 in Frauenliteratur (Bücher)

Kundenrezensionen: 4,6 ★★★★☆ (293)

Abbildung 8.2: Produktinformation auf Amazon

Schriftarten

Du kannst dir für den Buchsatz genau zwei Schriftarten aussuchen: eine für den Fließtext und eine für die Überschriften. Mehr Schriftarten machen das Buch unruhig.

Man unterscheidet Schriftarten in solche mit und solche ohne Serifen. Serifen sind die kleinen Striche oben und unten an den Buchstaben. Diese wirken beim Lesen wie eine Hilfslinie und sorgen dafür, dass das Auge die Zeile besser halten kann. Deswegen nutzt man in Texten mit viel Fließtext (und vor allem in Romanen) meist Schriftarten mit Serifen, wie zum Beispiel die Garamond.

Für die Überschriften kannst du auch serifenlose Schriftarten verwenden oder sogar eine Handschriftart. Bei einer Handschrift solltest du aber darauf achten, dass sie wirklich gut zu lesen ist. Eine klassische serifenlose Schriftart ist Verdana. Bradley Hand ITC ist eine gut zu lesende Handschriftart.

Garamond	**Verdana**	Bradley Hand ITC

Abbildung 8.3: Verschiedene Schriftarten

Es gibt zahllose tolle Schriftarten, und im Internet findest du viele Empfehlungen für dein Buch. Was viele nicht wissen: Auch Schriftarten unterliegen dem Urheberrecht. Entscheidend ist dabei die jeweilige Lizenz. Du brauchst also eine Lizenz, die die Nutzung im Buchdruck und für kommerzielle Zwecke erlaubt. Informiere dich deshalb immer darüber, wer die Schrift herausgibt und welche Nutzungen deine Lizenz einschließt.

Schriftgröße

Welche Schriftgröße du wählst, hängt auch von der Schriftart ab. Die drei oben abgebildeten Schriftarten haben alle dieselbe Schriftgröße, auch wenn sie sehr unterschiedlich aussehen. Garamond setzt man häufig in Schriftgröße 11 pt. Du kannst deine ersten gesetzten Seiten aber auch einfach ausdrucken und schauen, wie gut das Ganze lesbar ist. Bei New Adult und Romance sollten etwa 30–38 Zeilen auf eine Seite passen, damit dein Buch nicht zu leer aussieht.

Zwischen den Zeilen lässt du – bei einer Schriftgröße von 11 pt – einen Abstand von 14 oder 15 pt, dann ist der Text luftig zu lesen, aber der Abstand ist gleichzeitig nicht zu groß.

Seitenränder

Seitenränder haben eine Funktion, und nach dieser Funktion bemisst sich ihre Breite. Zum einen geben sie dem Text einen strukturierten Rahmen – an allen vier Seiten ist sauberer weißer Rand. Der äußere Rand dient dazu, die Daumen beim Lesen abzulegen. Dafür brauchen wir so ca. 2 cm. Bei breiteren Büchern darf es ein bisschen mehr, bei schmaleren auch ein bisschen weniger sein. Im inneren Rand stoßen die Seiten zusammen. Bei einer Klebebindung (die im Print-on-Demand und auch bei vielen günstigeren Druckereien üblich ist) verschwinden Teile des Blatts dann in dieser Bindung. Je dicker das Buch ist, desto breiter muss deswegen der innere Rand sein, damit man das Buch noch gut lesen kann, ohne den Rücken komplett zu brechen. Der innere Rand ist normalerweise so breit wie der äußere plus einen Bindungszuschlag. Bei einem Buch von 250–400 Seiten umfasst dieser Bindungszuschlag ca. 1,5 cm, sodass du mit einem inneren Rand von 3,5 cm gut aufgestellt bist.

Der obere Rand gibt dem Auge Luft. 2 cm sind hier ein guter Richtwert.

Der untere Rand ist normalerweise der breiteste Rand (wenn man den Bindungszuschlag nicht einrechnet). So hat das Auge am unteren Ende der Seite ein bisschen »Auslauf«. Außerdem platzierst du hier auch die Seitenzahlen. 2,5–3 cm sind gute Werte für den unteren Rand.

Absatzgestaltung

Absätze setzt du immer im Blocksatz, damit du rechts auch einen ruhigen Rand hast. Bei Romanen ist es außerdem üblich, die erste Zeile eines Absatzes ein wenig einzurücken, zum Beispiel um 0,5 cm.

Ein gut gesetztes Buch ist wie WLAN: Es fällt niemandem wirklich auf, solange es funktioniert. Wenn aber etwas nicht stimmt, merken deine Leser*innen es sofort. Deswegen kannst du dir auch im Buchsatz Unterstützung holen, um dein Buch professionell gestalten zu lassen. Nicht umsonst gibt es Menschen, die sich beruflich darauf spezialisiert haben.

So unterstützt KI dich in dieser Phase

ChatGPT kann dich sehr gut dabei unterstützen, dein Buch zu setzen. Du kannst bei konkreten Entscheidungen, die du triffst, um Rat für dein Genre bitten und dich an den gegebenen Werten orientieren. (Natürlich, nachdem du sie mit den entsprechenden Büchern in deinem Regal abgeglichen hast.) Außerdem ist ChatGPT ein sehr geduldiger Software-Coach und erklärt dir Schritt für Schritt, wie du deinen Buchsatz in der Software deiner Wahl umsetzt.

Dein E-Book soll natürlich auch gut formatiert sein, allerdings läuft der Buchsatz hier ein wenig anders. Denn nicht dein Layoutprogramm bestimmt (allein), wie eine Seite angezeigt wird, sondern zu großen Teilen auch der E-Book-Reader oder die App, mit der das Buch gelesen wird. Deine Leser*innen können Schriftart und -größe auf den meisten modernen Geräten selbst wählen und damit beeinflussen, wie viel Text auf welche Weise angezeigt wird. Deshalb ist »Design« im E-Book vor allem saubere Struktur: Überschriften müssen als Überschrift formatiert sein, Absätze nicht durch Leerzeilen getrennt und Tabs oder Leerzeichen zur Ausrichtung sind im Buchsatz eh tabu. Seitenzahlen braucht dein E-Book auch nicht, weil sie vom Reader und der Schriftgröße abhängig sind. Wenn du diese wenigen Regeln beachtest, wird dein Buch auch auf den verschiedenen Lesegeräten gut aussehen.

Veröffentlichungswege

Dein Manuskript ist fertig, es ist lektoriert und korrigiert. Dein Cover steht, der Buchsatz auch. Jetzt kommt die große Frage: Wie kommt dein Buch eigentlich in die Hände deiner Leser*innen?

Im Selfpublishing hast du grundsätzlich zwei Wege: Du kannst dein Buch über einen Print-on-Demand-Dienstleister veröffentlichen, der jedes Exemplar einzeln druckt, sobald es bestellt wird. Oder du lässt eine Auflage bei einer Druckerei produzieren und kümmerst dich selbst um Lagerung und Vertrieb, ggf. mit Unterstützung. Welcher Weg für dich der richtige ist, hängt von deinen Zielen und deinem Budget ab.

Print-on-Demand: der einfachste Einstieg

Print-on-Demand (kurz: PoD) bedeutet, dass dein Buch erst dann gedruckt wird, wenn jemand es kauft. Du lädst deine Buchdateien einmal hoch, legst den Preis fest, und der Rest läuft automatisch. Sobald eine Bestellung eingeht, druckt der Dienstleister ein einzelnes Exemplar, verpackt es und schickt es direkt an den Buchhandel oder an die Person, die das Buch bestellt hat. Bis auf eine kleine Einrichtungsgebühr bei manchen Anbietern hast du vorab keinerlei Druckkosten und musst vor allem auch keine Bücherkartons im Keller stapeln. Es wird nur gedruckt, was schon verkauft wurde. Und du hast mit der gesamten Logistik nichts zu tun.

Das Ganze ist überhaupt möglich, weil die Prozesse komplett standardisiert sind. Das bedeutet, dass du aus einer begrenzten Menge an Möglichkeiten – Format, Bindung, Papier – auswählen kannst und dein Buch in diesen Grenzen gestalten musst. Außerdem sind je nach Anbieter die Druckkosten pro Stück höher als bei einem (mittleren) Auflagendruck, weil es natürlich aufwendiger ist, jedes Buch einzeln zu drucken, als direkt 500 Stück zu erstellen. Deine Marge ist daher pro Buch geringer, dafür hast du so gut wie kein Risiko.

Die wichtigsten Print-on-Demand-Anbieter

In Deutschland und Europa gibt es mehrere etablierte PoD-Dienstleister, die alle das gleiche Konzept anbieten, sich aber in ihren Konditionen, ihrer Reichweite und ihren Möglichkeiten unterscheiden. Die wichtigsten liste ich dir im Folgenden kurz auf. Am besten informierst du dich auf den Websites der Anbieter über ihre aktuellen Konditionen und Angebote.

- BoD (Books on Demand, der größte Anbieter in Europa)
- Bookmundo (niederländischer Anbieter, der auch auf dem deutschen Markt aktiv ist)
- Buchschmiede (österreichischer Anbieter)
- Tolino Media (der Anbieter von Thalia)
- epubli (Holtzbrinck-Gruppe)
- tredition

Ein Sonderfall ist Amazon KDP, der Print-on-Demand-Anbieter von Amazon. Er ist für viele die erste Anlaufstelle, weil die Prozesse besonders einfach sind, die Margen vergleichsweise hoch und weil man Amazon als Markt für Bücher kennt. Allerdings veröffentlichst du dein Buch über KDP ausschließlich auf Amazon, während alle anderen genannten Anbieter den gesamten Buchhandel beliefern. Das ist ein Nachteil, wenn du auch im stationären Buchhandel präsent oder auch nur bestellbar sein möchtest. Gleichzeitig bietet Amazon KDP Vorteile, die kein anderer Anbieter hat: Du kannst andere Werbemaßnahmen ergreifen und hast auf die Buch-Seite bei Amazon einen besseren Zugriff, was wichtig ist, um dein Buch später auch gut zu verkaufen. Viele Selfpublisher*innen nutzen deshalb eine Kombination: Sie veröffentlichen ihr E-Book exklusiv bei Amazon (um z. B. von Kindle Unlimited zu profitieren) und bringen das Taschenbuch zusätzlich über einen anderen Anbieter wie tredition heraus, um auch den restlichen Buchhandel zu bedienen. Hierbei ist es wichtig, sich die Vertragsbedingungen der unterschiedlichen Anbieter anzuschauen, um festzustellen, ob das überhaupt zulässig ist.

Um den für dich passenden Anbieter auszuwählen, machst du dir am besten eine Liste mit allem, was dir wichtig ist: Welche Ausstattung willst du? Welche zusätzlichen Leistungen möchtest du in Anspruch nehmen? Wie sehen die Verträge aus? Wie sind die Bewertungen, die du online finden kannst? Gibt es Unternehmen, mit denen du auf keinen Fall zusammenarbeiten möchtest?

Abhängig von deinen Antworten kannst du dann den für dich passenden Anbieter auswählen.

Und dann geht's los:

Das Hochladen funktioniert bei allen Anbietern sehr ähnlich. Du legst dir ein Konto an, legst im Konto dein Buch-Projekt an und füllst dann eine Art Formular mit allen Informationen zum Buch aus. Dort lädst du auch dein Manuskript (als formatierte PDF-Datei) und dein Buchcover (je nach Anbieter als PDF- oder JPG-Datei) hoch.

Zu den Informationen, die du angeben musst, gehören auch Kategorien, Keywords und die Beschreibung deines Buchs. Viele Autor*innen springen schnell über diese Punkte, weil sie – ich sag's wie's ist – auch ein bisschen lästig sind. Dabei sind das sehr wichtige Marketing-Hebel, und du solltest dir Zeit dafür nehmen. Im Kapitel zum Buchmarketing gehe ich auf diese Punkte noch einmal detailliert ein.

Auflagendruck mit eigenem Vertrieb

Print-on-Demand ist bequem, aber nicht für jedes Projekt die beste Lösung. Wenn du weißt, dass du eine bestimmte Anzahl an Büchern auf jeden Fall verkaufen wirst oder wenn du eine besondere Ausstattung wie einen Farbschnitt möchtest, kannst du auch eine Kleinauflage deines Buchs drucken lassen. Du lässt dann eine bestimmte Menge auf einmal drucken, zum Beispiel 500 oder 1000 Stück. Je mehr Bücher du drucken lässt, desto weniger zahlst du pro Buch.

Der große Vorteil: Du kannst dein Buch genauso gestalten lassen, wie du es möchtest. Mit Farbschnitt, Prägung, Lesebändchen und allem, was dazugehört. Der Nachteil ist, dass du in Vorleistung gehen musst und den Druck der Bücher zahlst, bevor du die Exemplare verkauft hast. Und die ganzen Bücher müssen ja auch irgendwohin: im Zweifel zu dir nach Hause. Wenn jemand ein Buch haben möchte, musst du es dann verschicken.

Die Kosten für den Druck kann dir niemand abnehmen, aber es gibt mittlerweile auch Anbieter, die den Vertrieb und die Lagerung für dich übernehmen. Du kannst dein Buch dann so gestalten, wie du willst, und lässt die Bücher von der Druckerei direkt an den Vertrieb liefern. Dieser übernimmt dann die Meldung des Buchs beim Buchhandel und liefert das Buch auch aus, wenn jemand es bestellt.

Wenn du professionell ins Selfpublishing einsteigen möchtest, ist die Kombination aus Auflagendruck und Vertrieb eine gute Option. Für Anfänger*innen birgt sie jedoch ein höheres Risiko, und ich empfehle sie dir erst, wenn du schon ein paar Erfahrungen gesammelt hast.

So unterstützt KI dich in dieser Phase

ChatGPT kann dir helfen, verschiedene Print-on-Demand-Anbieter zu vergleichen. Du kannst zum Beispiel deine Buchdetails eingeben – Seitenzahl, Format, geplanter Verkaufspreis – und fragen, wie sich die Margen unterscheiden. Auch bei Verträgen und Geschäftsbedingungen kann dir die KI helfen, komplizierte Klauseln zu entschlüsseln, wobei du das natürlich immer überprüfen musst. Und für einen Auflagendruck kannst du mit ChatGPT eine Kalkulation aufstellen, ab welcher Verkaufszahl sich die höhere Investition lohnt.

Audiobook

Etwa einmal pro Woche bekomme ich eine Mail von mir unbekannten Personen, die mir anbieten, das eine oder andere meiner Bücher als Audiobook aufzunehmen und zu vertreiben. Der Markt ist natürlich auch sehr attraktiv: Audiobooks oder Hörbücher sind wahnsinnig beliebt. Man kann sie beim Autofahren, Bügeln, Entspannen oder Sport hören, und es gibt günstige Abo-Modelle, bei denen einem die neuen Geschichten nie ausgehen.

Manche Menschen hören lieber Audiobooks und lesen nur sehr selten gedruckte Bücher, andere kaufen sich das Audiobook zusätzlich zur Print-Ausgabe. Deswegen kann es für dich sinnvoll sein, auch ein Audiobook deines Romans anzubieten, um weitere Zielgruppen zu erschließen.

Gerade Selfpublisher*innen werden oft von Hörbuch-Sprecher*innen angeschrieben, die ihnen die Umsetzung ihres Buchs als Hörbuch anbieten. Dass ein solches Angebot zufällig genau passt, ist eher unwahrscheinlich. Aber es kann für dich sinnvoll sein, dich selbst auf die Suche zu begeben und ein Hörbuch aufzeichnen zu lassen.

Das ist natürlich deutlich aufwendiger, als ein gedrucktes Buch oder ein E-Book in Eigenregie herauszubringen. Du brauchst andere Technik und eine Ausstattung, die die meisten von uns nicht zu Hause haben. Außerdem sind eine geschulte Stimme und Leseerfahrung ein Muss. Für den Vertrieb brauchst du auf jeden Fall ein Partner-Unternehmen, das dein Audiobook auf den entsprechenden Plattformen zugänglich macht.

Insgesamt ist das Thema Hörbuch ein eigenes Projekt, das du nicht angehen solltest, bevor alle anderen Ausgaben veröffentlicht sind und du schon Erfahrung damit hast, wie gut dein Buch bei der Zielgruppe ankommt. Denn mit diesem Projekt sind möglicherweise auch hohe Kosten verbunden.

Für dein Hörbuch brauchst du eine*n Profi-Sprecher*in mit Zugang zu einem Tonstudio. Es gibt Plattformen, auf denen du diese finden kannst, und auch der Print-on-Demand-Dienstleister BoD bietet Hörbuchproduktion an.

Die Kosten für ein Hörbuch hängen stark davon ab, wer das Hörbuch einspricht. Je erfahrener und bekannter die Person, desto teurer wird das Ganze. Die Stimme sollte natürlich zu deinem Projekt passen. Hör dir am besten ein paar Sprechproben in deinem eigenen Genre an, bevor du dich für jemanden entscheidest.

Die Hörbuch-Aufnahme wird nach Minuten abgerechnet, und ein längeres Buch kostet entsprechend mehr. Um die Kosten zu senken, könntest du dein Buch auch kürzen und nur die gekürzte Fassung einsprechen lassen. Das ist allerdings bei Romanen eher unüblich, Fans wollen normalerweise die ganze Geschichte hören.

Mittlerweile gibt es auch KI-generierte Stimmen, und es klingt verlockend, sich das eigene Hörbuch in Profi-Qualität und vielleicht noch mit der eigenen Stimme auf Knopfdruck produzieren zu lassen. Diese KI-Stimmen sind in den letzten Jahren sehr realitätsnah geworden, und bei kürzeren Textpassagen kann man sie kaum von einer echten Stimme unterscheiden.

Trotzdem rate ich dir davon ab, eine KI-Stimme zu verwenden. Bei Namen und seltenen Begriffen kann die Aussprache schlechter werden, und gerade bei längeren Texten sind Qualität und Stimme oft nicht gleichbleibend. Und noch wichtiger: In emotionalen Genres wie Romance und Romantasy lebt das Audiobook von der Interpretation. Wie klingt die Protagonistin, wenn sie wütend ist? Wie bringt der Love Interest seine Gefühle rüber? Eine menschliche Stimme kann Nuancen transportieren, die KI-Stimmen (noch) nicht erreichen. Können sie auch gar nicht, weil sie nicht verstehen, was sie vorlesen. Deine Hörer*innen werden den Unterschied merken und emotional nicht genauso investiert sein wie bei einer menschlichen Stimme

Anders als bei E-Books und Print kannst du Hörbücher nicht einfach selbst hochladen und verkaufen. Du brauchst einen Distributor, der dein Hörbuch auf Plattformen wie Audible, Spotify oder Thalia bringt. BoD bietet das an und auch Feiyr. Ein Hörbuch ist eine schöne Ergänzung für dein Buch, aber absolut kein Muss, vor allem nicht beim ersten Roman. Am besten konzentrierst du dich anfangs auf E-Book und gedrucktes Buch, sammelst Erfahrungen und gehst dann die nächsten Schritte – oder auch nicht, wenn du das Gefühl hast, deine Zielgruppe braucht und will kein Hörbuch.

So unterstützt KI dich in dieser Phase

ChatGPT kann dir dabei helfen, an alle Aspekte des Projekts zu denken. Bitte einfach um einen Projektplan für dein Audiobook mit allen erforderlichen Schritten. Du kannst auch nach Recherchequellen fragen, um dir die Suche nach geeigneten Sprecher*innen zu erleichtern.

Wenn du doch mit KI-Stimmen experimentieren willst, kannst du das zum Beispiel mit einem Tool wie ElevenLabs. Hier kannst du auch deine eigene Stimme aufzeichnen und dann Texte in dieser Stimme vorlesen lassen. Das funktioniert sogar für Übersetzungen.

Druckkostenzuschussverlage

Neben den klassischen Verlagen und dem Selfpublishing gibt es noch eine dritte Option, dein Buch zu veröffentlichen: Druckkostenzuschussverlage. Wenn du dir sparen willst, diesen Abschnitt zu lesen, kommt hier die Kurzfassung: Lass besser die Finger davon.

Und hier die längere Fassung: Auf Social Media und auf Google sieht man immer wieder Anzeigen mit dem Tenor »Verlag sucht Autor«. Diese Verlage werben damit, gerne Erst-Autor*innen zu veröffentlichen und das Manuskript herauszubringen. Was in den Anzeigen oft nicht steht und auch auf den Websites manchmal nicht offensichtlich ist: Für die Veröffentlichung verlangen diese Verlage Geld. Einen Zuschuss zu den Druckkosten (und auch zu allen anderen Kosten, die entstehen).

Du kennst dich ja mittlerweile mit Verlagen aus und weißt, dass sie als Wirtschaftsunternehmen nur dann Bücher verlegen, wenn sie damit Geld verdienen können. Ein Buch zu veröffentlichen, ist für sie immer mit einem gewissen Risiko verbunden, weswegen sie genau prüfen, welche Chancen ein Buch am Markt hat, und alles daransetzen, dass das Buch so gut produziert und positioniert wird wie möglich. Außerdem unterstützt der Verlag im Buchmarketing, wo er kann, damit sich das Buch gut verkauft und die Investition sich am Ende für alle Seiten rechnet.

Ein Druckkostenzuschussverlag hat dieses Risiko nicht, denn die Kosten für Lektorat, Buchsatz & Co. trägst ja du als Autor*in. Es ist also für den Verlag wirtschaftlich viel sinnvoller, sich auf die Suche nach dem nächsten Buch zu machen, als deins gut zu vermarkten. Das Geschäftsmodell von Druckkostenzuschussverlagen ist es nicht, Bücher zu verkaufen, sondern Veröffentlichungsverträge. Sobald sie das getan haben, ist ihre Aufgabe erledigt.

Es gibt Situationen, in denen Druckkostenzuschussverlage ihre Berechtigung haben. Vor allem im wissenschaftlichen Bereich, wo Arbeiten teilweise in einer bestimmten Auflage veröffentlicht werden müssen, die für Verlage aber wirtschaftlich nicht sinnvoll ist. Oder wenn jemand den großen Traum hat, die eigene Lebensgeschichte aufzuschreiben und zu veröffentlichen und damit keinerlei Arbeit haben möchte.

In den meisten anderen Fällen ist es sinnvoller, ins Selfpublishing zu gehen. Dort zahlst du die Leistungen am Buch auch selbst, bist ebenfalls komplett allein fürs Buchmarketing zuständig, behältst aber wenigstens eine größere Marge am einzelnen Buchverkauf ein. Unterm Strich lohnt sich das finanziell für dich mehr.

Kapitel 9

Schritt 6: Leser*innen erreichen

In diesem Kapitel bekommst du Einblicke ins Buchmarketing, ohne dass dein Buch im vollen Markt untergeht. Du lernst Strategien kennen, wie du dein Buch sichtbar machst, ohne dich dabei komplett zu verbiegen.

Die Basis schaffen

Meeh, Buchmarketing. Mag ganz ehrlich niemand so richtig. Ich auch nicht. Aber ohne Buchmarketing passiert leider gar nichts. Jedes Jahr erscheinen allein in Deutschland bis zu 70.000 neue Bücher. Und der Markt für Romance, New Adult, Romantasy ist stark umkämpft. Dass es viele begeisterte Lesende gibt, heißt nicht, dass die alle auf dein Buch warten. Denn es gibt genügend andere Bücher, die sie lesen können. Wenn du niemandem davon erzählst, dass du einen Roman geschrieben hast, wird es auch niemand erfahren.

Bevor du jetzt deine TikTok-Aktivität hochschraubst, gehen wir einen Schritt zurück. Denn der wichtigste Schritt im Buchmarketing steht ganz am Anfang: ein richtig gutes Buch. Ja, auch schlechte Bücher lassen sich vermarkten. Mit viel Zeit und Budget und meist nur für einen kurzen Zeitraum. Bei guten Büchern fällt das Marketing dagegen leichter. Ein gutes Buch wird leichter von der richtigen Zielgruppe gefunden, erhält positive Bewertungen und wird weiterempfohlen. Und ein Buch, auf das du stolz bist, hältst du auch viel lieber in die Kamera.

Am Anfang steht also das »gute« Buch.

Aber was heißt das eigentlich?

Mit »gut« meine ich nicht die Geschichte oder den Inhalt. Sondern ein handwerklich gut umgesetztes, professionell erstelltes Buch, das durch Titel und Cover schon auf den erstenBlick von der richtigen Zielgruppe gefunden werden kann.

Lass uns deinen Roman also mal ganz nüchtern als Produkt betrachten und die einzelnen Merkmale durchgehen. Wie du ein gutes Buch schreibst, ein gutes Cover gestaltest und den Buchsatz erstellst, hast du schon gelernt. Es gibt noch ein paar andere Punkte an der Basis, auf die du achten darfst. Alle beeinflussen die direkte Außenwirkung deines Buchs.

Der Titel

Dein Titel ist neben dem Cover dein wichtigstes Marketing-Instrument. Innerhalb einer Sekunde muss klar werden, um welche Art Buch es sich handelt. Außerdem muss man ihn sich leicht merken können.

Schau dir erfolgreiche Titel in deinem Genre an. Romantasy nutzt oft magische oder mythische Begriffe. Romance setzt auf emotionale Versprechen oder witzige Kontraste. Viele Titel sind englisch, auch bei deutschsprachigen Autor*innen.

Es gibt leider nirgends ein Regelbuch, in dem steht, wie Titel in den verschiedenen Genres auszusehen haben. Und wie alles unterliegen auch sie Trends. Was heute ein spannender New-Adult-Titel ist, lockt in zehn Jahren vielleicht niemanden mehr in die Buchhandlung. Deswegen ist hier Beobachtung und Marktrecherche angesagt. Ein guter Grund für einen Besuch in der Buchhandlung, wo du – allein aus Recherchezwecken – alle neuen Bücher im Blick haben musst. Denn genau das macht deine Zielgruppe auch. Sie kennt ihr Genre perfekt und nimmt unbewusst wahr, ob ein Titel dazu passt oder nicht. Und im zweiten Fall geht sie einfach weiter.

Was du jetzt konkret tun kannst:

Such dir zehn erfolgreiche Bücher in deinem (Sub-)Genre und analysiere die Titel. Welche Muster erkennst du? Passt dein eigener Titel dazu oder fällt er aus der Reihe?

So unterstützt KI dich in dieser Phase

Nutze die Diktierfunktion von ChatGPT für eine Titelanalyse. Dafür nennst du die erfolgreichen Titel und beschreibst, was dir daran auffällt, zum Beispiel:

»Ein Kuss kommt nie allein« ist ein deutschsprachiger Titel, der aus fünf Wörtern besteht. Er spielt mit einem Sprichwort und wandelt es ein wenig ab (»Ein Unglück kommt selten allein«). Im Titel kommt das Wort »Kuss« vor, weshalb man vermuten kann, dass es hier um romantische Liebe geht.

So gehst du mit allen recherchierten Titeln vor. Zum Schluss schreibst du diesen Prompt:

Das sind die Titel von zehn Büchern aus meinem Genre und was mir dazu aufgefallen ist. Kannst du mir hieraus bitte eine Analyse und Tipps für meinen Titel erstellen?

Du erhältst dann von ChatGPT einen ganz konkreten Leitfaden zur Titelwahl.

Rezensionen

Je mehr echte positive Rezensionen dein Buch hat, desto eher greifen neue Leser*innen zu. Schließlich haben es schon andere gelesen und für gut befunden.

Es gibt zwei nachhaltige Wege, um an positive Rezensionen zu kommen. Du kannst danach fragen. Bitte in deinem Buch um Rezensionen, entweder am Anfang des Buchs oder am Ende oder an beiden Stellen. Erkläre, dass es für Autor*innen wichtig ist, positive Rezensionen zu bekommen, vor allem auf Amazon und anderen Online-Plattformen, und bitte um Unterstützung. Menschen helfen gerne, vergessen aber, welchen Einfluss sie nehmen können.

Der andere Weg ist ein Buch, das deine Leser*innen begeistert und überrascht. Wenn sie das Buch zuklappen und es am liebsten direkt wieder von vorne lesen möchten, schreiben sie dir auch eine positive Bewertung.

Eine negative Rezension ist übrigens kein Weltuntergang. Sie zeigt, dass dein Buch den Kreis deiner Familie und Freunde verlassen hat. Und Bücher mit ausschließlich Fünf-Sterne-Bewertungen wirken eh nicht authentisch.

Ausstattung

Deine Leser*innen haben eine gewisse Erwartung an die Ausstattung deines Buchs, die natürlich auch daher kommt, dass die Bücher in deinem Genre diese Ausstattung haben. Ein Farbschnitt wertet dein Buch auf. Außerdem solltest du dein Buch in verschiedenen Formaten herausbringen (Hardcover, Softcover, E-Book). Beim gedruckten Buch spielt die Papierqualität natürlich eine Rolle. Und du kannst dein Buch durch zusätzliche Gimmicks aufwerten, wie zum Beispiel Charakterbögen, Sticker, Landkarten. All das ist aufwendig (und teuer), macht aus deiner Geschichte aber ein Komplettpaket, eine Welt, in die man eintauchen kann.

Was du jetzt konkret tun kannst:

Behalte die Ausstattung anderer Bücher deines Genres im Auge und überlege dir, wie du dein Buch aufpeppen kannst.

Listung bei Amazon

Amazon ist ein wichtiger Absatzkanal vor allem für E-Books neuer Autor*innen. Außerdem ist Amazon eine Suchmaschine, auf der viele Interessierte sich über Bücher informieren. Deswegen ist es wichtig, dass du dort gut dargestellt bist.

Jede Ausgabe deines Buchs bekommt eine eigene Seite auf Amazon, du kannst sie für eigene Kategorien listen lassen, eigene Suchbegriffe angeben und Zusatzinformationen wie zum Beispiel Bilder und Beschreibungen einbinden.

Je nachdem, wie du dein Buch veröffentlichst, hast du mehr oder weniger Zugriff auf die Amazon-Buchseite. Verlage haben oft einen sogenannten Amazon-Seller-Account, mit dem sie die Buchseite besser gestalten können.

Über Amazon KDP hast du ebenfalls einen ähnlichen Zugriff auf die Seite. Bei vielen anderen Veröffentlichungsarten (zum Beispiel über andere Print-on-Demand-Dienstleister) zieht Amazon sich die Informationen über das VLB, das Verzeichnis lieferbarer Bücher. Formatierungen werden hier nicht mitgeliefert, und die Kategorien sind auch andere. Beides führt dazu, dass dein Buch nicht genauso gut auf Amazon gefunden werden kann.

Der wichtigste Teil der Buchseite ist dein Buchbeschreibungstext. Du hast bis zu 4000 Zeichen, um deine Leser*innen vom Buch zu überzeugen. Schau dir die Texte erfolgreicher Bücher in deinem Genre an, um von ihnen zu lernen. In den Texten entdeckst du oft auch schon Suchbegriffe, die du für dein Buch verwenden kannst. Deine Struktur für den Text könnte zum Beispiel so aussehen:

- Hook: ein Satz, der neugierig macht oder Emotionen weckt und zum Weiterlesen animiert
- Set-up: Worum geht es? Wer ist die Hauptfigur, was ist das Setting, was steht auf dem Spiel?
- Tropes/Versprechen: Was können Leser*innen erwarten? (Enemies to Lovers, Found Family, Slow Burn ...)
- Call to Action: eine Einladung, das Buch jetzt zu kaufen

Was du jetzt konkret tun kannst:

Wenn du dein Buch selbst veröffentlicht hast: Schreib für jede Ausgabe einen eigenen Buchseitentext. Ja, das ist lästig. Aber es ist einer der stärksten Hebel, die du hast. Ist dein Buch beim Verlag erschienen, kümmert er sich um den Buchseitentext.

Zur Basis zählen außerdem die Kategorien, unter denen du zu finden bist, die Suchbegriffe für dein Buch und andere Metadaten. Ein Autor*innen-profil bei Amazon Author schadet auch nie, denn dort kannst du dich und deine Arbeit kurz vorstellen.

Wenn diese Basis steht, kannst du mit dem »richtigen« Marketing anfangen, also mit dem, das dich dauerhaft beschäftigen wird.

Test: Welcher Buchmarketing-Typ bist du?

Lies dir die folgenden Fragen vor und wähle jeweils den Satz aus, der am besten zu dir passt.

Du hast dich entschieden, ein Buch zu schreiben, und jemand gibt dir den Tipp, das auf Social Media anzukündigen. Wie reagierst du?

A) Hab ich doch längst gemacht! Aber einmal ist keinmal, ich mache gleich noch einen Post.

B) Ja, ich sehe das schon ein, aber ich schau mal, wie ich das möglichst unaufgeregt platziere.

C) Auf gar keinen Fall mache ich das. Ich habe ja nicht mal einen Social-Media-Kanal.

Was ist dein wichtigster Hebel, um Leser*innen zu erreichen?

A) Ein bisschen Action machen: live gehen, Videos drehen, mich auf Events vernetzen ... Im Zweifel halte ich mein Buch einfach in die Höhe und rufe: »Guckt mal hier!«

B) Ich versuche, in die Presse zu kommen und auf meiner Website interessante Beiträge zu schreiben, um meine Zielgruppe auf mich aufmerksam zu machen.

C) Ich schreibe ein richtig gutes Buch und lasse es professionell gestalten. Dann drücke ich die Daumen, dass sich in der Zielgruppe herumspricht, wie gut das Buch ist.

Was ist dir bei deiner Außenwirkung besonders wichtig?

A) Ich möchte mich genau so zeigen, wie ich bin. Mein Leben ist spannend, daran lasse ich andere gerne teilhaben.

B) Ich möchte einen professionellen Eindruck machen. Menschen sollen mich sehen und sofort wissen, dass ich das Schreiben ernst nehme.

C) Ich will nicht, dass Privates über mich im Netz kursiert, über das ich dann keine Kontrolle mehr habe.

Wie gehst du aktuell an Social Media heran?

A) Ich liebe Social Media und bin sehr aktiv. Ich habe eigentlich immer etwas zu erzählen und mache das dann auch.

B) Ich nutze Social Media bewusst als Tool für mehr Sichtbarkeit und poste gezielt, was meine Zielgruppe interessiert.

C) Gar nicht. Und ich möchte das am liebsten auch so beibehalten.

Wie gehst du mit Nachrichten und Kommentaren von Fremden um?

A) Wenn die nett sind, ist doch alles super. Vielleicht ist das ein neuer Fan oder ich steige in einen spannenden Austausch ein oder beides.

B) Ich weiß, dass der Austausch wichtig ist, und nehme mir Zeit, mich damit auseinanderzusetzen.

C) Das ist mir normalerweise sehr unangenehm. Ich kenne diese Personen doch gar nicht.

Jemand lädt dich zu einem Live-Interview vor großem Publikum ein. Wie antwortest du?

A) Ich sage sofort zu und freue mich über die Chance.

B) Ich recherchiere erst mal zum Event und entscheide dann, ob es mir etwas bringt.

C) Ich kriege schon beim Gedanken daran Schweißausbrüche und melde mich einfach gar nicht zurück.

Wofür würdest du am ehesten Geld ausgeben?

A) Einen Stand auf einer Buchmesse inklusive Lesung und Signier-Aktion.

B) Eine professionelle Website und einen Newsletter.

C) Werbeanzeigen, die ich einfach einschalten und laufen lassen kann.

Woher bekommst du deine Energie?

A) Meine Akkus laden sich auf, wenn ich mich mit anderen Menschen austausche.

B) Ich bekomme Energie von anderen Menschen, brauche aber auch meine Ruhephasen.

C) Ich brauche viel Zeit für mich, weil ich sonst schnell leerlaufe.

Welcher Satz beschreibt deine Einstellung zum Buchmarketing am besten?

A) »Ich freu mich so richtig darauf, mich und mein Buch zu zeigen!«

B) »Buchmarketing ist ein Projekt, ohne das es nicht geht. Ich mache einfach das Beste daraus.«

C) »Ich wünschte, das würde jemand anderes für mich übernehmen.«

Zähle jetzt aus, wie oft du welchen Buchstaben angekreuzt hast. Derjenige, der am häufigsten vorkommt, zeigt dir deinen Buchmarketing-Typen.

Überwiegend A: Die Bühnenfreudige

Du liebst den direkten Kontakt mit Menschen und zeigst dich gerne. Das ist ein echtes Geschenk im Buchmarketing, denn Leser*innen kaufen Bücher gerne von Autor*innen, die sie kennen. Lege deinen Fokus unbedingt auf das Persönliche und darauf, in Verbindung mit deinen Leser*innen zu treten. Deine größte Hürde wird sein, dich nicht zu verzetteln. Fokussiere dich auf eine Plattform und mach die groß, statt auf allen Hochzeiten gleichzeitig zu tanzen.

Überwiegend B: Die Strategin

Du hast eine nüchterne und realistische Einstellung zum Buchmarketing. Du machst es, weil es notwendig ist, und suchst nach den größten Hebeln, die du bewegen kannst. Deine größte Stärke liegt darin, mit Bedacht und Plan ans Marketing heranzugehen. Du wählst die Wege aus, die du gut bewältigen kannst und dir den meisten Nutzen bringen. Dein Newsletter ist dein wichtigstes Instrument. Wichtig ist, dass du nicht nur deine Strategien abarbeitest, sondern auch mal spontan Neues ausprobierst. Vielleicht findest du dabei andere Wege, die noch besser für dich funktionieren.

Überwiegend C: Die Unsichtbare

Du schreibst Bücher, weil du Bücher schreiben willst, und nicht, um nachher auf TikTok zu tanzen. Am liebsten willst du gar kein Buchmarketing machen und gleich ans nächste Buch gehen. Das wäre aber sehr schade um all die Arbeit, die du in dein Buch gesteckt hast. Und es gibt auch für dich Wege, dein Buch bekannter zu machen. Website und Newsletter sind für dich gute Wege, weil du ohnehin gerne schreibst. Bei bezahlter Werbung steht nur dein Buch im Vordergrund und nicht du. Deine Herausforderung ist es, dich auf ein Mindestmaß an Werbung für dein Buch einzulassen, statt dich hinter dem nächsten zu verstecken.

Organische Reichweite aufbauen

Nachdem dein Fundament nun steht, kannst du dich auf den Weg machen, Menschen zu finden, die dein Buch kaufen wollen. Den größten Hebel haben wir als Autor*innen online. Mit relativ überschaubarem Aufwand können wir gleichzeitig Millionen von Menschen erreichen. Wir können alle erforderlichen Aufgaben selbst übernehmen, und die Technik, die wir dafür brauchen, haben wir meist sowieso zu Hause.

Also: Onlinemarketing it is.

Beim Begriff »Onlinemarketing« schalten sich für viele gleich die Alarmlampen ein: Das klingt irgendwie cheesy, nach Bro Marketing und nach Tanzen im Internet. Zum Glück gibt es mehr als einen Weg, Onlinemarketing zu machen. Und du musst dich nur für einen einzigen entscheiden.

In diesem Kapitel geht's um organisches Marketing. Das bedeutet, dass wir auf Plattformen präsent und auffindbar werden, auf denen sich unsere Zielgruppe tummelt. Organisches Marketing kostet kein oder eher wenig Geld, dafür ist es aufwendig, zeitintensiv und manchmal auch nervig.

Dafür baust du dir eine Community auf, die nicht nur dein erstes, sondern im Idealfall auch alle weiteren Bücher von dir kaufen und dich außerdem weiterempfehlen wird. Du musst nicht auf allen Plattformen unterwegs sein (ein Fehler, den viele am Anfang machen), sondern nur auf einer, und da richtig. Die für dich ideale Plattform ist die, auf der deine Zielgruppe ist. Das ist wahrscheinlich entweder TikTok oder Instagram.

Was du jetzt konkret tun kannst:
Schau dir die beiden Plattformen an und suche gezielt nach deinem Subgenre und Autor*innen, die ähnliche Bücher wie du schreiben. Wo findest du die aktivere Community? Wo kannst du besser andocken?

Du entscheidest dich nun für eine der vielen Plattformen. Diese wird dein Haupt-Sichtbarkeitskanal. Du kannst das Ganze zunächst auch als Experiment ansehen und dir vornehmen, in zwei Monaten zu bewerten, wie es funktioniert. Nach zwei Monaten hast du nicht so viel Zeit verloren, dass du nicht woanders noch mal von vorne anfangen könntest.

Dein Profil einrichten

Sobald du dich für eine Plattform entschieden hast, legst du dir ein Profil an. Das dauert eine halbe Stunde und muss auch nicht perfekt sein, weil du es jederzeit ändern kannst. Wenn du schon ein Profil hast, kannst du dir überlegen, ob du ein neues für deine Tätigkeit als Autor*in anlegst. Das ist zu empfehlen, wenn du auf deinem bisherigen Profil vor allem privat unterwegs bist.

Als Erstes brauchst du ein Profilbild, auf dem man dich am besten als Autor*in erkennt, zum Beispiel mit Stift und Notizbuch oder mit deinem Buch in der Hand. Möchtest du anonym bleiben, nimmst du dein Buchcover als Profilbild. Das macht es dir jedoch deutlich schwerer, Inhalte für deinen Kanal zu erstellen.

In deiner Bio schreibst du direkt am Anfang, dass du Autor*in bist und was du schreibst. »Romantasy-Autorin | Fire Dragon and Forbidden Love« ist besser als »Bücherwurm und Kaffeeliebhaberin«. Die meisten Plattformen zeigen nur die ersten Zeichen an, also pack das Wichtigste nach vorne.

In den Link auf deinem Profil kommt der direkte Weg zu deinem Buch oder zu einer Seite, auf der man alle wichtigen Links von dir findet. Setz dir am besten direkt einen Reminder, den Link regelmäßig zu aktualisieren, denn das vergessen die meisten. Du musst hier auch ein Impressum hinterlegen.

Was du jetzt konkret tun kannst:

Richte dein Profil auf deiner gewählten Plattform ein, mindestens mit Profilbild, Bio und Link.

Und was poste ich jetzt?

Dein Profil steht, und jetzt starrst du auf den leeren Bildschirm und fragst dich: Was soll ich denn bloß posten?

Das musst du leider ausprobieren. Denn was funktioniert, erfährst du erst durchs Testen. Sprich über dein Thema, dein Genre, über die Arbeit an deinem Buch. Und lass dich von anderen Accounts inspirieren. Welche Inhalte schaust du selbst gerne? Welche bringen dich dazu, Bücher zu kaufen? Wie könnten solche Inhalte für dich und dein Buch aussehen?

Der erste Kontaktpunkt vieler Menschen mit dir bist nicht du als Autor*in, sondern dein Genre. Poste also auf jeden Fall nicht nur den Blick hinter die Kulissen, sondern immer auch Themen, die Leser*innen auch dann interessieren, wenn sie nicht wissen, wer du bist. Dein wichtigster Content dreht sich nicht um dich, sondern um dein Thema.

Hier sind vier Ideen, mit denen du sofort loslegen kannst:

1. **Stell ein Lieblingsbuch vor.** Such dir ein Buch aus, das zu deinem Genre passt, und erzähle, warum du es liebst. Fans dieses Buchs sehen dann auf deinem Profil, dass du ein ähnliches Buch schreibst. Das TikTok oder Reel dazu kann ganz einfach sein: Buch in die Kamera halten, kurz dazu sagen, warum du es magst und wer du bist (in dieser Reihenfolge), und das war's schon. Mit der Zeit bekommst du Übung, und es wird dir leichter fallen, Videos von dir zu drehen.
2. **Teile Genre-Wissen.** Fun Facts über Tropes, die Unterschiede zwischen Dark Romance und Romantic Suspense, warum bestimmte Charaktere gerade so beliebt sind. Du kennst dein Genre, und dieses Wissen zieht Gleichgesinnte an.
3. **Empfiehl andere Autor*innen.** Stell Schreibende vor, die deine Zielgruppe kennt und gut findet. Fans dieser Autor*innen finden so zu dir, und vielleicht kannst du dich auch mit den anderen Schreibenden vernetzen.
4. **Stell dich vor.** Wer bist du, was schreibst du, warum? Diesen Post kannst du oben auf deinem Profil anheften. Er ist für alle, die dich über einen anderen Beitrag entdeckt haben und jetzt wissen wollen, wer da eigentlich postet. Eine Mini-Vorstellung kannst du auch in jedes andere Video packen.

Keiner dieser Posts bewirbt direkt dein Buch. Deine ersten Beiträge positionieren deinen Kanal als Ort, an dem deine Zielgruppe etwas findet, das sie interessiert. Dein Buch kommt dann nach und nach dazu. Eine gute Faustregel: 80 Prozent Mehrwert, 20 Prozent Werbung. So fühlt sich dein Kanal nicht an wie ein Dauerwerbesender.

Mach dir auch keinen Kopf darüber, wie deine ersten Videos aussehen. Noch sieht ja eh niemand zu, was in dem Fall etwas Gutes ist. Du kannst dich ganz unbemerkt ausprobieren und mit deiner Reichweite mitwachsen.

Was du jetzt konkret tun kannst:

Schreibe drei Posts und veröffentliche sie in den nächsten drei Tagen. Nutze die Ideen oben als Inspiration. Nicht zerdenken, einfach machen.

Dranbleiben

So, drei Posts sind fertig. Und jetzt?

Na, auf keinen Fall aufhören.

Auf TikTok kannst du locker fünfmal am Tag posten, auf Instagram wenigstens einmal und zusätzlich Storys teilen (die auch mehrfach täglich). Das ist viel, und gerade am Anfang erschlägt einen diese Menge. Deswegen starte so, wie es für dich passt, und taste dich langsam heran. Du wirst mit der Zeit nämlich nicht nur besser und entspannter, sondern auch schneller. Auf jeden Fall solltest du von Anfang an regelmäßig posten.

Regelmäßig zu posten hat nämlich nur Vorteile: Du bleibst im Gedächtnis, der Algorithmus lernt, dass dein Account aktiv ist, und du lernst mit jedem Beitrag dazu. Wie oft du postest, ist dabei weniger wichtig als die Frage, ob du durchhältst. Lieber dreimal pro Woche über Monate hinweg als fünfmal täglich in der ersten Woche und dann nie wieder.

Damit du nicht jeden Tag von vorne überlegst, was du posten sollst, helfen zwei Dinge: ein Redaktionsplan und Content Batching.

Für den Redaktionsplan legst du dir vorher fest, was du wann posten willst. Das kann eine einfache Liste auf dem Handy sein, ein Kalender oder eine Tabelle. Überleg dir für die nächsten zwei Wochen, welche Inhalte du bringen willst, und verteile sie gleichmäßig.

Content Batching bedeutet, dass du nicht jeden Tag einen einzelnen Post bastelst, sondern dich einmal pro Woche hinsetzt und mehrere auf einmal vorbereitest. Die planst du dann mit den Tools deiner Plattform oder mit Apps wie Buffer oder Publer im Voraus ein. Montags in drei Stunden fünf Beiträge erstellen, den Rest der Woche nicht mehr daran denken. Das ist der einzige Weg, beim Social-Media-Spiel nicht durchzudrehen.

Gewöhne dir außerdem an, jede Idee sofort zu notieren, wenn sie dir in den Sinn kommt. Im Supermarkt, beim Spazierengehen, unter der Dusche, egal. So hast du immer einen Fundus, aus dem du schöpfen kannst, wenn du deinen Redaktionsplan füllst. Ich nutze dafür eine Notizen-App auf meinem Handy. Das ist ja eh immer dabei.

Das »Social« in Social Media

Social Media ist keine Litfaßsäule, sondern ein Gespräch. Content erstellen und warten, dass jemand vorbeikommt, funktioniert nicht. Ebenso wichtig wie deine eigenen Beiträge ist es, mit anderen zu interagieren.

Das heißt konkret: Kommentiere unter Posts anderer Autor*innen und BookToker*innen. Nicht mit »Tolles Video!«, sondern mit etwas, das zeigt, dass du den Inhalt wirklich gesehen hast. Es geht darum, echte menschliche Beziehungen aufzubauen, und das geht am besten, indem wir uns menschlich verhalten.

Kommentare unter deinen eigenen Posts kannst du auch so beantworten, dass daraus ein Gespräch entsteht, indem du ehrlich interessierte Fragen stellst. Fragen gehen sowieso immer, auch in deinen Beiträgen. Je leichter die Fragen zu beantworten sind, desto besser, denn solange dich niemand kennt, werden sich die Menschen auch nicht so viel Zeit nehmen, dir zu antworten. »Was ist euer Lieblings-Trope?« funktioniert besser als »Warum liebt ihr Romance?«, weil die zweite Frage viel mehr Nachdenken und Zeit erfordert. Und Social Media ist unter anderem auch schnell.

Plane dir jeden Tag 15 bis 20 Minuten fürs Vernetzen ein. Am besten mit Stoppuhr, denn wir wissen ja alle, wie schnell aus 15 Minuten zwei Stunden Scrollen werden. In dieser Zeit bist du nicht auf Social Media, um zu konsumieren, sondern um echte Verbindungen aufzubauen. Und die entstehen, wenn du gibst, ohne sofort etwas zurückzuerwarten.

So unterstützt KI dich in dieser Phase

Nutze diesen Prompt, um dir einen Redaktionsplan von ChatGPT erstellen zu lassen:

Ich bin Autorin im Genre […] und baue gerade meinen [Plattform]-Kanal auf. Mein Buch handelt von […]. Meine Zielgruppe sind […]. Bitte erstelle mir einen Redaktionsplan für vier Wochen mit je […] Beiträgen für jeden Tag. Die Beiträge sollen zu 80 % Mehrwert bieten (Genre-Themen, Buchempfehlungen, Einblicke in den Schreibprozess) und zu 20 % mein Buch bewerben. Gib mir für jeden Beitrag eine konkrete Idee mit Hook und Inhaltsskizze.

Den Plan nutzt du als Ausgangspunkt, um daraus deinen eigenen Content zu entwickeln.

Du kannst KI auch nutzen, um von anderen zu lernen: Schau dir fünf BookTok-Accounts an, die du gut findest, und beschreibe der KI (am besten diktiert, geht schneller), was dir auffällt. Welche Themen bespielen sie, wie sind die Videos aufgebaut, was macht den Hook am Anfang aus? Die KI findet dann Muster, die du für deinen eigenen Content nutzen kannst.

Was du jetzt konkret tun kannst:

Erstelle mit KI einen Redaktionsplan für die nächsten vier Wochen. Gehe die Vorschläge durch, streiche alles, was sich nicht nach dir anfühlt, und ergänze eigene Ideen. Dann setz dich einmal hin, bereite die erste Woche vor und plane die Beiträge ein. Und dann: Dranbleiben.

Marketing mit Budget

Es gibt, grob gesagt, zwei Wege, dein Buch sichtbar zu machen: Entweder der langsame und mühsame Weg über organisches Marketing oder der schnellere und teurere Weg über Anzeigen. Eins musst du immer investieren: Zeit oder Geld. Im Idealfall kombinierst du es und hast dann einen noch größeren Hebel.

Bezahltes Marketing hat vor allem drei Vorteile:

1. Du siehst sehr schnell Ergebnisse. Du kannst morgens die erste Anzeige schalten und – wenn alles gut ausgesteuert ist – am Nachmittag schon das erste Buch verkaufen.
2. Es ist leichter zu skalieren. Irgendwann kannst du nicht mehr TikToks produzieren und nicht mehr Nachrichten an deine Community schreiben. Mehr Geld ausgeben geht aber immer, weil du so einfach die Anzahl der Menschen erhöhst, die dein Buch sehen.
3. Du musst dafür nicht sichtbar werden. Gerade für Menschen, die überhaupt keine Lust auf Social Media haben, sind Anzeigen eine gute Wahl.

Wenn das so super ist, warum macht das dann nicht jede*r?

Zunächst natürlich aus dem offensichtlichen Grund: Anzeigen kosten Geld, und das muss jemand vorstrecken, bevor die Buchverkäufe reinkommen.

Und: Es gibt nicht den einen Anzeigenknopf, den man nur drückt, und schon läuft alles. Anzeigen auszusteuern ist ein eigenes Projekt, und man muss sich schon ein bisschen damit auskennen und lernbereit sein, um hier gute Erfolge zu erzielen.

Hast du dein Buch im Verlag veröffentlicht, übernimmt der die Anzeigenschaltung für dich. Als Selfpublisher*in bist du selbst dafür verantwortlich, und für dich sind die folgenden Tipps.

Wenn ich im Folgenden von Ads spreche, meine ich Amazon Ads. Du kannst natürlich auch auf Meta, TikTok oder im Wochenspiegel Anzeigen schalten. Der Vorteil an Amazon Ads ist, dass sie leicht zugänglich sind. Denn du hast das gesamte Werbematerial bereits – deine Amazon-Buchseite – und du wirbst auf einer Plattform, auf der Menschen gezielt nach Büchern wie deinem suchen, um sie zu kaufen. Alles, was Anzeigen tun, ist, dein Buch weiter vorne in den Suchergebnissen auszuspielen. Klappt das bei den richtigen Menschen, hat dein Buch gute Chancen.

Die Voraussetzung dafür ist aber, dass die Basis für dein Buch stimmt, dass du also ein funktionierendes Cover hast, einen überzeugenden Buchseitentext, dass du in den richtigen Kategorien und über passende Suchbegriffe zu finden bist. Am besten hast du auch schon einige positive Rezensionen. Alles, was den Verkauf deines Buchs organisch stärkt, stärkt ihn natürlich auch im bezahlten Marketing. Oder anders ausgedrückt: Anzeigen garantieren nicht, dass du dein Buch verkaufst, sondern sie verstärken das, was schon vorher da ist.

Wenn dein Cover die Zielgruppe nicht überzeugt, tut es das auch nicht mit Ads – nur halt häufiger. Alles, was organisch nicht funktioniert, kostet dich Verkäufe und Budget, sobald du darauf Anzeigen schaltest.

Deine erste Aufgabe ist also, dir deine Basis noch einmal kritisch anzuschauen, bevor du dich an die Anzeigen begibst.

Es gibt mehrere Arten von Amazon-Anzeigen. Du kannst dein Buch in den Suchergebnissen, auf den Buchseiten anderer Bücher oder auch auf dem Sperrbildschirm des Kindle anzeigen lassen. Die drei Varianten sind für dich sinnvoll, weil deine Zielgruppe überall zu finden ist. Wenn du als Autor*in noch nicht so bekannt bist, ist die Kindle-Option für dich besonders gut geeignet, weil viele Leser*innen das Gerät nutzen und sich auch gerne inspirieren lassen.

Um Anzeigen schalten zu können, brauchst du ein Konto im Amazon-Ads-Manager. Falls du über Amazon KDP veröffentlicht hast, kannst du über das KDP-Dashboard einfach unter dem Punkt *Marketing* auf den Anzeigenmanager zugreifen. Hast du eine andere Veröffentlichungsart gewählt, legst du dir ein Konto unter *https://advertising.amazon.de/* an.

Als Erstes wirst du aufgefordert, Kreditkarteninformationen anzulegen. Sobald das mit der Bezahlung geklärt ist, kannst du deine erste Kampagne starten. Dafür klickst du auf der Startseite im unteren Bereich auf den Button *Kampagne erstellen.*

Abbildung 9.1: Die erste Kampagne erstellen

Im nächsten Schritt darfst du dir aussuchen, welche Art von Anzeigen du schalten möchtest. Solange du erst ein Buch veröffentlicht hast, sind die Sponsored Products für dich richtig. Sponsored Brands machen später Sinn, wenn du als Autor*innenmarke auftrittst.

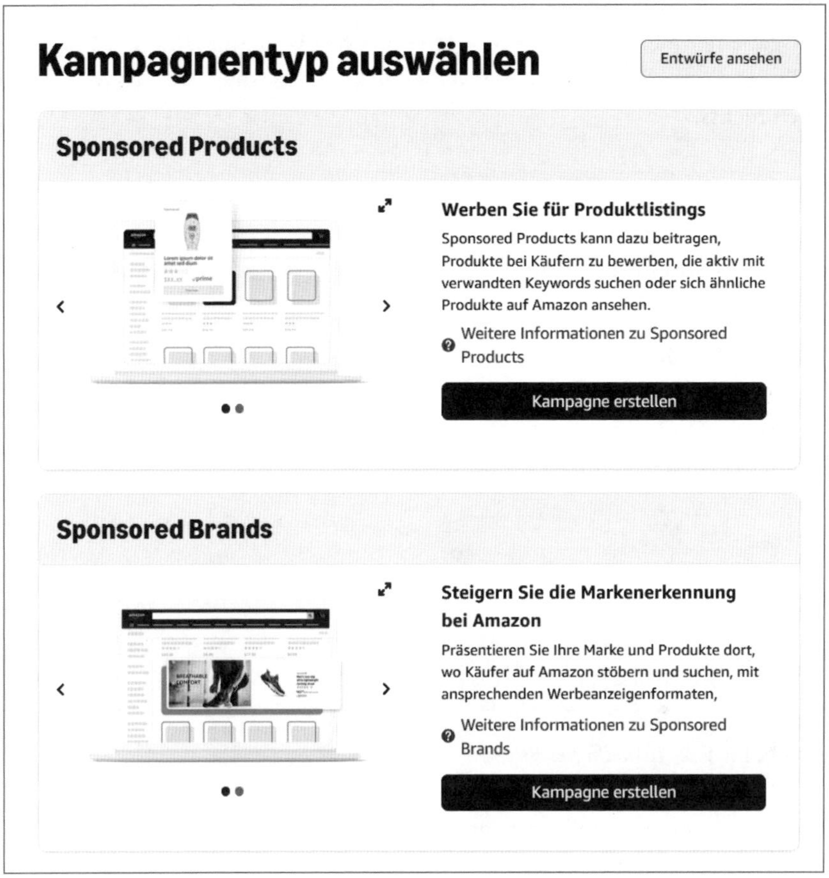

Abbildung 9.2: Kampagnentyp auswählen

Du kannst auf Amazon zwischen automatischen und manuellen Kampagnen wählen. Automatische Kampagnen werden von Amazon gesteuert, bei manuellen hinterlegst du, für welche Suchbegriffe und Produkte dein Buch angezeigt wird.

Manuelle Kampagnen lassen sich zielgenauer aussteuern. Hierfür brauchst du aber ein bisschen Erfahrung, und du musst die Anzeige auch enger betreuen.

Als erste Kampagne eignet sich meist auch eine automatische, denn Amazon hat ja auch ein Interesse daran, dein Buch zu verkaufen.

Um die automatische Kampagne anzulegen, überlegst du dir zunächst einen Namen, unter dem du sie später wiederfindest, und wählst dann die Bücher aus, für die du Werbung schalten möchtest. Für den Start kannst du die Ausgabe nehmen, die sich häufiger verkauft. Mit dem kleinen Pfeil unterhalb des Auswahlfensters schiebst du das Buch, das du bewerben möchtest, nach rechts.

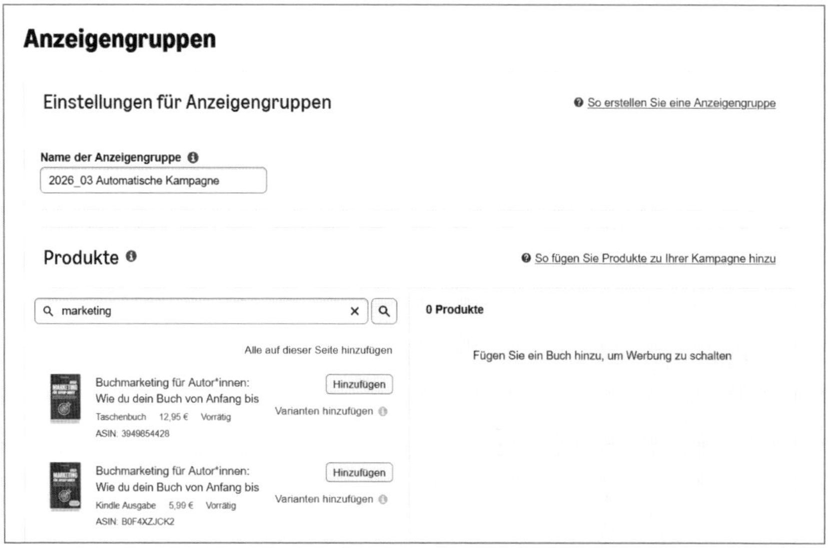

Abbildung 9.3: Auswahl des Buchs

Für eine automatische Kampagne wählst du im nächsten Schritt automatisches Targeting aus. Du kannst den vorgeschlagenen Betrag stehen lassen oder leicht erhöhen. Amazon Ads funktionieren im Gebotsverfahren. Das bedeutet, dass die Anzeigenplätze bei jeder Suchanfrage an den Meistbietenden versteigert werden. Du zahlst allerdings nur etwas, wenn jemand klickt. Wenn du den Standardpreis hier leicht erhöhst, erhöhst du auch deine Chancen, mit deinem Buch angezeigt zu werden. Der voreingestellte Preis hängt vom Genre und vom Wettbewerb ab.

Du kannst außerdem Suchbegriffe und Produkte gezielt ausschließen, indem du sie unter *Negatives Keyword-Targeting* oder *Negatives Produkt-Targeting* einträgst. Bei den Keywords kannst du zunächst alle Suchbegriffe, die auf ein kostenloses Buch schließen lassen, herausnehmen. Später, wenn du weißt, dass manche Produkte oder Begriffe nicht funktionieren, kannst du diese hier ergänzen.

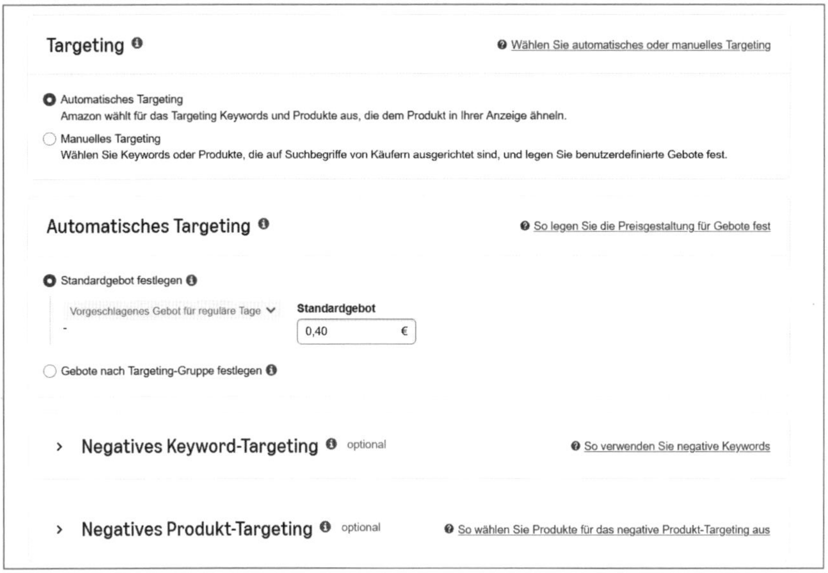

Abbildung 9.4: Targeting auswählen

Alle anderen Einstellungen lässt du so, wie sie sind. Zum Schluss trägst du ein tägliches Werbebudget ein. Amazon gibt hier an, dass die meisten Werbetreibenden mit 10 Euro pro Tag anfangen. Aber wir sind nicht die meisten Werbetreibenden und starten deswegen erst mal ganz locker mit 2 bis 5 Euro. Und dann kannst du die Kampagne starten – über den gleichnamigen Button.

Wie deine Kampagne läuft, kannst du im Kampagnen-Dashboard ablesen, das du sofort siehst, wenn du den Anzeigenmanager öffnest. Die ersten ein bis zwei Wochen kannst du die Kampagne laufen lassen und abwarten. Amazon braucht ein bisschen, bis die ersten Ergebnisse hereinkommen. Sobald die Kampagne etwas warmgelaufen ist, schaust du täglich auf dein Dashboard und prüfst, ob die Anzeigen profitabel sind, ob du also maximal so viel ausgibst, wie du einnimmst. Die Kosten kannst du dem Dashboard entnehmen. Die Einnahmen im Dashboard sind jedoch nicht deine Einnahmen, sondern der Nettopreis des Buchs. Sie sind also deutlich höher als das, was du wirklich bekommst. Deswegen multiplizierst du die Anzahl der Verkäufe mit deinen Tantiemen pro Buch, um die wahren Einnahmen herauszufinden.

An das Thema Anzeigen solltest du dich vorsichtig herantasten, weil du hier schnell viel Geld verlieren kannst und das Ganze im Detail komplexer ist, als es hier in diesem Buch darstellbar ist. Einen Versuch ist es auf jeden Fall wert.

Was du jetzt konkret tun kannst:

Schalte eine kleine automatische Kampagne, um deim Buch mit geringem Budget zu bewerben.

Dein Buchlaunch

Mein erster Buchlaunch sah so aus: Ich überlegte mir zwei Tage nach Erscheinen des Buchs, dass ich ja mal meiner Newsletter-Liste davon erzählen konnte. Also schrieb ich den rund 200 Menschen, die sich damals dort tummelten, eine Mail.

Das war's.

Ich verkaufte 16 Bücher und dann erst mal keine mehr.

Später kauften noch rund 2000 Menschen das Buch. Alles, weil ich eine gute Basis hatte und gute Rezensionen erhielt. Das hätte ich mit einem Buchlaunch früher haben können.

Dein Buchlaunch sieht daher im Idealfall anders aus als mein erster.

Ein Launch ist eine konzentrierte Phase um den Erscheinungstermin des Buchs herum, in der du alles daransetzt, dass möglichst viele Menschen dein Buch in kurzer Zeit kaufen. Das hat einen ganz praktischen Grund: Wenn viele Menschen dein Buch innerhalb weniger Tage kaufen, steigt es in den Rankings, zum Beispiel auf Amazon. Ein höheres Ranking bedeutet mehr Sichtbarkeit. Mehr Sichtbarkeit bedeutet, dass noch mehr Menschen auf dein Buch stoßen, die gar nicht durch dein Marketing darauf aufmerksam geworden sind. Eine Positivspirale, die du mit deinem Buchlaunch in Gang setzt.

Wie dein Launch aussieht, hängt auch davon ab, wie du veröffentlichst. Bei einer Verlagsveröffentlichung wird der Erscheinungstermin normalerweise vom Verlag festgelegt, oft Monate im Voraus. Das gibt dir ein Datum, auf das du hinarbeiten kannst, lange nachdem du dein Manuskript abgegeben hast. Der Verlag übernimmt einige Aufgaben im Buchlaunch: Pressearbeit, Händler*innen informieren, Vorbestellungen einrichten. Trotzdem kannst und solltest du selbst aktiv werden, vor allem auf deinen eigenen Kanälen, denn niemand kann dein Buch so gut bewerben wie du selbst.

Im Selfpublishing musst du das ohnehin selbst übernehmen. Du legst auch das Veröffentlichungsdatum selbst fest und kannst dann loslegen, wenn du bereit bist. Viele Selfpublisher*innen machen den Fehler, dass sie das Buch einfach nur veröffentlichen wollen, nachdem sie lange daran gearbeitet haben. Der Launch fällt dadurch kleiner aus oder ganz weg. Ich kann absolut verstehen, dass nach dem Schreiben erst mal die Luft raus ist und du das Projekt endlich abschließen willst. Aber es ist doch extrem schade, wenn die ganze Arbeit, die du in dein Buch gesteckt hast, verpufft, weil du nicht noch einen Monat länger aushältst.

Bevor dein Buch offiziell erscheint, kannst du es zur Vorbestellung anbieten. Auf Amazon (über KDP, nur als E-Book) und bei einzelnen anderen Anbietern lässt sich das einrichten, sodass Menschen dein Buch schon Wochen oder Monate vor dem Erscheinungstag kaufen können. Sie bezahlen erst am Erscheinungstag, bekommen es dann aber sofort. Über den Verlag geht das natürlich auch.

Vorbestellungen sind aus zwei Gründen wertvoll. Zum einen zählen alle Vorbestellungen am Erscheinungstag als Verkäufe. Wenn du in den Wochen vorher 50 Vorbestellungen sammelst, startest du am Tag der Veröffentlichung gleich mit einem guten Push. Zum anderen kannst du dein Buch dann schon überall verlinken, während du in der Launchphase darüber sprichst. Deine Leser*innen schreiben vielleicht auch darüber, dass sie das Buch schon vorbestellt haben, was ihm noch mal extra Sichtbarkeit bringt. Das macht einen großen Unterschied, denn Menschen vergessen schnell wieder, dass sie das Buch noch kaufen wollten, obwohl sie in dem Moment sehr daran interessiert sind.

Und weil Menschen gerne Dinge aufschieben, ein Buch auch irgendwann noch kaufen können und es dann nie kaufen, gibst du ihnen einen Grund, gleich zuzugreifen. In Form eines Bonus.

Im Launch-Zeitraum, also einige Wochen vor bis einige Wochen nach der Veröffentlichung, schenkst du allen, die das Buch vorbestellen oder kaufen, etwas Kleines dazu. Das kann eine Bonusszene sein, die nicht im Buch vorkommt, eine Kurzgeschichte aus der Perspektive einer Nebenfigur, eine Playlist, eine Landkarte deiner Welt, ein Figurenquiz oder ein kurzes Video, in dem du über die Entstehung des Buchs erzählst. Wichtig ist, dass der Bonus digital ist, damit du nicht bei 500 Bestellungen 500 Pakete packen musst. Und dass er nichts enthält, was eigentlich ins Buch gehört – darüber ärgern sich Leser*innen zu Recht.

So unterstützt KI dich in dieser Phase

Wenn du keine Idee hast, welchen Bonus du anbieten könntest, lass dir von der KI helfen. Nutze dazu folgenden Prompt:

Ich veröffentliche bald meinen Roman [ ]. Das ist der Elevator Pitch: [ ]. Ich möchte während einer Buchlaunch-Aktion einen kleinen digitalen Launch-Bonus verschenken, der gut zum Buch passt. Bitte schlage mir 20 mögliche Boni vor.

Du lieferst den Bonus dann per E-Mail oder über einen Download-Link an alle, die dir den Kaufbeleg zuschicken. Damit du das nicht manuell machen musst, kannst du den Beleg auch über ein Tool wie Typeform hochladen lassen und dann mit Zapier, einem Automatisierungstool, den E-Mail-Versand anstoßen. Alternativ kannst du auch eine separate E-Mail-Adresse fürs Einsenden der Kaufbelege erstellen und dort dann als Autoresponder den Link zum Bonus verschicken lassen. Du prüfst dann nicht nach, ob das Buch wirklich gekauft wurde, aber ich persönlich vertraue meinen Leser*innen.

Damit du nicht während des ganzen Veröffentlichungstrubels vergisst, über dein Buch zu sprechen, habe ich dir hier einen kleinen Launch-Fahrplan zusammengestellt. Du kannst ihn an deine Bedürfnisse anpassen. Viel kürzer sollte er aber nicht werden.

Wann	Was
8–4 Wochen vorher	Vorbestellung einrichten. Launch-Bonus vorbereiten. Auf deinem Kanal anfangen, über das Buch zu sprechen: Einblicke ins Buch, hinter die Kulissen, Vorfreude teilen.
4–2 Wochen vorher	Regelmäßig über das Buch posten, Vorbestellungslink teilen, Testleser*innen und andere Autor*innen bitten, am Erscheinungstag zu posten, Rezensionsexemplare verschicken.
1 Woche vorher	Countdown starten, Launch-Bonus ankündigen, wenn du ein Budget hast: Amazon Ads vorbereiten.
Launch-Woche	Alles auf das Buch ausrichten, täglich posten, Launch-Bonus kommunizieren, auf Kommentare und Nachrichten reagieren, wenn du Ads schaltest: Kampagne starten.
2–4 Wochen nachher	Weitermachen, Danke sagen, erste Rezensionen teilen, weitermachen.

Das sieht nach viel aus, ist aber gut machbar, wenn du es in kleinen Schritten vorbereitest. Die meiste Arbeit steckt in der Phase davor. In der Launch-Woche selbst geht es vor allem darum, sichtbar zu sein und dein Buch überall dort zu zeigen, wo deine Zielgruppe unterwegs ist.

So unterstützt KI dich in dieser Phase

Frag die KI auch gezielt nach Ideen für deine Buchlaunch-Phase

Ich veröffentliche bald meinen Roman [ ]. Das ist der Elevator Pitch: [...]. Ich möchte im Buchlaunch so präsent wie möglich sein. Ich habe Follower auf folgenden Kanälen: [ ]. Bitte erstelle mir eine Liste mit 50 Vorschlägen, wie ich auf mein Buch aufmerksam machen kann. Bitte denke auch ungewöhnlich.

Dein Launch wird übrigens noch besser, wenn du auf die Reichweite anderer Menschen zurückgreifen kannst, wenn du also Blogger*innen oder andere Autor*innen einbeziehst. Das geht natürlich nicht von heute auf morgen, weswegen es umso wichtiger ist, dass du früh mit dem Buchmarketing anfängst und echte Verbindungen zu anderen aufbaust.

Trotzdem kann dir niemand garantieren, dass dein Launch riesig ausfällt. Gerade auf TikTok siehst du sicher viele sehr erfolgreiche Autor*innen. Die haben sich ihren Erfolg oft über Jahre erarbeitet. Und die Dinge, die bei ihnen nicht rund laufen, siehst du von außen oft nicht.

Deswegen freu dich über jedes Buch, das du direkt am Anfang verkaufst, und bleib auf jeden Fall dran. Für mein erstes Buch habe ich keinen Buchlaunch gemacht und habe es trotzdem ganz ordentlich verkauft. Mit einem Buchlaunch wäre das einfacher gewesen, aber du kannst einen verpatzten Launch später durch gutes, kontinuierliches Marketing abfedern. Der Launch allein ersetzt aber nicht das langfristige Marketing.

So unterstützt KI dich in dieser Phase

Ein Launch hat viele bewegliche Teile, und genau dabei kann KI dich gut unterstützen. Nutze diesen Prompt, um deinen Launch-Plan aufzustellen:

*Ich veröffentliche am [ ] meinen Roman im Genre [ ]. Ich habe einen [ ]-Kanal mit [ ] Followern. Bitte erstelle mir einen Launch-Fahrplan für die 8 Wochen vor und 4 Wochen nach der Veröffentlichung. Berücksichtige Vorbestellungen, einen Launch-Bonus, Content-Planung für meinen Kanal und die Einbindung von Testleser*innen. Gib mir für jede Woche konkrete Aufgaben.*

Was du jetzt konkret tun kannst:

Plane das Veröffentlichungsdatum deines Romans und deinen Buchlaunch. Erstelle dir eine konkrete To-do-Liste und fange an, über dein Buch zu sprechen. Notiere dir genau, was du wann gemacht hast, damit du später auswerten kannst, was gut funktioniert hat. Denn nach dem Buch ist vor dem Buch: Das wird sicher nicht dein letzter Buchlaunch werden.

Lesungen, Märkte, Messen & Co.

2024 hatte ich zum ersten Mal einen eigenen Stand auf der Leipziger Buchmesse. Das war wahnsinnig anstrengend und gleichzeitig großartig. Denn auch wenn Onlinemarketing für Einzelkämpfer*innen der größte Hebel ist, ist es noch mal etwas ganz anderes, vor echte Menschen zu treten, mit ihnen zu sprechen, aus dem eigenen Buch vorzulesen.

Events machen Spaß und lassen sich auch super in Social Media teilen. Deswegen hast du vielleicht auch schon überlegt, deine erste eigene Lesung oder einen Messebesuch zu planen. Gleichzeitig sind sie immer aufwendig und oft teuer. Du musst also nicht damit starten. Wenn du's tust, such dir auf jeden Fall ein Event aus, das zu dir, deiner Zielgruppe und deinen Zielen passt.

Verlagsautor*innen haben es hier wieder ein wenig leichter, weil der Verlag häufig Events wie Lesungen, Signieraktionen oder einen Messestand plant. Du musst dann »nur noch« vor Ort sein und das Event mit Leben füllen.

Als Selfpublisher*in bist du selbst in der Verantwortung. Jedes Event ist ein eigenes kleines bis mittleres Projekt, deswegen solltest du eins nach dem anderen angehen. Und mit dem kleinsten Aufwand beginnen.

Lesungen

Eine Lesung bietet sich da an, weil du sie bei dir im Ort oder sogar online abhalten kannst. Du liest vor Publikum aus deinem Buch, erzählst etwas über die Entstehung, beantwortest Fragen. Menschen erleben dich live und bekommen ein Gefühl dafür, wie du schreibst und erzählst.

Für deine erste Lesung brauchst du einen Ort, einen Termin und vorbereitete Textstellen.

Der Ort kann eine Buchhandlung oder eine Bibliothek sein, aber auch Cafés, Kulturzentren, Coworking-Spaces oder Fantasy-Läden bieten Lesungen an. Was immer zu dir, deinem Roman und deiner Zielgruppe passt, kannst du ansteuern. Manche Orte bringen schon ein eigenes Publikum mit, bei anderen musst du selbst dafür sorgen, dass jemand kommt. Frag bei Orten in deiner Nähe einfach an. Viele freuen sich über Veranstaltungen, für die sie nicht viel tun müssen.

Gut ist es, wenn du mit einem Ort zusammenarbeitest, der Erfahrung mit solchen Veranstaltungen hat. Dann kannst du nämlich davon ausgehen, dass es Technik, Bestuhlung, eine Lösung für den Eintritt, Brandschutz und all die anderen Dinge gibt, die du für einen gelungenen (und ordnungsgemäßen) Abend brauchst. Vielleicht können sie sogar eine Moderation stellen.

Für den Inhalt wählst du zwei bis drei Textpassagen aus, die neugierig machen, für sich stehen können und nicht zu viel verraten. Lies sie vorher mehrfach laut und stoppe die Zeit, damit du am Tag der Lesung wirklich sicher bist. Druck dir den Text dafür groß aus und setz dir Markierungen für Betonungen und Pausen.

60 bis 90 Minuten reichen locker für die Lesung. Du kannst sie so aufbauen: Einführung, erste Lesung, Gespräch, zweite Lesung, Gespräch, Abschluss. Eine Moderation ist sehr hilfreich, weil du dich dann aufs Lesen konzentrieren kannst.

Lass von der Lesung auf jeden Fall Fotos und Videos machen. Die kannst du später (und noch sehr lange) auf deinem Kanal posten, um dich als Autor*in in Action zu zeigen.

Auf Lesungen werden normalerweise Bücher verkauft. Diese musst du dann natürlich mitbringen. Wenn du häufiger selbst Bücher verkaufst, kann es sein, dass du ein Gewerbe anmelden musst. Dazu lässt du dich am besten von einer Steuerberatung oder vom Finanzamt beraten.

Was du jetzt konkret tun kannst:

Halte beim nächsten Besuch in der Stadt deine Augen und Ohren nach Veranstaltungsräumen offen. Überlege, wann und wo du deine erste Lesung veranstalten könntest.

Du kannst auch eine Online-Lesung per Live oder Zoom veranstalten. Deine Reichweite ist höher, deine Community kann von überall aus teilnehmen und die Technik hast du eh schon zu Hause.

Online-Lesungen sollten kürzer sein als Lesungen vor Ort, weil die Aufmerksamkeitsspanne am Bildschirm geringer ist. 30 Minuten reichen normalerweise schon. Lies eine Passage aus deinem Roman vor, erzähle etwas dazu und beantworte Fragen im Chat.

Du kannst ein Live auch als festes Format etablieren: einmal pro Woche eine Lesung aus deinem aktuellen Projekt, ein Q&A zu deinem Buch oder ein gemeinsames Lesen mit deiner Community. Das gibt deinem Kanal Struktur und deinen Follower*innen einen Grund, regelmäßig vorbeizuschauen.

Signieraktionen und Conventions

Gerade in der Romance- und Romantasy-Szene gibt es neben den klassischen Buchmessen eigene Formate, die speziell für Autor*innen und ihre Fans gemacht sind: Signieraktionen und Conventions. Hier triffst du nicht auf ein breites Messepublikum, sondern auf Menschen, die genau dein Genre lesen und feiern.

Bei einer Signieraktion sitzt du an einem Tisch, signierst Bücher und kommst direkt mit deinen Leser*innen ins Gespräch. Manche Events sind klein und lokal, andere ziehen Hunderte Besucher*innen an. Conventions gehen noch einen Schritt weiter: Sie kombinieren Signings mit Panels, Workshops, Lesungen und Community-Treffen. Das sind oft ganze Wochenenden, an denen sich alles um Bücher und die Menschen dreht, die sie schreiben und lesen.

Der große Vorteil: Die perfekte Zielgruppe für dich ist vor Ort und sucht nach neuen Stimmen.

Solche Events sind eine großartige Möglichkeit, dich und dein Buch zu präsentieren, weil die Zielgruppe schon da ist. Informiere dich in den Autor*innen-Communitys deines Genres, welche Events es gibt und wie du teilnehmen kannst.

Büchermärkte

Neben den großen Messen gibt es überall kleinere Büchermärkte, Literatur-Festivals und regionale Veranstaltungen, auf denen du mit einem eigenen Stand präsent sein kannst. Weihnachtsmärkte, Stadtteilfeste, Kreativmessen, Indie-Buchmärkte sind gute Anlaufstellen für dich, weil du Event-Luft schnuppern kannst, ohne gleich tausende Euro ausgeben zu müssen.

Achte bei der Auswahl darauf, ob deine Zielgruppe dort auch wirklich unterwegs ist.

Buchmessen

Frankfurt und Leipzig, das ist es doch, oder? Die großen Buchmessen sind laut, voll, aufwendig und teuer und eine großartige Erfahrung. Damit sich diese Erfahrung lohnt, musst du gut vorbereitet sein.

Als Verlagsautor*in hast du manchmal die Möglichkeit, am Stand deines Verlags präsent zu sein, eine Lesung auf dem Messegelände zu halten oder an Panels teilzunehmen. Frag bei deinem Verlag nach, was möglich ist. Im Selfpublishing organisierst du deinen Messeauftritt selbst. Ein eigener Stand ist für viele Autor*innen zu teuer. Aber du kannst dich mit anderen zusammentun und einen Gemeinschaftsstand ausrichten, das macht's auch organisatorisch leichter. (Man muss ja schließlich auch mal einen Kaffee holen oder zur Toilette.)

Bevor du dich für eine Messe anmeldest, rechne ehrlich durch, was es kostet: Stand, Anreise, Unterkunft, Verpflegung, Standmaterial, Bücher. Und die Zeit – nicht nur die Tage vor Ort, sondern auch die Vorbereitung und Nachbereitung. Für meinen ersten Stand habe ich monatelang geplant. Ich hab's zugegebenermaßen übertrieben, aber die Zeit war trotzdem weg.

Mein Tipp: Fahr erst mal als Besucher*in hin. Schau dir Stände an, die dich inspirieren. Komm mit anderen Ausstellenden ins Gespräch. So bekommst du ein Gefühl dafür, ob und wie ein eigener Stand für dich funktionieren könnte, ohne direkt Geld zu investieren.

Was du jetzt konkret tun kannst:

Überlege, welches Format am besten zu dir passt: eine kleine Lesung, ein Instagram-Live, ein lokaler Büchermarkt oder eine Signieraktion in deinem Genre? Wähle eins aus und mache einen konkreten ersten Schritt: einen Ort anfragen, ein Live ankündigen oder dich für ein Event anmelden. Beim ersten Mal wirst du dich sehr unvorbereitet fühlen, aber nimm das erste Event einfach als Experimentierfeld fürs nächste: Du bist hier, um zu lernen.

Man kann gar nicht früh genug anfangen: Interview mit Autorin und Expertin für Sichtbarkeit Bianca Fritz

Bianca Fritz ist Autorin im Rheinwerk Verlag, Publizistin und Mentorin für Mindful Copywriting und Content Marketing.

Yvonne: *Bianca, du bist nicht nur Autorin, sondern auch Expertin für Sichtbarkeit. Wie bist du ans Marketing für deine eigenen Bücher herangegangen?*

Bianca: Das war bei meinen verschiedenen Büchern sehr unterschiedlich. Mein erstes Buch war eine Kurzgeschichtensammlung, die ich mit mehreren Autor*innen herausgebracht habe und deren Einnahmen an Hilfsprojekte für Flüchtlingskinder gingen. Das hat es einfach gemacht, die ganze PR- und Marketing-Sache zu üben, weil ich so viel leichter an Zeitungen herantreten konnte. Es ging erst mal nicht um mich – sondern um die gute Sache.

Ich habe das damals mit Epubli und Neobooks veröffentlicht, bin auf die beiden Unternehmen zugegangen und habe ihnen von dem Projekt erzählt. Das führte dazu, dass ich auf beiden Buchmessen – Frankfurt und Leipzig – sprechen durfte und auch in mehreren Zeitungen war.

Meine beiden Bücher im Rheinwerk Verlag habe ich dann begleitend im Marketing betreut: Ich habe von meinem Schreibprozess erzählt, was mich beschäftigt hat, erste Aha-Momente geteilt. Dann habe ich die Spannung gesteigert mit dem Cover, das sich nach und nach entblättert. Beim ersten Buch habe ich eine Online-Party für meine Community gemacht und eine Live-Lesung. Bei beiden Büchern gab es passende Freebies: einmal ein PDF mit einer großen Leseprobe, die sehr gut lief und mir viele E-Mail-Adressen einbrachte. Beim zweiten Buch habe ich Learnings als Audio-Impulse angeboten. Ich habe keine Erfahrung mit Ads, sondern alles organisch gemacht – die Ads wurden über den Verlag geschaltet.

Yvonne: *Wenn du andere Autor*innen beobachtest – siehst du da typische Fehler in Bezug auf Sichtbarkeit?*

Bianca: Der Hauptfehler ist: Sie fangen zu spät an und hören zu früh wieder auf. Sehr viel passiert direkt um den Launch herum. Ich verstehe, dass es nicht einfach ist, vorher Momentum aufzubauen und es nachher zu erhalten. Aber die Gefahr ist, dass ein Effekt entsteht wie bei einer Freundin, die sich nur meldet, wenn sie etwas will. Man freut sich nicht mehr, wenn sie sich meldet.

Um aber auch ein positives Beispiel zu nennen: Ich habe damals die Anfänge von Laura Kneidel und Bianca Iosivoni mitbekommen, weil ich zufällig mit ihnen in einer WG zur Leipziger Buchmesse war. Sie haben von Anfang an, als sie noch nicht so bekannt waren, so viele Ansatzpunkte gegeben, Superfan zu werden: Pinterest-Mood-Boards mit Informationen über Charaktere – wie könnten die aussehen, was würden die tragen –, Playlists, die sie beim Schreiben gehört haben. Später hat Laura auf Buchmessen Buttons zu den verschiedenen Wesenhäusern in ihren Büchern verteilt, mit denen man Zugehörigkeit zeigen konnte. Sie haben ihre Fans stark mitgenommen und am Prozess teilhaben lassen. Das funktioniert super.

Yvonne: *Das fühlt sich vermutlich auch nicht so werblich an wie: Hier ist mein Buch, bitte kauft das.*

Bianca: Absolut. Diese reinen Werbe-Posts sind unangenehm. Nach dem zweiten, dritten Post hat man das Gefühl, man hat auf alle Arten und Weisen gesagt, dass das neue Buch da ist. Wenn ich aber früher anfange und die Leute in den Schreibprozess und die Thematik mitnehme, hat es nicht diesen werblichen Effekt. Und es macht viel mehr Spaß.

Yvonne: *Viele schreiben neben dem Beruf und sollen dann auch noch Marketing machen – Nebentätigkeit zur Nebentätigkeit. Hast du Tipps, damit das nicht untergeht?*

Bianca: Es gibt diesen Begriff »das eigene Leben romantisieren«. Das tut Autor*innen wahnsinnig gut. Wenn man sich selbst als Hauptdarsteller*in sieht in der Geschichte – »Schreiben ist mein Leben und so schreibe ich mein Buch« –, dann fällt es leichter, die Leute mitzunehmen in das dokumentierende Marketing.

Wie wäre es damit, nach der Schreibzeit jeweils kurz eine Story aufzusprechen? Was hatte ich heute für ein Erlebnis mit meinem Schreiben? Wo hatte ich einen Durchbruch? Diese Hürde liegt für viele niedriger als einen Post zu schreiben, weil Storys nur 24 Stunden sichtbar sind. Wenn in die Kamera sprechen nicht dein Ding ist, gibt es kurze Textformate – zum Beispiel Newsletter an deine Community. Auch Threads eignet sich gut. Das halte ich als Kanal noch für ziemlich unterschätzt. In Threads gibt es eine sehr aktive Bubble von Autor*innen, die sich vernetzt, Spaß hat und sich übers Schreiben austauscht. Es braucht keine schönen Fotos oder Videos. Ein paar Sätze reichen – und das dürfte vielen Autor*innen doch gut liegen.

Und bitte macht euch bewusst: Fast alle Menschen, die Bücher spannend finden, finden auch das Leben von Autor*innen spannend. So viele Menschen stellen sich die Frage: Wie schaffst du das, Bücher zu schreiben? Es hat einen Mehrwert für die Leute da draußen, das eigene Leben zu teilen.

Yvonne: *Wie sieht sinnvolles Content-Marketing für Autor*innen aus?*

Bianca: Content hat eigentlich immer drei Säulen. Die erste: Wir sprechen über unser Angebot – die klassischen Werbeposts. Die zweite ist das Persönliche: Wie komme ich zum Schreiben? Wie läuft mein Schreibprozess ab? Die dritte – und ich finde, die wichtigste – ist die thematische Säule.

Da steigen wir in die Frage ein: Was möchte ich durch meine Bücher vermitteln? Das ist bei jedem Buch und jeder Autorin anders. Geht es um ein bestimmtes Thema, über das ich schon auf meinem Account informieren könnte? Um bestimmte Werte? Möchte ich den Menschen schon meine fiktiven Charaktere vorstellen? Vielleicht habe ich ja sogar Lust auf Videos, dann könnte ich die Charaktere selbst spielen in nachgestellten Dialogen? Diese Säule ist für Autor*innen nicht einfach zu durchdringen, sie ist nicht für jeden gleich – und gleichzeitig so wichtig.

Yvonne: *Also zum Andocken – auch für Leute, die einen bis dahin noch gar nicht kennen.*

Bianca: Absolut. Um sie abzuholen, weil sie sich für ein bestimmtes Thema interessieren.

Yvonne: *Content-Marketing und auch das Schreiben ändert sich durch KI gerade stark. Weißt du noch, was dein erster Gedanke war, als du dem Thema KI begegnet bist?*

Bianca: Ich war zunächst begeistert – ein Programm, das antwortet und mitdenkt? Großartig!

Dann kam ziemlich schnell die Ernüchterung, weil die Ergebnisse dröge, oberflächlich und wenig kreativ waren. Das hat sich inzwischen zumindest ein Stück weit verbessert. Irgendwann kam auch Angst hoch: Wird jetzt ausgerechnet das Schreiben, die schönste Tätigkeit der Welt, einfach ersetzt? Und Schrecken darüber, wie unbedacht damit umgegangen wird.

Beim Spiegel gab es vor ein paar Monaten einen Artikel, unter dem der Hinweis stand: »Möchtest du das Ganze magazinartiger formuliert haben?« Das war offensichtlich aus dem Dialog mit ChatGPT kopiert und stehen gelassen worden. Das hat mich als Journalistin, die ich ursprünglich bin, schockiert – dieses Abgeben der Verantwortung für Texte. Ich möchte dazu beitragen, dass Menschen KI als Werkzeug begreifen, als sehr wertvolles Werkzeug. Aber nicht als Ersatz für unser Denken, Beurteilen, unsere Kreativität.

Yvonne: *Es ist ein Austarieren. Man nimmt sich etwas Schönes, wenn man KI direkt fürs Schreiben einsetzt. Und man verzichtet auf praktische Unterstützung, wenn man es ganz ausschließt.*

Bianca: Absolut. Ich mache dieses Jahr eine Fortbildung zur Schreibpädagogin für kreatives Schreiben. Da habe ich angefragt: Nutzen wir eigentlich auch KI? Man kann KI ja durchaus für kreative Tätigkeiten nutzen. Die Antwort war: Nein, auf keinen Fall. Ich bekomme stattdessen einen Bastelkoffer zugesandt. Die KI muss draußen bleiben, weil es darum geht, die Dinge zu entdecken, die wirklich tief in uns liegen. Zugleich bilde ich mich ständig auch in den Bereichen Content-Erstellung und Schreiben mit KI weiter.

Ich glaube, dass sich unser Schreibprozess in diese Richtung entwickeln wird: Wir finden heraus, wie man einerseits immer tiefer gräbt, um Texte noch individueller und gefühlvoller zu machen, und wie wir die Ergebnisse dann mit KI weiterverarbeiten. Sie verständlicher und greifbarer machen oder ergänzen zum Beispiel.

Yvonne: *Oder die KI als Spiegel nutzen, um sich selbst besser zu verstehen. Fragen stellen lassen und damit tiefer gehen. Ich finde es dabei vor allem wichtig, wer den ersten Aufschlag macht – ich oder die KI. Wofür setzt du KI ein und wofür nicht?*

Bianca: Du hast es gerade gut zusammengefasst: Der erste Impuls kommt immer von mir, egal an welchem Punkt im Schreibprozess. Wenn ich eine Idee habe und in ein Brainstorming gehe, dann schreibe ich zunächst ohne KI auf, welche Fragen ich beantworten will, was es braucht und wo ich noch recherchieren muss. Diesen ersten Wurf meiner Text-Idee kann ich dann gerne in die KI eingeben und fragen: Welche Fragen oder Argumente fehlen mir noch?

Das Problem, wenn ich diese erste Phase überspringe: Menge kann KI beeindruckend gut. Aber dann kommt der Automation Bias – ich habe das Gefühl, die Maschine weiß es besser als ich, und vertraue mir selbst nicht mehr. Deshalb ist es wichtig, dass bei der Ideenfindung die erste Phase von mir kommt. Für die weitere Planung des Textes kann ich super mit der KI sparren.

Anschließend kommt die Phase des Rohtextens, wo auf keinen Fall KI reinpfuschen darf. Ich finde es schwierig, in einen Text, den die KI geschrieben hat, meine eigene Stimme einzubringen. KI-Texte fühlen sich so richtig an, aber nicht richtig gut. Ein wenig wie Seife zwischen den Fingern – der Text glitscht einem weg, nichts bleibt hängen, nichts, was man offensichtlich kritisieren kann. Es ist viel einfacher, einen selbst geschriebenen Text mit KI zu bearbeiten, als einen KI-Text zu personalisieren.

In der Überarbeitungsphase ist KI wieder ein super Sparringspartner. Ich sehe es analog zu meiner Arbeit in Redaktionen, wo man über den Schreibtisch ruft: »Fällt dir eine bessere Formulierung ein? Lies mal drüber, fehlt da noch was?« Und hier gilt: Je kürzer die Textabschnitte und je konkreter die Frage, umso hilfreicher ist das Ergebnis.

Yvonne: *Von KI geschriebene Texte erkennt man mittlerweile sofort. Sie sind aufgeplustert, voller Formulierungen, die man nicht braucht – wie Geschmacksverstärker. Immer wieder »nicht X, sondern Y«.*

Bianca: Genau. Und immer diese Dreierlisten. Die KI hat hier Textmuster gelernt, die offenbar locker und menschlich wirken sollen. Aber es steckt keine Verbindung von Mensch zu Mensch drin.

Yvonne: *Viele Autor*innen haben Angst, durch KI ersetzt zu werden. Ich habe 2024 von einem bekannten Autor gehört, der sagte, er schreibt keine Bücher mehr, KI könne das besser. Mittlerweile ist ein neues Buch von ihm draußen. Was rätst du Autor*innen, die diese Angst haben?*

Bianca: Ich bin gestern auf ein Zitat von Robert Frost gestoßen: »Tears in the writer, tears in the reader. If there's no surprise in the writer, there's no surprise in the reader.« Wenn du fühlst, was du schreibst, wenn wirklich dein Herz und deine Seele in deine Texte fließen, musst du keine Angst haben, ersetzt zu werden. Fühlen ist das Einzige, was die Maschine nicht kann. Sie kann es simulieren, aber es bleibt kalt. Du merkst, dass kein Gegenüber da ist, das das durchgefühlt hat.

Ich glaube, bei Texten, für die wir uns Mühe geben – und Bücher gehören da ganz oben dazu –, merken die Menschen den Unterschied. Sie spüren, ob ein echter Mensch dahinter ist. Ich glaube: Wir sind noch nicht an der Spitze der seelenlosen KI-Texte, da wird noch viel mehr kommen. Aber ich hoffe auf die große Rückbesinnung nach menschlicher Verbindung in Texten. Diese Sehnsucht spüre ich heute schon.

Yvonne: *Spannend. Das lässt sich wahrscheinlich sogar neurowissenschaftlich untersuchen – Spiegelneuronen funktionieren ja auch bei Texten. Es wäre interessant zu wissen, ob es da einen Unterschied macht, ob die KI schreibt.*

Bianca: Das wäre wirklich sehr spannend.

Yvonne: *KI kann das Leben aber auch leichter machen, gerade bei Dingen, die man nicht so gerne macht – wie im Marketing.*

Bianca: KI kennt Marketinggrundregeln sehr gut und kann Texte auf ihre Marketingwirksamkeit untersuchen. Bei Sales Pages oder Newslettern frage ich zum Beispiel: »Analysiere diesen Text – wie viele Ja-Bestärker habe ich drin, also Sätze, die innerliches Nicken auslösen? Und zeig mir, wo man noch welche ergänzen könnte.«

Mir passiert es manchmal auch, dass ich bei Sales Pages in eine Sprache verfalle, die stärker werblich ist, als ich normalerweise spreche. Oder Floskeln enthält wie die »einmalige Gelegenheit« oder das »supertolle Buch«.

Ich habe der KI meine Sprache beigebracht und frage: Bleibe ich in dieser Sprache, oder an welchen Stellen breche ich aus? Diese Analysen sind superwertvoll.

Yvonne: *Es gibt mittlerweile tolle KI-Tools, die nicht generativ sind. Mein Lieblingsspielzeug erstellt automatisch aus YouTube-Videos gute Reels – mit gutem Hook und passendem Ausschnitt. Das spart enorm Zeit.*

Bianca: Ja, und seit wir KI haben, sind automatische Untertitelungen viel besser geworden. Eine Aufzeichnung zu transkribieren und daraus einen Artikel zu machen, ist kein Problem mehr.

Ich bin hin- und hergerissen, was das Bewerten von Botschaften durch die KI angeht. Wenn ich einen größeren Blog-Artikel eingebe und sage: Hol mir die Hauptbotschaft raus – da habe ich bisher keine guten Erfahrungen gemacht. Für eine Bewertung braucht es Erfahrung, und da ist KI mittelmäßig. Aber auch das wird besser.

Menschen, die Bücher schreiben, können schreiben. Sie wissen, was sie sagen möchten, und haben ein gutes Bauchgefühl für Sprache. Das hilft ihnen enorm mit dem Umgang mit KI. Weil sie sich Vorschläge machen lassen können, wenn sie selbst nicht weiterkommen – und die Impulse blitzschnell bewerten können.

KI kann nämlich auch ein cooles Tool sein, um die eigene Intuition zu schulen: Was ist es wirklich, was ich sagen möchte? Das wird einem manchmal erst klar, wenn die KI etwas ganz anderes ausspuckt.

Yvonne: *Hast du zum Schluss noch einen Tipp für Autor*innen, die Buchmarketing immer von sich wegschieben?*

Bianca: Such dir Autor*innen, denen du selbst gerne folgst, und schau: Was spricht mich an? Es ist schwierig, sich in eine Art von Marketing zu quetschen und konsistent zu bleiben, wenn dir das nicht liegt. Schau, was andere gut machen und was du übernehmen kannst, worauf du Lust hast.

Und weite den Blick: Bin ich auf den richtigen Kanälen? Vielleicht hast du gehört, man soll Instagram und Pinterest nehmen, aber du bist überhaupt kein visueller Typ – das Schreiben ist deins und nichts anderes. Dann schau, ob Threads, Newsletter oder Blog für dich funktionieren. Es gibt so viele Einfallstore, so viele Möglichkeiten, Menschen zu erreichen. Aber Marketing funktioniert nur, wenn du durchhalten kannst.

Und noch etwas: Schreibende haben es geschafft, Schreibroutinen aufzubauen – sonst wäre da kein Buch. Dasselbe können sie für Marketing-Routinen anwenden. Wie hast du es geschafft, eine Schreibroutine in dein Leben zu holen? Nimm das und wende es auf Marketing-Routinen an.

Yvonne: *Danke für die vielen guten Tipps, liebe Bianca!*

Teil III

Von der Leserin zur Autorin – dein Weg zu einer neuen Rolle

Kapitel 10

Dein neuer Alltag und dein Weg als Autor*in

*In diesem Kapitel zeige ich dir, wie dein Leben sich im Alltag verändern wird, wenn du deine neue Rolle lebst. Außerdem erfährst du, wie du das Schreiben zum Beruf machst und langfristig als Autor*in arbeiten kannst.*

Beim ersten Buch gestehen wir es uns oft noch nicht ein. Oder zumindest anderen nicht. Beim ersten Buch sagen wir: »Ich probier das mal aus. Ich mach das nebenbei. Das ist halt ein Kindheitstraum.«

Aber irgendwann, nach dem ersten, zweiten oder siebten Buch, ist sowieso klar, dass der Traum eigentlich ein anderer war. Ein Buch schreiben ist nur der Anfang. Ein Leben als Autor*in – das ist, was wir eigentlich wollen.

Schreiben als Beruf, mit vielen Buch-Projekten und allem, was dazugehört. Nicht nur ein kleiner Ausflug, sondern ein Umzug in ein neues Leben.

Egal, wo du gedanklich auf deiner Reise als Autor*in gerade stehst: Dieses Kapitel gibt dir einen kleinen Ausblick darauf, was möglich ist. Und was du dafür brauchst.

Was kommt nach dem ersten Buch?

Ich weiß noch genau, wie es war, mein erstes Buch in den Händen zu halten. Und es war nicht so, wie man es auf Social Media sieht. Natürlich war ich glücklich, dass ich es endlich geschafft hatte, ein Buch zu veröffentlichen.

Aber dieser große Knall, dieser *Once-in-a-Lifetime-Moment*, blieb aus. Okay, da ist jetzt dieses Buch. Und jetzt?

Wenn du dich nach deiner Veröffentlichung nicht genauso fühlst, wie du es in zahllosen TikToks gesehen hast, ist das absolut normal. Nach mehr als 20 veröffentlichten Büchern kann ich dir sagen: Nach dem Schreiben, Veröffentlichen und Launchen fühlt man sich vor allem erst mal erschöpft. Und es braucht ein bisschen, wirklich zu begreifen, was da passiert ist, was du geschafft hast. Nimm dir nach dem ersten Buch also ruhig die Zeit, wieder runterzukommen und dich an diesen nächsten Schritt zu gewöhnen.

Die Euphorie stellt sich eher leise ein. Aus Erfahrung weiß ich: Das erste Buch ist selten das letzte. Die nächsten Ideen kommen sofort, und plötzlich sieht man all die Möglichkeiten, die da vor einem liegen. Bücher, die perfekt zum bereits veröffentlichten passen, Reihen, andere Genres und Themen, vielleicht ein Pseudonym ...

Vom Schreiben leben, das ist der Traum.

Wenn das dein Traum ist, solltest du ihn angehen. Und dabei realistisch bleiben.

Um haupt- oder nebenberuflich Bücher zu schreiben, musst du dich um die Finanzen kümmern. Das ist mal nervig, mal anstrengend, und der eine Punkt, der aus einem Hobby-Buch ein professionelles Unterfangen macht.

Vielleicht möchtest du wissen, wie das bei mir ist. Bevor ich dir also einen allgemeinen Überblick darüber gebe, wie es mit dem beruflichen Schreiben in Deutschland aussieht, bin ich einmal ganz transparent.

Ich selbst lebe nach mehr als 20 Büchern immer noch nicht vom Schreiben. Das ist auch nicht mein Ziel, dafür macht mir das Unterrichten zu viel Spaß. Wenn ich auf meine Arbeitszeiten schaue, ist das Schreiben auch eher mein Nebenberuf, es sei denn, ich stehe kurz vor einer Deadline. Dennoch bin ich stolz darauf, mittlerweile im Jahr fünfstellige Einnahmen direkt aus Buchverkäufen zu erzielen. Die Bücher werden unterschiedlich gut verkauft, und es gibt einige, die mir schon seit vielen Jahren regelmäßig Einnahmen bescheren.

Ich lebe auch deswegen nicht jetzt von meinen Buch-Einnahmen, weil ich später davon leben will. Sämtliche Erlöse landen sofort in meinem Anlagedepot. Meine Bücher sind meine Altersvorsorge: Bei den Longsellern gehe ich davon aus, dass ich mit ihnen auch später noch monatlich Tantiemen verdiene. Und die jetzigen Einnahmen spare ich schon mal vor. Diesen Weg habe ich für meine Autorinnen-Karriere gewählt. Es muss nicht deiner sein.

Um vom Schreiben zu leben, brauchst du mehr als ein Buch. Selbst wenn dein erstes Buch sofort zum Top-Bestseller wird, werden die Verkäufe irgendwann nachlassen. Es ist deswegen wichtig, vom Schreiben nicht nur Ergebnisse wie von einem Beruf zu erwarten, sondern es auch wie einen Beruf zu behandeln: mit festen Zeiten, einem Plan und der Einstellung, dass du nicht nur dann schreibst, wenn die Muse dich küsst.

Gerade in den jungen Genres kannst du deine Autor*innenmarke mit Reihen aufbauen. So erschließt du dir eine Community, die schon aufs nächste Buch wartet. Auch Übersetzungen können dir neue Märkte erschließen und deine Einnahmen erhöhen (wofür du natürlich auch im englischsprachigen Markt Marketing machen musst). Gleichzeitig fallen für dich mit jedem Buch neue Kosten an – als Selfpublisher*in trägst du mehr davon selbst.

Eine berufliche Laufbahn als Autor*in will geplant sein. In den nächsten beiden Abschnitten zeige ich dir einmal die harte Realität für die meisten Autor*innen. Und dann rechnen wir gemeinsam, was das für dich bedeutet.

Kann man vom Schreiben leben?

Natürlich gibt es Autor*innen, die vom Schreiben leben. Das sind aber nicht sehr viele. Der Verband deutscher Schriftsteller*innen hat dazu 2024 eine Studie herausgebracht, die ziemlich nüchtern ausfällt.[1] Das sind die wichtigsten Aussagen:

- Nur 5,7 % aller Schriftsteller*innen in Deutschland können ausschließlich vom Schreiben leben. Das sind etwas mehr als 4000 Menschen.
- Mehr als die Hälfte dieser Menschen lebt am Existenzminimum.
- Fast 95 % der Schreibenden sind also darauf angewiesen, andere Beschäftigungen auszuüben, um davon leben zu können.
- Ein Einkommen von mehr als 50.000 Euro brutto im Jahr erwirtschaften nur rund 1800 Autor*innen.

1 *https://kunst-kultur.verdi.de/literatur/vs/++co++d991b24a-8a30-11ef-af6e-852580bdd060*

Auch eine andere Studie zeichnet kein so hoffnungsfrohes Bild. Der Selfpublisher-Verband führt regelmäßig Umfragen unter Selfpublisher*innen durch, und regelmäßig ist das Ergebnis, dass nur die wenigsten wirklich hohe Einnahmen erzielen. Rund zwei Drittel der für die 2025er-Studie[2] Befragten nahmen weniger als 50 € an Tantiemen pro Monat ein (vor Abzug der Kosten). Nur knapp 4 % erwirtschaften 2000 € oder mehr im Monat.

Bevor du dich von diesen Zahlen von deinem Plan abbringen lässt, lass uns noch mal genauer hinschauen. Nicht alle der Befragten hatten je vor, vom Schreiben zu leben. Für manche war es nur ein Experiment, das sie wieder abgebrochen haben. Mehr als die Hälfte der Befragten betrachtet das Schreiben als Hobby. Diejenigen, die erfolgreich sind, sind im Schnitt seit mindestens sieben Jahren als Autor*innen aktiv. Dranbleiben lohnt sich also. Auch, weil du dich damit von der Masse abheben kannst.

Was haben diejenigen gemeinsam, die es schaffen? Da gibt es ein paar Muster, die in den Studien zu erkennen sind und die auch erfolgreiche Autor*innen immer wieder nennen:

- Sie nehmen ihren Job ernst, bleiben auch bei Rückschlägen dran, machen Buchmarketing und entwickeln sich.
- Sie haben in der Regel mehrere Bücher veröffentlicht und veröffentlichen regelmäßig neue Bücher.
- Sie kennen ihren Markt und schreiben zielgruppengerecht.

Vom Schreiben leben zu wollen, heißt, es nicht mehr wie ein Hobby zu behandeln. Wenn du dazu bereit bist, lohnt sich zumindest der Versuch.

Lass uns rechnen

Um ein Gespür dafür zu bekommen, was du erwarten kannst und was du brauchst, kann dir die folgende Tabelle als Ausgangspunkt dienen. Am besten erstellst du deine eigene Rechnung in Excel, damit du sie jederzeit ergänzen kannst. Sobald weitere Bücher oder weitere Einnahmequellen hinzukommen, musst du das Ganze natürlich erweitern.

---

2 *https://www.selfpublisher-verband.de/auswertung-der-selfpublisher-umfrage-2025-teil-1/*

Einnahmequellen/Kostenfaktoren	Beispiel	Deine Zahlen
Meine Bücher		
Buch 1 (E-Book)		
Verkaufspreis	4,99	
Tantiemen	3,17	
Verkäufe pro Monat	80	
Erlöse pro Monat	253,60	
Buch 2 (Taschenbuch)		
Verkaufspreis	14,99	
Tantiemen	5,60	
Verkäufe pro Monat	50	
Erlöse pro Monat	280	
...		
Einnahmen aus Buchverkäufen	**533,60**	
Kosten pro Buch (einmalig)		
Lektorat	1800	
Korrektorat	250	
Buchsatz	500	
Cover	400	
Gesamtkosten pro Buch	**3200**	
Monatliche Kosten		
Ads	150	
Tools/Software	30	
Gesamtkosten pro Monat	**180**	
Pro Monat bleibt:	353,60	
Monate bis Break-even	9	

Zur Erklärung: Ich gehe im Beispiel davon aus, dass du selbst über Amazon KDP veröffentlichst, wo die Tantiemen am höchsten sind. Wenn du im Verlag veröffentlichst oder einen anderen Dienstleister nutzt, ändern sich die Tantiemen, aber wahrscheinlich auch die Stückzahlen.

Als Selfpublisher*in gehst du in Vorleistung. Deswegen ist das Ergebnis pro Monat für die ersten 9 Monate dazu da, die Investitionen für Buchcover, Lektorat und Co. wieder hereinzuholen. Anschließend erwirtschaftet das Buch monatlich 353,60.

Diese Rechnung hängt natürlich von allen möglichen Faktoren ab: der Veröffentlichungsart, den Tantiemen, deinen Kosten und besonders von den verkauften Stückzahlen. Die lassen sich natürlich durch mehr Bücher erhöhen.

Was du jetzt konkret tun kannst:

Erstelle die Rechnung mit den Daten, die du schon für dein Buch kennst. Wichtiger, als dass wirklich richtige Werte am Ende herauskommen, ist im Moment der Prozess, in dem du dich mit den Zahlen auseinandersetzt. Alles, was du jetzt machst, ist sowieso nur eine erste Schätzung, die sich an der Wirklichkeit messen lassen muss. Sobald du erste Erfahrungen gemacht hast und weißt, wie gut sich dein Buch verkauft, gehst du zurück zur Rechnung und füllst sie neu aus.

So unterstützt KI dich in dieser Phase

Lass dir von ChatGPT eine Liste von weiteren möglichen Einnahmequellen und Kosten geben, um deine Rechnung noch realistischer zu machen. Überprüfe Zahlen, die die KI dir ausgibt, immer noch mal selbst, denk an die »STRARBERRY«.

Was du beachten musst, wenn du ernsthaft schreibst

Wenn du beruflich als Autor*in aktiv wirst, übernimmst du eine andere Verantwortung, als wenn du nur für dich und deine Schublade schreibst. Es gibt eine lange Liste von Dingen, auf die du achten musst, und je nachdem, wie du auftrittst, sind andere für dich relevant. Außerdem kommen auch in schöner Regelmäßigkeit neue Auflagen und Anforderungen hinzu.

Ab jetzt hältst du dich also am besten über deine Pflichten (und natürlich auch Rechte) als Autor*in auf dem Laufenden.

Ein paar habe ich dir hier zusammengetragen. Ich bin allerdings weder Steuerberaterin noch Rechtsanwältin und kann und darf dich in diesen Bereichen nicht beraten. Nimm diese Liste also als Sammlung und als Ausgangspunkt für deine eigene Recherche. Und wenn du dir unsicher bist, frag im Zweifel bei den Profis oder auch beim Finanzamt nach.

Steuern: Sobald du Einnahmen aus dem Buchverkauf erzielst, musst du diese in deiner Steuererklärung angeben. Als Autor*in bist du in der Regel freiberuflich tätig. Das heißt: Du meldest deine Tätigkeit beim Finanzamt an und gibst eine Anlage S (selbstständige Arbeit) ab. Ob du Umsatzsteuer abführen musst, hängt von deinem Umsatz ab. Unterhalb der Kleinunternehmergrenze (aktuell 25.000 Euro im Vorjahr) bist du davon befreit. Eine Steuerberatung lohnt sich, sobald es ernster wird. Das Finanzamt beantwortet deine Fragen auch, also sicherheitshalber immer nachfragen.

Gewerbeanmeldung: Rein schriftstellerische Tätigkeit ist freiberuflich und braucht kein Gewerbe. Aber sobald du zum Beispiel Fan-Artikel verkaufst, Coaching anbietest oder Bücher in größerem Stil direkt vertreibst, kann eine Gewerbeanmeldung nötig werden. Auch hier im Zweifel Finanzamt oder Steuerberatung fragen.

Künstlersozialkasse (KSK): Die KSK ist eine Sozialversicherung für Künstler*innen und Publizist*innen. Wenn du überwiegend künstlerisch oder publizistisch tätig bist, kannst du über die KSK kranken-, pflege- und rentenversichert werden. Der große Vorteil: Du zahlst nur die Hälfte der Beiträge, die andere Hälfte wird übernommen. Informiere dich unter *kuenstlersozialkasse.de*, ob du die Voraussetzungen erfüllst. Du kannst dort auch direkt deinen Antrag stellen.

VG Wort: Die Verwertungsgesellschaft Wort schüttet jedes Jahr Tantiemen an Autor*innen aus, für Bibliotheksausleihen, Kopien und andere Zweitverwertungen deiner Texte. Das sind zusätzliche Einnahmen, die dir zustehen. Du schließt einen Wahrnehmungsvertrag ab und meldest deine Bücher einmal jährlich. Wenn du eine Website hast, können dir dafür auch Einnahmen der VG Wort zustehen. Infos dazu findest du unter *vgwort.de.*

Pflichtexemplare: Du bist gesetzlich dazu verpflichtet, Exemplare an die Deutsche Nationalbibliothek (zwei Stück, entweder nach Frankfurt oder Leipzig) und an deine zuständige Landesbibliothek zu schicken. Das gilt auch für Print-on-Demand-Titel über KDP. Verlage und manche Print-on-Demand-Anbieter übernehmen das für dich.

Verpackungslizenz (LUCID): Wenn du Bücher selbst verpackst und versendest – zum Beispiel signierte Exemplare an Leser*innen –, musst du dich im Verpackungsregister LUCID registrieren und deine Verpackungen bei einem dualen System lizenzieren. Das kostet je nach Menge nur wenige Euro im Jahr, ist aber Pflicht. Weitere Informationen findest du unter *verpackungsregister.org.*

Impressum: Jedes veröffentlichte Buch braucht ein Impressum. Im Selfpublishing musst du dort deinen Namen und deine Adresse angeben. Willst du deine Privatadresse nicht zeigen, kannst du einen Dienstleister in Anspruch nehmen, der Post dann an dich weiterleitet. Im Verlagsbuch steht hier die Adresse des Verlags.

Was du jetzt konkret tun kannst:

Gehe die Liste durch und mache dir eine To-do-Liste für die nächsten Tage und Wochen. Was musst du jetzt sofort umsetzen? Wo brauchst du weitere Informationen? Was schaust du dir im ein paar Wochen noch einmal an?

Kapitel 11

Dein neues Autor*innen-Ich

In diesem Kapitel erfährst du, welche Auswirkungen das Schreiben auf dich und deine persönliche Entwicklung haben wird, was für viele schon als Grund reicht, endlich das eigene Buch anzugehen.

Wir haben in den vergangenen Kapiteln sehr viel über dein Buch gesprochen, über Figuren, übers Plotten, über Veröffentlichung und Buchmarketing. Das Wichtigste kam bisher aber noch gar nicht zur Sprache: du.

Ich kann gar nicht oft genug betonen, dass Schreiben so viel mehr ist als ein Hobby. Oder als ein Beruf. Es ist ein Teil deiner Identität. Und in dem Moment, in dem du dir diesen Teil zugestehst und ihn offen auslebst, wird in deinem Leben auch vieles andere in Bewegung kommen.

Ich wusste zum Beispiel schon immer, dass ich schreiben wollte, und habe erst mit 40 Jahren damit angefangen. Vorher habe ich Karriere gemacht. Und es bis zur Geschäftsführerin in einem 200-Personen-Unternehmen gebracht. Mit 40 dachte ich dann, dass das nicht das Leben ist, für das ich mal angetreten bin, und habe die Reißleine gezogen. Und dann von ganz vorne angefangen. Mit Selbstständigkeit und dem Schreiben.

Diese Geschichte erzähle ich gerne, weil ich früher immer gedacht hätte: Die Geschäftsführerin ist die Selbstbewusstere. Die weiß, was sie kann und wo sie im Leben hinwill. Die Schriftstellerin kämpft sich so durchs Leben und wünscht sich sicher, sie hätte was anderes gemacht. (Und ja, ich weiß, das sind Glaubenssätze aus meiner Kindheit. Und die Erklärung dafür, dass ich erst mit 40 mit dem Schreiben angefangen habe. Aber, hey – immerhin hab ich's gemacht.)

Es ist jedenfalls genau umgekehrt. Als Geschäftsführerin dachte ich immer: Gleich merken sie, dass ich hier komplett fehl am Platz bin. Was nicht so war und deswegen auch nicht passiert ist. Aber ich litt unter massivem Impostor-Syndrom.

Seit ich Bücher veröffentliche, ist das Stück für Stück weniger geworden. Ich kann einen Text von mir lesen und ihn gut finden. Ich kann zufrieden und stolz mit dem sein, was ich tue und erschaffe, und dabei (so gut wie) gar nicht an mir zweifeln.

Das Schreiben hat etwas in mir geheilt. Etwas zusammengebracht, was ich lange in mir gebremst habe.

Und du wirst sehen, dass das auch bei dir so sein wird, denn das berichten ausnahmslos alle Menschen, mit denen ich über ihre veröffentlichten Bücher spreche.

Damit du weißt, worauf du dich freuen kannst, habe ich hier ein paar Dinge zusammengetragen, die sich erfahrungsgemäß durch das Schreiben verändern und die du lernen wirst.

Schreiben

Logisch, du lernst schreiben. Du wirst immer sicherer darin werden, deine Gedanken so zu formulieren, dass andere sie verstehen. Es macht Spaß, mit Worten zu spielen und genau den Punkt zu treffen, an dem du denkst: Jetzt ist es richtig. Du wirst schneller und besser darin werden, deine Figuren zu entwickeln, Dialoge zu schreiben, den Plot spannend und abwechslungsreich zu gestalten.

Du schaffst dir ein Fundament dafür, professionelle*r Autor*in zu sein.

Egal, wie viele Bücher du übers Schreiben liest, nur durchs Schreiben selbst kannst du das lernen. Und auch auf anderes anwenden: Denn wenn du gut mit Worten umgehen kannst, schreibst du bessere E-Mails, machst besseres Buchmarketing, kannst besser mit anderen Menschen kommunizieren.

Arbeiten

Ein Buch zu schreiben und zu veröffentlichen, ist ein so großartiges und einzigartiges Projekt: Du erschaffst aus dir selbst heraus eine ganze Welt, die anschließend als Produkt in den Buchmarkt kommt, dort von Geschichtenliebhaber*innen gekauft wird und dann in ihren Köpfen weiterlebt. Abgefahren, oder?

Bei einem solchen Projekt laufen viele Fäden zusammen (die meisten bei dir), du musst mit dir allein klarkommen und mit anderen im Team arbeiten. Du verbringst Stunden vor einer Word-Datei und in deinen Gedanken, und du musst dich der ganzen Welt zeigen. Du planst ein Projekt mit Deadlines und lässt deiner Kreativität freien Lauf. Du arbeitest dich in Technik, Design, Marketing ein. Ach ja, und in den ganzen Finanzkram.

Und ganz nebenbei erwirbst du viele tolle Fertigkeiten, die du an allen möglichen Stellen einsetzen kannst. Ich habe weder im Studium noch auf der Arbeit so viel gelernt wie beim Schreiben und Veröffentlichen von Büchern. Dieses Buch hier könnte locker zehnmal so dick sein – es würde immer noch nicht alles hineinpassen, was man zum Thema lernen kann.

Nach dem Buch-Projekt kannst du eigentlich alles angehen, weil du durch deine eigene Heldenreise hindurchgegangen bist und deine Superkräfte trainiert hast. Dadurch wächst auch dein Selbstvertrauen, und du wirst neue Themen mit mehr Mut und Selbstverständnis angehen.

Du

Wo wir schon beim Thema Lernen sind: Du kannst dich darauf gefasst machen, dass du dich durchs Schreiben selbst richtig gut kennenlernen wirst. Du wirst von dir erfahren, was du alles schaffen kannst, wie du Hürden überwindest, wie du dich auf den letzten Metern antreibst, aus deiner Komfortzone herauskommst und wie du mit Rückschlägen umgehst.

Du lernst auch deine Grenzen kennen. Du lernst, dass sie vielleicht weiter entfernt sind, als du dachtest, weil du doch eine ganze Menge mehr geschafft hast, als du dir zugetraut hättest. Du lernst, mit Unsicherheit umzugehen und es gelassen zu nehmen, wenn du nicht weißt, wie dein Buch ankommen wird oder was der blöde Kommentar jetzt wirklich bedeutet. Und aus dieser Gelassenheit heraus immer dein Bestes zu geben.

Wenn du heute vielleicht noch beim Gedanken an Feedback zusammenzuckst, wirst du als Autor*in lernen, es entspannt anzunehmen. Nicht in Panik zu geraten, sondern es aus deiner eigenen Perspektive zu bewerten und einzuordnen. Das anzunehmen, was dich weiterbringt, und den Rest ruhig zur Seite zu legen.

Und du wirst viele neue Verbindungen eingehen, an die du jetzt noch gar nicht denkst. Ich habe durch meine Tätigkeit als Autorin so viele tolle Menschen kennengelernt, neue Einblicke gewonnen, tiefe Gespräche geführt.

Mein Selbstbild hat sich durch das Schreiben geändert – und die Möglichkeiten, die ich sehe und tatsächlich habe.

Das alles fing mit einem Buch an.

Und bei dir kann das auch so sein.

Was du jetzt konkret tun kannst:

Nimm dein Notizheft und schreibe heute einen Brief an dein künftiges Autor*innen-Ich. Was wünschst du dir von ihm? Welche Ratschläge gibst du ihm? Wie willst du es unterstützen?

Setze dir eine Erinnerung für heute in einem Jahr in deinem Kalender. An diesem Tag nimmst du dir den Brief und liest ihn durch. Ich bin gespannt, was dein künftiges Ich dazu sagt.

Index